Poéticas do Ensaio

Poéticas do Ensaio

ORGANIZADORES
Marco Lucchesi
Ana Maria Haddad Baptista

Copyright © 2018
Poéticas do Ensaio © Editora Pasavento

Editores
Marcelo Nocelli
Rennan Martens

Revisão de textos
Marcelo Nocelli
Eduardo Rosal

Editoração eletrônica
Negrito Produção Editorial

Dados Internacionais de Catalogação na Publicação (CIP)
Bibliotecária Juliana Farias Motta (CRB 7/5880)

Poéticas do Ensaio / organizadores Marco Lucchesi, Ana Maria Haddad Baptista. – São Paulo: Pasavento, 2018.
264 p.; 16 x 23 cm.

ISBN 978-85-68222-36-2
Outros autores: Leda Tenório da Motta, Lucia Santaella, Marco Lucchesi, José Eustáquio Romão / José Raimundo Gonçalves da Silva, Ana Maria Haddad Baptista, Myriam Ávila, Luís Serguilha, Montserrat Villar González, Márcia Fusaro, Clóvis Da Rolt, Jucimara Tarricone, Maurício Silva, Aguinaldo Pettinati

1. Crítica. 2. Prosa brasileira. 3. Poesia brasileira. 1. Baptista, Ana Maria. II. Título.
P745   CDD 809

Índices para catálogo sistemático:
1. Crítica
2. Prosa brasileira
3. Poesia brasileira

Todos os direitos desta edição reservados à:

Editora Pasavento
www.pasavento.com.br

Sumário

Apresentação 7

Crise de gênero. A poesia e a prosa na modernidade irônica 11
Leda Tenório da Motta

Desdobramentos teórico-críticos da criação em prosa e poesia . . . 31
Lucia Santaella

Umberto Eco e o marquês Umbelino: uma fantasia livresca 49
Marco Lucchesi

Prosa poética ou poesia prosaica 63
José Eustáquio Romão / José Raimundo Gonçalves da Silva

Da dissolução das classificações 91
Ana Maria Haddad Baptista

Posta sem resposta - um outro romance epistolar 105
Myriam Ávila

Lútria.. 125
Luís Serguilha

A arte poética. Experimentação da impossibilidade.
Resistencia y salvación 169
Montserrat Villar González

A magia da ciência poética 183
Márcia Fusaro

O monge verde na procissão do bosque 211
Clóvis Da Rolt

Encontro de linguagens: a narrativa de Santana Filho 223
Jucimara Tarricone

A poética da oralidade nas crônicas de Rubem Braga.......... 237
Maurício Silva

Poética do oprimido: aproximação possível e estética entre
Freire e Kerouac 245
Aguinaldo Pettinati

Apresentação

Poéticas do ensaio é um livro que se propõe, sob diversas perspectivas, discutir, uma vez mais, os principais parâmetros que ressoam nos denominados gêneros literários: prosa e poesia.

O texto de Leda Tenório da Motta, entre outros pontos, vai em busca da "prosificação da poesia" e "poetização do romance" enquanto "ironias da modernidade". Nessa medida, em especial sob a luz de Barthes, questiona as frágeis e quase inúteis classificações em relação aos gêneros literários. Em seguida, Lucia Santaella, no texto "Desdobramentos teórico-críticos da criação em prosa e poesia", perfaz os pressupostos de Saussure em linguística para, posteriormente, fazer as ligações necessárias com os estudos de Jean Starobinski, de Bakhtin e as concepções poéticas de Haroldo de Campos, assim como a de outros poetas importantes da literatura universal.

O texto "Umberto Eco e o marquês Umbelino: uma fantasia livresca" faz uso da ironia e do lúdico para expressar, entre outras coisas, a fragilidade do livresco e do supostamente colocado como canônico. Com isso, coloca em xeque determinadas concepções livrescas e "inúteis". O real e o ficcional se entrecruzam para dar espaço a uma fina crítica em relação ao estabelecido. Na sequência, "Prosa poética ou poesia prosaica" questiona a quase necessidade da poesia na prosa nas mais diversas modalidades textuais. Nessa medida, os dois autores perfazem, poética (e admitem isso) e historicamente, as trilhas da metonímia e da metáfora. Com isso, entre outros aspectos, demonstram suas marcas e possíveis analogias não somente na literatura em seu sentido mais estrito. O texto "Da dissolução das classificações" busca um questionamento, sob a luz de Deleuze, Octavio Paz e Bachelard, dentre outros autores, a respeito da poeticidade contida em textos não somente literários, mas, também, os filosóficos e outras modalidades. Demonstra o grau de poeticidade que pode existir em textos aparentemente conceituais que, na maioria das vezes, é ignorado pelas supostas diretrizes da tradicional crítica literária.

O texto "Posta sem resposta" de Myriam Ávila discute, entre outros itens, a "grande divisão da produção literária em gêneros" que foi herdada da Antiguidade, para, de alguma forma, tecer argumentos em relação ao conceito de "estranhamento" proposto por Chklovsky. Nessa medida, elege a literatura epistolar para destacar dimensões epistolares, o ficcional e a possível poética da prosa, dentre outros entrecruzamentos importantes. Logo em seguida, Luís Serguilha, poeticamente, questiona diversos valores e cânones estabelecidos pelas famosas e tradicionais classificações entre a poesia e a prosa. Discute, inclusive, as inúmeras dimensões que a poesia deve ter, assim como seus verdadeiros objetivos de ruptura e possibilidade dos difíceis caminhos da inovação que, inelutavelmente, colocam em xeque a liberdade individual e a social.

O texto de Montserrat Villar González indaga a respeito da capacidade humana de expressão frente aos limites impostos, de maneira irreversível, pela linguagem. Nessa perspectiva, busca localizar o papel do poeta na luta com as palavras para atenuar os débitos, já tão denunciados, entre signo e representação. Na sequência, Márcia Fusaro no texto "A magia da ciência poética" investiga, sob as luzes de Deleuze, Octavio Paz, Niels Bohr e outros, o quanto o pensamento poético e o "científico" possuem interconexões pouco discutidas pelo senso comum e, muitas vezes, por grandes estudiosos. Argumenta, entre outras questões, a necessidade de um aprofundamento e reavaliação, por todas as áreas do conhecimento, para possíveis aberturas e novos instrumentos de análise que beneficiem o supostamente estabelecido.

"O monge verde na procissão do bosque" de Clóvis Da Rolt transita, com instigantes indagações, pelas perspectivas e aberturas da linguagem poética. Ressoam no texto, em especial, as vozes de Bachelard, Ortega y Gasset e outros grandes pensadores e escritores.

O texto de Jucimara Tarricone examina, minuciosamente, "as tensões entre prosa e poesia", em especial na narratividade de Santana Filho. Nessa medida, analisa a poética na prosa do autor proposto, assim como outros aspectos.

Maurício Silva discute a importância da crônica no cenário nacional e estrangeiro. A base referencial é a literatura de Rubem Braga. Ressalta as dimensões e os entrecruzamentos de prosa e poesia do cronista brasileiro. O ensaio destaca a importância do autor ao redefinir o conceito de crônica "à condição de gênero maior de nossa literatura nacional".

No texto de Aguinaldo Pettinati é discutido, entre outros itens, a escritura de Paulo Freire e de Kerouac. Realiza algumas incursões pelo contexto histórico brasileiro destacando, em especial, o trajeto profissional do educador, assim como sua escritura que foge aos cânones estabelecidos pela academia.

Os organizadores

Crise de gênero.
A poesia e a prosa na modernidade irônica

Leda Tenório da Motta

Preliminares

Tratamos aqui da prosificação da poesia e da poetização do romance, vendo-as como ironias da modernidade, no interior de suas crises genéricas. Para tanto, amparamo-nos num pequeno cânone essencial de autores, igualmente importantes críticos de arte, que pensaram e executaram a literatura neste grau heroico a que Roland Barthes dá o nome de "escritura". Nesse sentido, e em companhia de Barthes, são revisitados Baudelaire, Mallarmé, Proust, Valéry e Francis Ponge.

Como a morte de Deus em filosofia, a morte do romance tornou-se um tópico da crítica literária, principalmente francesa, no século XX. É a Paul Valéry que André Breton presta homenagem, no primeiro "Manifesto do surrealismo", em 1924, quando, demolindo o romance e pedindo o fim da crença na vida real, em nome da licença de delirar, lhe atribui a afirmação do propósito de nunca escrever uma frase romanesca como esta: "A marquesa saiu às cinco horas." (Breton, 1988, p. 313).

De fato, a conspiração do ditado automático contra o enquadramento narrativo da frase acima é precedida por ordens revolucionárias vindas de uma outra frente de escritores de vanguarda, de alguns decênios anteriores, a que pertence Valéry. Dela pode-se dizer que não produziu romances. De resto, orgulhou-se disso. Trata-se da escola ligada à editora da *Nouvelle Revue Française*, uma das mais importantes revistas francesas de ponta num século cheio delas. Fundada em 1908 e dirigida pelo *maître à penser* André Gide, ela já é, nesse começo de século, um reduto letrado de elite, como seguiria sendo sob o nome Gallimard. Tal é seu prestígio, nesta fase heroica, que é para a editora da NRF que Proust envia, sem sucesso, em 1912, o manuscrito de *Du côté de chez Swann*, julgado indigno dos projetos da *maison*. No momento dessa equivocação célebre, tão mais surpreendente quanto o grupo é de mil maneiras revolucionário, o catálogo da editora relaciona nomes de expoentes tão diversos e provocantes quanto Jean Cocteau, Paul Claudel, Jean Giraudoux, Valéry Larbaud e o Valéry encampado por Breton. Em comum, todos trabalham com a mesma impressão de um esgotamento do modelo naturalista, de que saíam até então as ficções que se prezavam. Não por acaso, no bojo desta corrente, foram gestados antirromances ou meta-romances célebres, monologantes e desinteressados da intriga, cujos pontos culminantes seriam *Os moedeiros falsos* de Gide, uma autoficção em que "moedeiros falsos" alude justamente aos narradores ilusionistas; *Monsieur Teste* de Valéry, estranhíssimo romance-ensaio em torno de um sujeito fechado num quarto e concentrado em suas próprias operações mentais; e *A.O. Barnabooth* de Larbaud, conhecido entre nós por influenciar a prosa de Oswald de Andrade. Ademais, são diários íntimos, precursores não apenas do solilóquio proustiano, mas da passagem do grande romance novecentista à "biografologia", como notará Roland Barthes (2003, p. 278). Suspeito de ser prolixo demais, ensimesmado demais, tortuoso demais, o romance sobre o romance de Proust, inicialmente recusado por Gide, depois tornado a maior chancela da Gallimard, permitiria ainda a Gide retornar à questão, proustiana por excelência, de saber o que é a literatura depois da literatura. Já que é principalmente a propósito de *Em busca do tempo perdido*, a mais poética das prosas, que dizemos que o romance atingiu dramaticamente seu limite.

Enfrentando-a desde sempre, o proustiano *enragé* que é Roland Barthes a retoma, entre outras incursões, em 1970, numa conversa particularmente incisiva com Maurice Nadeau, diretor de uma outra revista literária influente e até hoje em circulação na França, a *Magazine Littéraire*. Oportunamente recolhida no quarto tomo das obras barthesianas completas, com o título "Où/ou va la littérature?", que cita um livro de Maurice Blanchot e um filme de Fellini, ela gira em torno do desenlace mortal do gênero que Proust refinou até o grau máximo e, do mesmo golpe, extenuou. É Nadeau quem lança Blanchot na conversa, propondo a Barthes considerar a literatura do ângulo blanchotiano, isto é, indagando sobre o que lhe resta depois de todos os formalismos e futurismos do século das vanguardas históricas. Barthes aproveita o ensejo para notar que, quando se pergunta para onde vai a literatura, concede-se que ela vai ou não vai para algum lugar e que, então, a verdadeira indagação seria sobre o seu lugar utópico, isto é, sobre para onde deveria ir, caso continuasse existindo (Barthes, 2002, IV, p. 547). E como resposta insiste na "escritura", que a razão linguística faz preferir a "literatura".

Efetivamente, para ele, o que está em jogo, quando se fala de literatura, é sempre a linguagem. As literaturas clássicas – observa –, não se sentiam como linguagem. Assim, por muito tempo, a literatura correspondeu aos valores supostamente universais e eternos, na verdade históricos e sociais, inerentes ao ritual das Belas Letras. Isso muda com a modernidade, pensa ele. Escrever torna-se, a partir de determinado momento, uma experiência essencialmente solitária, intransitiva, a execução sempre diferida de uma linguagem particular, que se assume como problemática. Com seu sentido cartorial, de marca intransferível e lavrada, a escritura vem recobrir essa linguagem que antes não pesava sobre as consciências partidas. O escritor moderno não fala a língua de todo mundo, e só é escritor pela força de seu trabalho e ao término dele, não por decreto inicial. Para ele, a linguagem tornou-se um "Objeto", lemos em *O grau zero da escritura*. Ora, o romance não se furtará a essa passagem dramática à objetificação. É por já não se valer do mesmo "álibi transcendental" da literatura tradicional, formula a introdução do livro, que o último e inacabado romance de Flaubert, *Bouvard e Pécuchet*, é "obra paródica" e, como tal, "uma obra-prima da ironia". O que se passa com esse Flaubert é que já não pretende mais nenhuma representação fiável da realidade social, como a temos em Balzac, por exemplo. O que aí se dá em representação, o tempo todo, é a própria linguagem, donde paródia (ibid., p. 549).

Assim já assinalada no *incipit* de *O grau zero da escritura*, em que Flaubert é o primeiro dos modernos a ser evocado, a morte do romance volta a esbarrar em Valéry, no desenrolar da conversa. Já que é em referência explícita ao círculo da *Nouvelle Revue Française*, acima evocado, que Barthes acrescenta: "Desde os primórdios do século XX, o romance já não era considerado suficientemente 'artistique'. Tem-se a impressão de que para gente como Gide e Valéry a grande época do romance, aquela que trouxe consigo Dostoiévski, Balzac e Flaubert, está terminada". Nadeau contra-argumenta que, a despeito de tudo, romances seguem sendo publicados e que, fora da França, há uma renovação latino-americana do romance em curso. Ele pensa certamente no boom das literaturas fantásticas de língua espanhola desencadeado nos anos 1960. Mas Barthes tem argumentos sutis para continuar sustentando a suspensão da literatura pela escritura, que não faz acepção de gênero. "Eu diria que ainda assim há crise. Uma crise não se deflagra porque há menos objetos, menos livros; pelo contrário, há cada vez mais produção, inclusive de romances. Não, uma crise tem lugar quando o escritor é obrigado ou a repetir o que já foi feito, ou a deixar de escrever quando se vê preso numa alternativa draconiana: repetir ou retirar-se" (ibid., pp. 555, 558). Dá-lhe razão a linha de Jorge Luis Borges, considerando-se que o maravilhoso borgesiano, que aliás não comporta o romance, é outra réplica paródica à literatura.

Esse mesmo movimento dramático será assunto de suas aulas em torno do tema *A preparação do romance*, realizadas no período letivo de 1979-1980, no Collège de France. Com a diferença que o curso vai insistir no caráter fantasmático do Objeto literatura. É ao que corresponde o "Vouloir-Écrire", imediatamente apresentado como nomenclatura central, na carta de intenções introdutória desta temporada de trabalhos, fadada a ser interrompida pela morte de Barthes, em março de 1980. Neste particular contexto, em que o tema do fim do romance torna-se mote do conferencista às vésperas de seu próprio falecimento, a crise proustiana assume proporção, da metade do curso para a frente, trazendo argumentos para a defesa da ideia da suspensão da literatura pelo fantasma da literatura. O ponto de inflexão desta parte é que, com Proust, o romance apenas se deixa entrever, ao longe, como possibilidade, mas não se realiza, justamente porque corresponde a um objeto idealizado. "Proust escreveu a gesta e também o gesto do Querer-Escrever" (id., 2003, p. 33), observa Barthes a respeito. Com seu infindável cômputo de indecisões e malogros, e o paradoxo de começar pelo fim, quando já está escrito, *Em busca do tempo perdido* é para ele a prova mesma de que a matéria do romance passou a ser da ordem do desejo e da pulsão de escritura e de que a escritura já não se separa mais de sua produção. "Proust é um caso totalmente à parte no mundo da literatura, uma espécie de Herói não heroico em que se reconhece aquele que quer escrever" (ibid., p. 240), encontramos entre as transcrições das aulas da temporada acima referida.

Em suma, escrever um romance, da crise em diante, é projetar um cenário de escritura. Sonha-se com uma forma, em abstrato. O *Livre* de Mallarmé, conjecturado como único e total, e forçosamente deixado em estado de rascunho, é outro desses sonhos e está incluído nos encontros da temporada. O próprio Barthes rascunha, nesse momento, um projeto de livro, à la Proust, a chamar-se *Vita Nova* (id., 2002, v, pp. 248-51).

Há uma ironia suplementar em todo esse movimento de desconstrução genérica, no interior do qual formas se dissolvem e refundam: enquanto o romance sobre o romance vai assumindo, cada vez mais, feição poética, até por checar seu código e passar à autoficção, de seu lado, a poesia vai se tornando cada vez mais prosaica. Senão, veja-se o quanto há de prosa na poesia de Rimbaud, Lautréamont e Mallarmé, até porque todos vêm depois do Baudelaire dos *Pequenos poemas em prosa/O spleen de Paris*. De fato, deste outro lado, a crise vai no sentido da despoetização, desde quando Baudelaire assume passar dos versos mais que lapidados de *As flores do mal,* não por acaso oferecidos ao parnasiano Théophile Gautier, para certa outra forma de composição, esta "sem ritmo nem rima", a despeito de ser "musical". É o que lemos na dedicatória da famosa coleção a certo Arsène Houssaye, outro bem situado homem de letras do período, que o poeta se sente na obrigação de homenagear, para fazer passar sua produção desviante. (Baudelaire, 1995, p. 16). Tanto mais que aquilo que o segundo álbum baudelairiano começa a tramar, nesse ponto, e fica de legado aos grandes simbolistas, seus herdeiros diretos, é uma redefinição da poesia como enclave de ordem a ser plantado no interior da própria linguagem ordinária, daí "poemas em prosa". Daí também as cinquenta peças do volume serem retomadas narrativas das *Flores do mal* ou quase racontos. A exemplo do "Convite à viagem", tal como na versão poema em prosa, que não se acanha de assim principiar, em registro de relato: "Existe um país soberbo, um país de Cocanha, como dizem, que sonho visitar com uma amiga" (ibid., p. 57). Nas *Flores do mal*, ainda envolvidas em formas fixas, fala o eu lírico: "Minha doce irmã/ Pensa na manhã/ Em que iremos, numa viagem/ Amar a valer/ Amar a morrer/ No país que é tua imagem" (id., 1985, p. 237). Nos *Pequenos poemas em prosa*, caiu a auréola. O poeta baixou de tal modo o tom que o surpreendemos a apelar para a voz geral: "um país de Cocanha, *como dizem*".

Renovando os estudos baudelairianos, a crítica desconstrucionista norte-americana Barbara Johnson chamou-nos a atenção para a passagem das belas imagens voluptuosas que, na primeira emissão poética, disseminam-se em metáforas – os "sanguíneos poentes", os "canais em seu ouro" – para a miscelânea de objetos do Baudelaire poeta em prosa – "esses tesouros, esses móveis, esses luxos, esses perfumes, essas flores miraculosas..." (Johnson, 1980, p. 58) –, que agora surgem em dispersão metonímica. Ela aproveita a troca das figuras, muito associada pelas novas críticas às fragmentações modernas, para ver aí um sujeito não mais fusional em relação ao seu outro, a amiga convidada a viajar, mas dividido, e uma outra fusão entre o ser do poeta e a materialidade do texto. Mas o que mais localiza, no segundo Baudelaire, são pensamentos aforísticos ou, como os chama, "quase adágios", que, no seu entender, marcam fortemente uma virada não somente para baixo mas para fora, em direção ao espírito coletivo. A exemplo destes desenvolvimentos proverbiais que agora se disseminam pela letra do texto baudelairiano: "Não é dado a qualquer um mergulhar na multidão"; "Há naturezas puramente contemplativas e inaptas para a ação que, no entanto, sob uma misteriosa impulsão, agem por vezes com rapidez de que se julgariam incapazes"; "O poeta goza do incomparável privilégio de ser ele mesmo e um outro".

Que não se veja nessas falas nenhuma acomodação à pequena moralidade da parte de um Baudelaire rendido ao comum – Johnson dá-se pressa em advertir –, ainda que os poemas sejam ditos "pequenos". O que se passa segue sendo da ordem do choque baudelairiano. O que aí temos é um redobrar da ambiguidade e um agravamento do senso da falta que já lá estavam, desde o começo, na dupla postulação do alto e do baixo, do céu e do inferno, que, desde a primeira hora, presidiam à definição baudelairiana de "modernidade" (ibid., p. 59). Tirar música da prosa nada mais é que homologar esse dilema.

O VERSO ESTÁ EM TODA PARTE NA LÍNGUA ONDE HÁ RITMO

A nata finissecular da poesia francesa, de Rimbaud a Mallarmé, passando por Lautréamont, vive sob o impacto dessa prosificação. Tanto assim que aquilo que Lautréamont chama "cantos", em *Les chants de Maldoror*, e mesmo aquilo que publica sob o nome de *Póesies*, em 1870, no ano de sua morte, são peças escritas que já nada mais guardam das marcas externas do poema. Ao contrário, vertem-se como notação, digressão, meditação, a lembrar-nos, de algum modo, a aforismática baudelairiana dos pequenos poemas em prosa, como nestas primeiras linhas das *Poesias*: "Os gemidos poéticos deste século não passam de sofismas. Os primeiros princípios devem estar fora de discussão. Eu aceito Eurípedes e Sófocles, mas não aceito Ésquilo" (Lautréamont, 1997, p. 255). É o que também acontece com o que Rimbaud escreve de melhor, sob o amparo desta confissão programática do início de *Une saison en enfer*: "Um dia, sentei a Beleza no meu colo. Acheia-a amarga. E injurei-a" (Rimbaud, 1998, p. 133). Pois se é certo que tudo em Rimbaud é contribuição àquele "desregramento de todos os sentidos" ambicionado pelo poeta que se quer vidente e alquímico, de que os quartetos alexandrinos do poema "Le bateu ivre" são apenas uma das primeiras ilustrações, da época dos grandes feitos retóricos juvenis, é igualmente certo que, tecnicamente, tais propósitos pedem, cada vez mais, a escritura anti-heroica de suas coletâneas de poemas em prosa, em que entram, ao lado de *Uma estadia no inferno*, títulos tão cruciais quanto *Iluminações*, *Os desertos do amor* e todos aqueles outros que, no Brasil, Ivo Barroso inseriu no volume *Prosa Poética* de suas premiadas traduções de Rimbaud. A notar que em *Iluminações* há peças que o poeta houve por bem chamar "contos" e "frases", e que se comportam como tais. E que em *Uma estadia no inferno*, a famosa peça intitulada "Alquimia do verbo" começa e avança como ficção: "Minha vez. A história de uma de minhas loucuras" (ibid., p. 161). De resto, toda essa escritura prosificada antecede de pouco tempo o famoso abandono rimbaudiano da literatura, por volta de 1875, o que não deixa de nos remeter à última forma baudelairiana e seu choque final.

O auge do processo está, certamente, em Mallarmé. Já de saída, sua obra completa inclui uma coletânea de juventude que refere ostensivamente Baudelaire, intitulando-se *Poemas em prosa*. Porém, mais importante que isso é assinalar que, a despeito de associarmos *Um lance de dados não abolirá jamais o acaso* à deflagração mesma da poesia pura, o próprio autor incumbiu-se de designá-lo "poema em prosa", no prefácio que escreveu para a revista *Cosmópolis*, em que ele aparece pela primeira vez, em 1987. Ademais, lemos, não sem certa surpresa, numa nota explicativa em apêndice à cuidadosa edição Gallimard/Pléiade das obras mallarmeanas completas, que *Um lance de dados* é "a última das obras em prosa de Stéphane Mallarmé" (Mallarmé, 1945, p. 456). Esses não são os únicos depoimentos veementes do impacto sobre a poesia moderna da crise genérica desencadeada pelo último Baudelaire. No pequeno e célebre tratado intitulado *Crise de vers*, o mesmo Mallarmé vai encarregar-se, mais que de explicitá-la, de aproveitar essa crise – que de resto chama "exquise" (ibid., p. 360) –, para uma reflexão lapidar sobre o enraizamento da poesia no coração do *sermo vulgaris*: "O verso está em toda parte na língua onde há ritmo, menos nos cartazes (*affiches*) e na quarta página dos jornais" (ibid., p. 867), sentencia ele, numa sua conversa célebre sobre os rumos da literatura, antecipadora do colóquio de Barthes com Nadeau, oportunamente recolhida na seção "Réponses à des enquêtes" da Pléiade. Além de espicaçar os publicistas e os folhetinistas, a que, no século XIX, era reservada a nomeada quarta página, o que ele quer dizer com isso é que a poesia moderna, embora lutando para demarcar-se da língua de

Monsieur-Tout- le-Monde, passa perigosamente por ela. O que explica os esforços de desfuncionalização que estão na base da sintaxe mallarmeana e a índole profundamente enigmática dessa nova concepção do poético, que vai além da destruição das formas fixas e da libertação dos versos brancos e livres para visar um uso privado da linguagem, dito ainda "desaparecimento elocutório do poeta" (ibid., p. 366). O que, aliás, acarreta, obrigatoriamente, daqui para a frente, o divórcio entre a poesia e o leitor comum.

Até por ser um discípulo reivindicado de Mallarmé, Valéry será o grande pensador dessa *língua dentro da língua* a que se reduz a poesia, ao perder o diferencial externo e ornamental da versificação, que, nos tempos clássicos, faziam dela uma variação da prosa, sem diferença de natureza. É enquanto tal que ele leva às últimas consequências o argumento mallarmeano, formulado em *Crise de vers*, segundo o qual é porque ela é uma vulgar moeda de troca, suja e imperfeita, além de perversa – considerando-se que uma palavra como "nuit" é de timbre claro e uma palavra como "jour" é de timbre escuro –, que a língua leva forçosamente à poesia, que lhe vem oferecer assim um "complemento superior". Mallarmeanamente, isso se formula nos seguintes termos: "O verso, que de vários vocábulos refaz uma palavra total, estranha à língua e como encantatória, termina com o isolamento da palavra: negando o acaso com um traço soberano" (ibid., p. 368). E é bem por isso que a crise fundamental que a literatura sofre, no final do século XIX, depois de Verlaine, que ainda verseja, é para ele "esquisita", em francês "exquise", isto é, "deliciosa". Ela é deliciosa porque é graças a essa falha ou "au défaut des langues" (ibid., p. 364) que a poesia existe, para compensar o mal que já está feito. Dessa *esquisitice* dá prova *Um lance de dados não abolirá jamais o acaso*, em que o verso livre, levado ao absoluto, precipita-se em estranhos fragmentos sintáticos. É dela que tratam todas as seções organizadas sob a rubrica "Teoria estética e poética" deste pequeno tratado que é um dos mais conhecidos e reputados de Valéry, e um dos raros a terem tradução brasileira: *Variétés*.

Detenhamo-nos em "Poesia e Pensamento abstrato", originalmente uma conferência feita em Oxford, em 1939, subsequentemente recolhida nessa magistral reunião de textos. Em seu speech, na universidade inglesa, Valéry começa pelo apontamento da falha da língua que Mallarmé denominou "hasard", isto é, "acaso", e a virada linguística a que pertence Barthes chamou "arbitrário do signo". Efetivamente, é a propósito do arbitrário do signo que lemos, de saída, nesse famoso estudo poético valeriano: "Cada uma das palavras que nos permitem atravessar rapidamente o espaço de um pensamento e acompanhar o impulso de uma ideia [...] parece-me uma dessas pranchas leves que jogamos sobre um fosso ou uma garganta de montanha e que suportam a passagem do homem em movimento rápido. Desde que ele passe sem se deter — e principalmente que não brinque de dançar sobre a prancha fina para testar sua resistência! A ponte frágil logo oscila e se rompe e tudo vai para as profundezas. Consultem sua experiência; constatarão que só compreendemos os outros graças à velocidade de nossa passagem pelas palavras. Não devemos pesar sobre as palavras, sob pena de ver a mensagem mais clara decompor-se em enigmas ou ilusões mais ou menos sábias". Ele dá o exemplo da palavra "tempo". Tirada do andamento ágil de uma frase comum, fora do efeito prático, torna-se "magicamente problemática". Valéry pondera ainda que qualquer mensagem, tão logo entendida, morre. "Eu peço fogo a vocês. Vocês me dão fogo, vocês me compreenderam" (Valéry, 1975, pp. 1.317, 1.325). E tira disso a conclusão de que a linguagem utilitária se desfaz na própria clareza. É aí que entra a linguagem poética. Nesta acepção, ela está fora das transações comunicativas, não tem função, insiste além da conta e, assim fazendo, abraça o problema da significação.

Formulada por oposição à linguagem ordinária — que Valéry denomina "prosa", cancelando-lhe o sentido estético e reduzindo-a ao *logos*

—, a definição da linguagem poética avança aí através de dois paralelos célebres, envolvendo a música e a dança.

Em "Poesia e pensamento abstrato", a tese de que a poesia tem lugar no meio prosaico apoia-se no argumento de que existem interessantes propriedades no instrumento verbal comum, finas articulações, que a prosa deixa passar, e até mesmo evita, porque não servem a suas finalidades práticas. Ora, tudo aquilo de que a prosa não se serve é bom para a poesia, nota Valéry. O discurso prosaico veicula conteúdos, mas também formas. Do mesmo golpe que verte informações verte ritmos, timbres e cadências. Já tudo isso permite aflorar a poeticidade: a prosa passa-se de arranjos e harmonias que a poesia, mais advertida, explora. É inseparável desta primeira conclusão pensar que, se o discurso prosaico busca o elo entre as palavras, o discurso poético, interessado apenas em agradar ao ouvido, permite-se ser sem nexo, absurdo, nonsense. Daí esta conclusão: "Um poema é uma espécie de máquina de produção do estado poético por meio de palavras". Ato contínuo, a música é convocada para encerrar esta primeira preleção. É ela que introduz a famosa relação pendular entre a voz e o pensamento, o som e o sentido: "Em poesia, as relações entre os sentidos tornam-se tão ordenadas quanto, em música, a relação entre os ruídos puros e impuros" (ibid., p. 1.320).

O segundo elemento de comparação é a dança. Valéry confessa, sem maiores precisões, que toma a analogia de empréstimo a Malherbe, o poeta renascentista saudado como inspirador do grande classicismo francês. Quando o homem que marcha chega a seu destino — nota ele —, atingiu a finalidade de deslocar-se e o ato que o animava esgotou-se em si mesmo, o efeito devorou a causa. Mas aquele que dança, não obstante seja movido por pernas e pés iguais, não vai a parte alguma. A dança é sistema que tem seu fim em si mesmo. Assim também, em seu emprego prosaico, a linguagem deixa-se devorar pela informação, ao passo que a linguagem poética vai além, não morre de ter vivido. Reconhecemos a poesia – conclui desta feita – nessa propriedade que ela tem de se fazer desejar, de se repetir, de pesar sobre a prancha frágil, de sobreviver em sua forma, como o vaivém dos passos num balé clássico. Vem daí esta outra famosa correlação valeriana, que encerra outra notável definição paralógica da poesia: "A prosa está para a marcha assim como a poesia está para a dança" (ibid., p. 1.330).

Em suma, a poesia, que é linguagem abstrata como a linguagem musical, começa ali onde a palavra termina.

Francis Ponge e o assassinato da poesia pelo objeto

Em Ponge como em Mallarmé – que é o segundo moderno a ser evocado em *O grau zero da escritura*, depois de Flaubert –, a linguagem ordinária também é descartada e a poesia também almeja ser um idioma radicalmente outro. De fato, também para o autor de *Le parti pris des choses*, obra cuja primeira vinda a público data de 1942, quando passa despercebida, o meio verbal comum serve apenas ao comércio discursivo. Entretanto, postando-se como recém-chegado, no contexto do pós-guerra, e tudo observando de um outro ângulo, Ponge vai passar além dessa primeira verificação. Para nossa surpresa, vai pôr quase toda a poesia que vê sendo escrita, ao redor, no momento em que entra em ação, no mesmo plano da falta em que seus melhores antecessores haviam colocado a linguagem de *Monsieur Tout-le-Monde*. Nesse sentido, vai perguntar-se não somente pelas relações do poeta com a linguagem das transações vulgares, mas pelas relações do poeta com a própria linguagem poética, também sentida como gasta. É a propósito que vive a dizer: "A poesia não é o que se dá por poesia"; "A poesia não é o que está nas coleções poéticas". Estas são palavras de ordem pós-revolucionárias a alvejar o burburinho das vanguardas, a "lavagem cerebral idealista e cristã", como também insiste em notar

(Ponge, 1999, p. 209). Neste retorno de experiência, os valores melódicos encantatórios da poesia, notadamente aqueles produzidos pela metafórica pesada dos surrealistas, são simplesmente recusados, em meio a sua defesa do mundo real. O argumento pongiano é: "Basta fixar a atenção no primeiro objeto. Logo veremos que ninguém nunca o observou e que as coisas mais elementares a seu respeito ainda estão por dizer" (ibid., pp. 173, 272).

De fato, muito da singularidade desta nova investida – que poderíamos considerar mais modernamente "antilogocêntrica" – até porque atraiu a atenção de Jacques Derrida (Derrida, 1988) –, reside na verificação que, mesmo quando deslocada em relação ao objeto linguagem, a poesia ainda pensa sob suas ordens, porque segue abrigada nas palavras deliquescentes e gasosas. Assim, para Ponge, é preciso abafá-la ainda mais, para que todo um mundo infenso à linguagem – o "mundo mudo", como recorrentemente o chama –, cesse de se fazer representar e, finalmente, se apresente. Há insistência, em Ponge, na emergência fenomenal dos objetos poetizáveis. De pronto, isso determina um de seus grandes diferenciais: a troca do parâmetro da música pelo das artes plásticas. De sorte que é ao exemplo dos pintores que lhe ocorre apelar, em *Méthodes*, para nos dar a medida da usura da linguagem que toca aos que escrevem. "Como pode o poeta, nesse sentido menos aquinhoado que o pintor, mergulhar seu pincel na mesma tinta encardida com que, por séculos, pintaram os zeladores dos prédios e os *concierges* da literatura? Acaso, para dar a impressão do vermelho, Matisse consentiria em ir ao mesmo pote de tinta com que trabalharam, por séculos, os mestres de sua arte e os pintores de parede?" (Ponge, op. cit., p. 677), admira-se ele.

Sinal desse antilirismo é o volume capciosamente chamado *Lyres*, dado a conhecer nos anos 1960, quando de uma primeira reunião dos textos pongianos pela Gallimard, num tríptico chamado *Le Grand Recueil*. Trata-se, antes que de liras, de um *Salão*, no sentido baudelairiano do termo, com críticas de exposições e ensaios sobre artistas plásticos tais como Giacometti, Bracque e Jean Fautrier, todos do círculo não letrado de Ponge. Antes desta antologia, o poeta já se interessava por Bracque e Fautrier, entre outros, num caderno restaurado sob o título *Le peintre à l'étude*, em que pondera, à luz das desnaturalizações do cubismo, que o que menos convém a uma nova arte, a ser construída, é o "velho homem" e seu mundo antropomórfico (ibid., p. 141). A Escola de Paris aumenta sua influência sobre Ponge, à medida que ele se distancia do *éthos* falante da literatura.

Outro sinal – este instigante para brasileiros –, é o interesse que tem por Ponge um poeta tão avesso aos assédios retóricos e tão voltado aos objetos vernáculos quanto João Cabral de Melo Neto. No poema "O sim contra o sim", do álbum *Serial,* de 1961, ele não faz por menos que também chamar a escritura de "tinta", antes de inserir Ponge no rol de suas afinidades literárias, distinguindo-lhe a qualidade do golpe pictórico, que mede com os resultados de Mirò e Mondrian, sublinhando que estes mudam honestamente de mão e de utensílio para fugir à facilidade. À semelhança destes mestres, o também antilírico Cabral vê Ponge conscienciosamente instalado num ateliê, antes que num escritório, usando as mãos, antes que a caneta, e apalpando, como um operário, a matéria que traz nas mãos. A propósito, um dos versos do poema diz que Ponge "gira ao redor das coisas que opera" (Cabral, 2003, p. 298). Somos convidados assim a apreciar o que há de Ponge no próprio Cabral, isto é, a inclinação aos exercícios de percepção, objetivistas e calculados. É o que os faz enveredar, muitas vezes, pelos mesmos objetos implausíveis – a exemplo da cabra –, e por análogas descrições dos mesmos. A cabra mediterrânea de Ponge é tão particularmente altiva quanto à cabra sertaneja de João Cabral. "Por pequenos que sejam seus chifres, ela nos faz frente", escreve Ponge, no poema "La chèvre" do álbum *Pièces* (Ponge, op. cit., p. 806). Enquanto Cabral pergunta: "Quem encontrou cabra que fosse animal de sociedade?".

E exclama: "A cabra guarda todo o arisco/ rebelde, do animal selvagem/ viva demais que é para ser/ animal dos de luxo ou pajem" (Neto, 2003, p. 196).

Mas o traço mais notável desta poética é o tamanho de seu conflito interno, já que, por mais despojada que pretenda ser, não pode deixar de se saber presa a dois lugares incomunicáveis, o mundo objetal e o da linguagem. São as duas tópicas sem passagem entre si, os dois lugares inencontráveis, que a literatura teima em querer fazer coincidir, de que falava Barthes em *Aula* (Barthes, 2002, p. 432). Aqui, o *huis clos* da linguagem não termina nunca de ser tematizado. Presente em toda a obra de Ponge, o problema alcança uma de suas melhores formulações nestes impressionantes versos — se assim podemos chamá-los — do poema "Le carnet du bois des pins" [O carnê do pinhal ou do pinheiral], muito citado pelos estudiosos, dada a veemência do dilema que aí se inscreve: "Pinhais, saí da irrelevância, da não consciência, surgi, pinhais, surgi na palavra. Não vos conhecemos. Dai-nos a vossa fórmula. Não é por nada que fostes notado por Francis Ponge" (Ponge, op. cit., p. 385). "Surgi na palavra" e " Dai-nos a vossa fórmula" são invocações que ilustram, o mais veementemente, a tensão entre a pequena cosmogonia que é *Le parti pris des choses* e o manifesto literalmente dramático, de 1952, que é *La rage de l'expression*, de que faz parte o poema acima sobre os pinheirais e onde "rage de l'expression", mal traduzindo, é "gana", "ímpeto", "paixão" de exprimir o real impossível. Efetivamente, num segundo momento, o partido das coisas entra em contradição com o repto de significá-las. O poeta é confrontado à impossibilidade prática de pensar sem o verbo, diferentemente do pintor e do escultor, que pensam com as mãos. Põe-se então a contar com a facticidade literária. Passa a conjecturar objetos textuais capazes de continuar o universo exterior no contínuo interior da frase. Aceita que a textura do mundo possa ser recuperada pelo jogo expressivo, se ele também for tomado como objeto, num translado de concretudes.

Todas as instâncias confundidas, sem pausa para respiração, o "objet" pelo qual se suplicava termina por ser coisa de palavra, sem prejuízo do desgosto pela traição do *parti pris* inicial, e vira "objeu", como o chama Ponge. Ele surge pela primeira vez em Ponge num manuscrito inacabado, intermediário entre *Le parti pris des choses* et *La rage de l'expression,* nomeado *Le soleil placé en abîme* (ibid., p.776). O "objogo" — como o poderíamos traduzir, sem falsear a extravagância da expressão, encaminha, finalmente, o partido do objeto textual, da coisa-palavra. Tanto assim que, repetindo a invocação feita aos pinheirais para que surjam na palavra, Ponge lança entre os versos — se assim os podemos chamar — deste outro caderno o desejo de que "O sol brilhe no alto e à esquerda da primeira página deste livro", e não hesita em definir assim seu objeto: "O sol de algum modo dá título à natureza". Ele escreverá também que o sol "epigrafa o dia" (ibid., pp. 778, 790).

Todo o real de Ponge é dessa têmpera heterotópica extravagante, que nos acena com um entrelugar. Confira-se o poema "A paisagem": "O horizonte, sublinhado com acentos vaporosos, parece escrito em pequenos caracteres, com tinta mais ou menos pálida, segundo os jogos de luz" (ibid., p. 721). Ou o poema "As andorinhas": "Cada andorinha incansavelmente se precipita — infalivelmente se exerce — na assinatura dos céus. Pluma acerada, mergulhada na tinta azul-escuro, tu te escreves rápido" (ibid., p. 795). Ou o poema "A cabra", em que lemos sobre o chifre do animal que ele "suporta o peso de suas ideias" e é sua "fraseologia" (ibid., p. 809). Nestas brincadeiras, nem o objeto nem o texto têm a última palavra. Cada um tem sua lição a dar ao outro. O objeto assume o comportamento da matéria verbal enquanto que a matéria verbal assume o comportamento do objeto. Um está no horizonte do outro. Eis o jogo.

Derrida chamou a situação de *"double bind"* (Derrida, 1988, p. 17). Cabe acrescentar que, nestas circunstâncias, a crise de gênero de que estamos falando agrava-se maximamente. Como vimos, Mallarmé ainda chamava a poesia de verso: "o verso que de vários vocábulos faz uma palavra total...". Ponge vai transtornar essa tradição renomeando a poesia "proema". O vocábulo dá título ao opúsculo *Proêmes*, inicialmente um caderno de rascunhos, rabiscado nos anos 1940, que termina por ser livro, quando o poeta reconhece que sua poesia nada mais pode ser que corrigenda, coisa a ser emendada. Outro neologismo característico do duplo vínculo da poética pongiana, temos aí, conceitualmente, um transgênero. Formalmente, ele movimenta um complexo de acepções. De um lado, condensa "prosa" e "poema", atrelando a poesia ao "logos", como em Valéry. De outro lado, evoca o "proêmio", termo raro e em desuso, pertencente ao vocabulário retórico grego, que significa "prelúdio", seja a um canto ou a um discurso, como atesta o dicionário *Littré*, conhecido livro de cabeceira de Ponge. Tudo somado, o poema reconfigura-se como um discurso sem chancela de poesia ou de poeticidade, que, além do mais, não se consuma, sendo apenas um começo de jogo ou de entrada em ação de fala. Assim, o *parti pris des choses* fica sendo também apenas um exórdio, um introito, um prefácio ao objeto. Dito de outro modo: um eterno paratexto.

A título de conclusão, observe-se que o avanço da ironia, à medida que se retoma a equação de Mallarmé, é proporcional à agudez da razão linguística em jogo. De fato, o *topos* da falta da língua já não encontra em Ponge nenhuma saída para aquela remuneração musical heroica vislumbrada pela escola Mallarmé. Nesta retomada hipercomplexa, prevalece a evidência de que, mais que insuficiente, a linguagem é o outro do real. Junto com isso, e até porque de "objogo" se trata, ganha corpo uma mordacidade antes impensável, no contexto das poéticas que se elevavam acima da inadequação fatal entre a palavra e a coisa. De tal sorte que, finalmente, tudo em Ponge virá envolto numa certa voz acidulada, certo riso amarelo, certo sorriso cético, que o distinguem de tudo em volta. Isso está em toda parte em Ponge. Por exemplo, nesta formulação desabusada, já datada dos anos 1940, que se inscreve em caixa alta em *Méthodes*, segundo a qual "PARTIDO DAS COISAS IGUAL TOMADA EM CONSIDERAÇÃO DAS PALAVRAS" (Em francês: PARTI PRIS DES CHOSES ÉGAL COMPTE TENU DES MOTS; Ponge, op. cit., p. 522). Ou nas constantes batidas em retirada do "proema", que está sempre aquém da tarefa de fazer o mundo mudo surgir verdadeiramente no plano simbólico. Como também se pode depreender de tantos balanços e fechos anti-heroicos semelhantes a este do *Carnê do pinhal*, em que o poeta se julga *après coup:* "Tudo isso não é sério. O que foi que eu ganhei nessas onze páginas e nesses dez dias?" (ibid., p. 397).

À guisa de conclusão, é tentador pensar que tudo isso prenuncia o *linguistic tour* francês, de que Barthes parece ser hoje o melhor representante. A saber: a ideia de que nem o mundo real existe, como se estivesse posto em sossego fora da linguagem, nem a linguagem é um lugar neutro a partir do qual a ordem do mundo é enunciada.

LEDA TENÓRIO DA MOTA é pesquisadora associada ao Reseau International Roland Barthes. Possui graduação em Letras Modernas pela Universidade de São Paulo (1972), mestrado em Semiologia Literária pela École des Hautes Etudes en Sciences Sociales (1978) e doutorado em Semiologia Literária pela Université de Paris VII (1983). Fez pós-doutorados na Université de Paris VII (1986-1988) e no Programa de Estudos Pós-Graduados em Comunicação e Semiótica da Pontifícia Universidade Católica de São Paulo. Atualmente é professora assistente doutor do quadro de carreira do PEPGCS/PUC/SP, onde vem se dedicando aos objetos da comunicação, entendidos como fatos de linguagem e à psicanálise dos discursos midiáticos. Sob o amparo do CNPq, especializou-se nas relações de Lacan com as vanguardas. Realiza pesquisa sobre as relações entre as literaturas de vanguarda e as infopoéticas e hipertextos contemporâneos, além da questão dos paradigmas da crítica, inclusive, da crítica cultural. Nesse âmbito, publicou um balanço internacional da obra de Haroldo de Campos e o primeiro estudo de fôlego sobre a obra de Roland Barthes a sair no Brasil. Dedica-se ultimamente às relações entre a revolução crítica dos *Cahiers du Cinéma* e a *nouvelle critique*.

Referências

Barthes, Roland. *Oeuvres Complètes*, i, ii, iii, iv, v. Nouvelle édition revue, corrigée et augmentée par Éric Marty. Paris, Seuil, 2002.

_____. *La préparation du roman*, i, ii. Cours et séminaires au Collège de France (1978-1980). Paris, Seuil/imec, 2003.

Baudelaire, Charles. *O spleen de Paris. Pequenos poemas em prosa*. Leda Tenório da Motta (Trad.). Rio de Janeiro, Imago, 1995.

_____. *As flores do mal*. Ivan Junqueira (Trad.). Rio de Janeiro, Nova Fronteira, 1985.

Breton, André. *Manifeste du surréalisme*. Oeuvres Complètes i. Paris, Gallimard, 1988.

Derrida, Jacques. *Signéponge*. Paris, Seuil, 1988.

Johnson, Barbara. "Poetry and its double: two *Invitation au voyage*" in *The critical difference*. Essays on the contemporary rhetoric of reading. The Johns Hopkins University Press, 1980.

Lautréamont, Isidore Ducasse. *Obra completa*. Os cantos de Maldoror. Poesias. Cartas. Tradução, prefácio e notas de Claudio Willer. São Paulo, Iluminuras, 1997.

Mallarmé, Stéphane. "*Crise de vers*" in *Oeuvres Complètes*. Paris, Gaalimard/Pléiade, 1945.

Neto, João Cabral de Melo. *Obras completas*. Rio de Janeiro, Nova Aguilar, 2003.

Ponge, Francis. *Oeuvres Complètes*, i. Paris, Gallimard/Pléiade, 1999.

Rimbaud, Arthur. *Prosa poética*. Ivo Barroso (Trad.). Rio de Janeiro, Topbooks, 1998.

Valéry, Paul. "Variétés", in *Oeuvres*. Paris, Gallimard/Pléiade, i, 1975.

Desdobramentos teórico-críticos da criação em prosa e poesia

Lucia Santaella

Os dois lados de Saussure

O início do século XX viu nascer um novo paradigma teórico para os estudos da linguagem. Ao mesmo tempo em que, de 1907 a 1910, na Universidade de Genebra, Ferdinand de Saussure ministrava o seu curso de linguística, ele solitariamente realizava, de 1906 a 1909, um outro tipo de estudo sobre poemas clássicos nos quais descobrira composições intrigantes.

Três anos depois da morte de Saussure, que se deu em 1916, dois de seus alunos, Charles Bally e Albert Sechehaye, com a colaboração de A. Ridlinger, compilaram as anotações que os alunos tinham do curso e editaram o livro *Curso de linguística geral* (1969). Mal poderiam supor os efeitos impactantes que esse livro provocaria na intelectualidade europeia até, pelo menos, os anos 1970.

No curso, depois transformado em livro, Saussure buscava criar uma ciência da língua, pois esta, até então, estava sob a tutela dos estudos histórico-comparativos. Sua visão dos procedimentos científicos poderia ser hoje chamada de sistêmica. Por conceber a língua como um sistema abstrato de elementos articulados, sua descrição impunha a busca dos elementos mínimos componentes e sua organização em elementos cada vez maiores. Assim, a partir da eleição da língua e não da fala como objeto dessa ciência, Saussure chegou a uma série de dicotomias, tais como significante/significado, diacronia/sincronia, paradigma/sintagma como constituintes da língua, todos eles participantes da concepção primeira da língua como um sistema de diferenças de que se extrai o conceito de valor. Quer dizer, um elemento só significa pela diferença em relação aos outros elementos. Portanto, a língua não é uma substância, mas é forma cujos elementos significam pela negação e oposição.

A breve síntese acima, embora bastante incompleta, pode nos dar uma ideia da mudança paradigmática que aí se instaurou a ponto de provocar impactos em todas as áreas das humanidades, especialmente na antropologia de Lévi-Strauss, passando pelos estudos literários até atingir inclusive o campo da filosofia naquilo que se tornou conhecido como movimento estruturalista. De fato, foi tal o impacto provocado que, mesmo aqueles que se colocaram como críticos do movimento, dele sofreram influência e passaram a ser chamados de pós-estruturalistas, como é o caso de Michel Foucault, Jacques Lacan, Jacques Derrida e Gilles Deleuze, entre outros.

O outro lado de Saussure, que costumo chamar de lado noturno, ou seja, aquele dos 150 cadernos de estudos por ele deixados sobre poesia, não teve o mesmo destino do *Curso*. Foi só em 1971 que Jean Starobinski, sob o título de *Les mots soux les mots* (*As palavras sob as palavras*), publicou as análises que resultaram de sua investigação cuidadosa e lúcida dos cadernos de Saussure. Nestes, Saussure perscrutara poemas clássicos por ter neles descoberto mecanismos fônicos da linguagem poética, os hipogramas e os anagramas. O primeiro diz respeito ao nome de um deus ou herói que surge redistribuído entre as palavras do poema. O anagrama, por sua vez, compreende a distribuição fônica dos hipogramas nos versos. Uma vez que o mecanismo se repetia nos poemas estudados, sem que tivesse havido contato entre os poetas, Saussure hesitou em relação à sua própria descoberta. Tanto hesitou que recomendou que seus estudos não fossem publicados sem que houvesse prova de que essa descoberta tinha alguma veracidade.

O que resultou dos estudos de Starobinski, para além da vontade de Saussure, foi a revelação de que anagramas e seus congêneres, como rimas, aliterações etc. são operações constitutivas da linguagem poética. Isso abriu as portas para uma renovação da teoria e crítica da poesia que foi levada a cabo especialmente por Roman Jakobson. Antes disso, porém, é necessário retornarmos aos estudos linguísticos e literários que se desenvolveram ainda no início do século na União Soviética, pelo Formalismo Russo e, então, pelo Círculo Linguístico de Praga.

O FORMALISMO RUSSO & O ESTRUTURALISMO FRANCÊS

No precioso prefácio que escreveu para a tradução ao português de obras dos formalistas russos (B. Eikchenbaum, 1971), Boris Schnaiderman nos informa que um grupo de jovens estudantes da Universidade de Moscou, no inverno de 1914-1915, fundou o Círculo Linguístico de Moscou, portanto, poucos anos após o curso de Saussure, em Genebra. Por coincidência ou não, a busca dos jovens coincidia em muitos pontos com a proposta saussuriana. Assim como este recusou qualquer interferência externa para o desenvolvimento da ciência da língua, os jovens russos igualmente recusavam categoricamente quaisquer interpretações extraliterárias do texto. Os estudos literários deveriam conceber como ponto de partida o texto em si, os princípios de organização das obras como produções estéticas e não meramente como fontes para os estudos filosóficos, sociológicos, psicológicos etc. É claro que esses elementos podem estar presentes nas obras, mas tomá-los como pontos de partida e, muitas vezes, até mesmo como pontos de chegada, apenas oculta aquilo que deve se constituir como pesquisa especificamente literária: o que faz um texto ser literário, sem se confundir com os variados textos da comunicação no cotidiano.

Considerado o contexto, a reação dos jovens era legítima, pois, até então, tudo no texto servia aos historiadores da literatura: "os costumes, a psicologia, a política, a filosofia. Em lugar de um estudo da literatura, criava-se um conglomerado de disciplinas mal-acabadas" (Schnaiderman, 1971, p. x). Assim, enquanto a crítica sociológica e política, ou então a metafísica, guiada pela religiosidade, buscavam o além do texto, os formalistas insistiam naquilo que a linguagem literária apresenta de contingente, imediato, palpável e, sobretudo, analisável. Contra a identificação da linguagem da literatura com a linguagem da comunicação:

> a linguagem poética tem, do ponto de vista sincrônico, a forma da palavra, isto é, de um ato criador individual, que toma seu valor, por uma parte, do fundo da tradução poética atual (língua poética) e, por outra parte, do fundo da língua comunicativa contemporânea. As relações recíprocas da linguagem poética com esses dois sistemas linguísticos são extremamente complexas e variadas, e é preciso examiná-las tanto do ponto de vista da diacronia como da sincronia. (ibid., p. xiii)

Os estudos realizados pelos jovens russos foram denegridos por críticos apressados como sendo meramente formalistas, uma crítica, de resto, baseada em uma cisão arbitrária entre forma e conteúdo, como se pudesse haver forma do texto despida de conteúdo. Passado o tempo, no entanto, a crítica ilegítima se esvai e o que fica é a relevância do trabalho. De fato, os estudos deixados pelos formalistas se constituem em fontes inestimáveis, altamente reveladoras dos princípios criadores da linguagem literária em prosa e em poesia. É deles que vêm conceitos valiosos como, por exemplo, estranhamento e singularidade; motivo, trama e fábula (Chkloviski), o realismo artístico (Jakobson), o sentido da palavra poética; a evolução literária (Tinianov).

As propostas e estudos do Círculo Linguístico de Moscou teve continuidade, na década seguinte, no Círculo Linguístico de Praga o qual, tanto quanto o primeiro, rebelando-se contra a tendência da crítica literária, que estuda todos os elementos de uma obra literária, menos os especificamente literários, reivindicava a constituição de uma teoria literária autônoma.

Dentre todos os participantes dos grupos, aquele que mais se destacou foi Roman Jakobson, tornando-se mundialmente conhecido, sobretudo nos anos 1960-1970, a partir dos Estados Unidos, para onde se exilou, por seus estudos sobre linguística e poética. Esses anos coincidiram com o apogeu do estruturalismo na França, de onde disseminou-se para várias partes do mundo. Deu-se aí uma verdadeira explosão que não passou despercebida a nenhum campo das humanidades e as antologias de textos estruturalistas proliferaram (Foucault et al., 1968, por exemplo). Os temas relativos ao estruturalismo distribuíam-se pela filosofia (Bonomi et al., 1971), epistemologia (Lévi-Strauss et al., 1970), antropologia (Sperber, 1970), linguística (Ducrot, 1970), com ênfase nos estudos literários, tanto na poesia (Todorov, 1970, por exemplo) quanto na prosa narrativa (Todorov, 1969; Barthes et al., 1972).

Dos princípios metodológicos do estruturalismo, no caso da literatura, era derivado um modelo que mesclava elementos do formalismo russo com a proposta de descrição dos elementos composicionais dos mais simples aos mais complexos, até atingir a totalidade do texto. Quanto à linguagem poética, notabilizaram-se os textos de Jakobson, em especial sua definição da linguagem poética como fruto da projeção do princípio da similaridade sobre a contiguidade. A projeção parece funcionar, de fato, quando empiricamente observada nos poemas. É justamente tal projeção que se responsabiliza pelas palavras entre e dentro de palavras de que resultam os entrelaçamentos e as hesitações do som e do sentido, em enigmáticas figurações criadoras das ambiguidades que concedem aos poemas seu caráter de inventividade de linguagem.

É importante notar que as análises literárias estruturalistas, tanto na prosa quanto na poesia, eram na época identificadas com a semiologia ou semiótica. De fato, assistia-se, naqueles anos, ao boom da semiótica que, na Europa, estava ligada aos princípios estruturalistas. Cumpre ainda esclarecer que, a despeito da hegemonia estruturalista francesa, pontos de vista historiográficos e sociológicos não deixaram de existir e de manter seu prestígio entre seus adeptos, não só na França como também fora dela.

Do clímax ao anticlímax

Não obstante a potência com que havia se consolidado, rapidamente o estruturalismo perdeu o seu ímpeto, já no alvorecer dos anos 1980. Não se quer com isso levar a entender que tenha perdido o valor de sua contribuição para os estudos literários. Na verdade, seus princípios e métodos trouxeram lições inolvidáveis. Antes de tudo, a lição de que a literatura se constitui como uma linguagem com força própria e inconfundível, seguida por algumas outras lições decorrentes como aquela que reivindica a primazia dos princípios literários sobre os extraliterários, ou aquela que nos impede de confundir a autoria interna ao texto com as pessoas dos autores, e muitas outras.

O anticlímax do estruturalismo foi provocado por uma série de fatores que, nos anos 1980, vieram não só transformar as práticas de criação literárias como também abalar o consenso das teorias e críticas sobre essas práticas. O universo da cultura em geral e das artes, em particular, passavam pelas turbulências dos debates filosóficos e políticos sobre a pós-modernidade e dos estilos estéticos pós-modernos de que nenhum campo artístico ficou alheio, da arquitetura, artes, música, literatura, teatro, até o cinema. A mistura de temporalidades diferenciadas, o anacronismo das citações de estilos passados, a liberação de regras construtivas a priori, tudo isso criou uma ambiência cultural híbrida em que se davam não apenas heterogêneas visitações estilísticas dentro de um mesmo território artístico, mas também entre territórios diferenciados.

A par de obras que nasciam dentro do espírito pós-moderno, nas práticas literárias, a crise dos gêneros foi se tornando cada vez mais patente. Um dos textos mais exemplares sobre essa questão foi escrito por Haroldo de Campos (1977), segundo o qual a tendência para a dissolução dos gêneros não poderia ser mais ignorada. O hibridismo das mídias, jornal, publicidade, fotografia, cinema, ainda emergente no início do século XX, foi se expandindo no decorrer do século. Nesse contexto, a poesia, desde Mallarmé, experimentava com a crise do verso, ao mesmo tempo em que, de outro lado, passou a incorporar elementos da língua prosaica e conversacional. A linguagem em mosaico, descontínua da imprensa popular introduzia um novo hibridismo entre texto, foto, legenda, diagramação, de que escritores e poetas sentiram o impacto.

Já na segunda década do século XX, especialmente no modernismo de Mario e Oswald de Andrade, a prosa literária começou a se amalgamar com procedimentos polifônicos e recursos sintáticos da linguagem cinematográfica. Em seu estudo sobre as apropriações literárias, especialmente em Oswald de Andrade, dos recursos narrativos do cinema, Soares (2011; cf. também Farinaccio, 2014) nos informa que tanto Monteiro Lobato quanto Couto de Barros já haviam notado, respectivamente, uma "série de quadros à Griffith" e uma "técnica absolutamente nova, imprevista, cinematográfica", na estilística de Oswald de Andrade. Mário de Andrade, ele mesmo, chamou atenção para "a beneficiação do cinematógrafo" nos capítulos de *Os condenados*, no que foi seguido por Tristão de Ataíde. Vinte anos depois, ainda segundo Soares (ibid.), essa mesma apreciação crítica repercutia em artigo de 1943, de Antonio Candido, que chamava atenção para a técnica cinematográfica, a descontinuidade cênica e a tentativa de simultaneidade na prosa de Oswald de Andrade.

Pouco mais de vinte anos depois, foi a vez de Haroldo de Campos (1967) dedicar à questão uma investigação cuidadosa, no seu texto "Estilística miramarina", mais tarde ampliado no seu "Miramar na mira" (1972), em que, a par da sintaxe elíptica, telegráfica e cinematográfica, presente em *Memórias sentimentais de João Miramar* e *Serafim Ponte Grande* (Oswald de Andrade, 1972), a prosa do modernista foi perscrutada em um caleidoscópio comparativo envolvendo Mallarmé, Macunaíma, Ulisses e o futurismo. Vale a pena transcrever abaixo pelo menos uma passagem do texto haroldiano para se ter uma ideia da filigrana analítica por ele realizada. Tomando alguns trechos oswaldianos como exemplares, Campos (1972, p. xliii) tece seus comentários:

Um cão ladrou à porta barbuda em mangas de camisa e uma lanterna bicor mostrou os iluminados na entrada da parede. O cachorro deitado tinha duas caras com um de esfinge e cabelos de bebês.
Mas a calçada rodante de Pigalle levou-me sozinho por tapetes de luzes e de vozes ao mata-bicho decotado de um dancing com grogs cetinadas pernas na mistura de corpos e de globos e de gaitas com tambores.

Trechos onde as cláusulas se encontram e se interceptam como planos, os atributos saltam do engaste e deslizam de uma superfície semântica à outra, as imagens se seccionam como providas de arestas. Não é à toa que, na introdução do Miramar, o verboso sr. Penumbra nos surpreende com uma atualizada informação de crítico de artes plásticas.

Vale o exemplo oswaldiano de uma tendência crescente à heterogeneidade das misturas no campo literário que, inclusive, conduziu a crise dos gêneros à inseparabilidade entre prosa e poesia, naquilo que pode ser chamado de proesia e que as *Galáxias* (1984) de Haroldo de Campos levaram ao extremo. A matéria-prima de seus cinquenta fragmentos "são as fábulas fundamentais do imaginário humano concebidas como viagem ou metamorfose" (Jackson, 2005, p. 40). Uma viagem de um Ulisses-narrador sem fronteiras entre línguas e lugares cuja fabulação, em andanças paradisíacas e infernais, inventa uma prosa na poesia e uma poesia que se entretece na prosa.

As sementes da heterogeneidade do campo literário já plantadas no modernismo fertilizaram nos anos 1980, crescendo cada vez mais em um pluralismo e diversidade que, sem abandonar as possibilidades de criação com os meios que a tradição nos legou, avançou também pela poesia visual e sonora ou pela transmutação da notícia jornalística em invenção narrativa.

Entre outros fatores, as condições da própria criação literária, nos novos ambientes culturais que emergiam, empurraram o estruturalismo para o fundo do palco da cultura literária. Não é casual, portanto, que as teorias e guias para a crítica literária começassem a se desdobrar em uma série de tendências como se segue.

Desdobramentos teóricos

Embora tenha nascido em ambiente similar àquele dos formalistas russos, o Círculo de Bakhtin desenvolveu propostas distintas acerca do literário, cujas teses distribuem-se entre o romance polifônico, a dialogia, a carnavalização da literatura, uma concepção inovadora dos gêneros literários, todos esses temas "assentados sobre um fundo mais amplo, de abrangência multidisciplinar: o problema do diálogo como fundamento do pensamento criativo e da própria criação"

(Schnaiderman, 1983, p. 70). Sua concepção da linguagem, altamente distintiva, baseia-se em um sentido de oposição e luta no coração da existência onde se dá:

> uma batalha incessante entre forças centrífugas, que buscam manter as coisas separadas, e centrípetas, que aspiram por mantê-las coerentes. Esse *clash* zoroástrico está presente na cultura e na natureza, assim como na especificidade da consciência humana, operando com ainda mais particularidade nas falas individuais. A reflexão mais completa e complexa dessas forças encontra-se na linguagem humana e a melhor transcrição da linguagem assim compreendida é o romance. (Holquist, 1981, xviii)

As traduções das obras de Bahktin, não só no Brasil, mas também na Europa e Estados Unidos, aconteceram no final dos anos 1970, início dos 1980, de modo que foi só então que seu pensamento recebeu a merecida divulgação. Suas concepções estenderam-se do âmbito puramente literário ou mesmo filosófico e semiótico para os estudos da linguagem em geral, tendo se tornado célebre sua original visão dos gêneros discursivos (Brait, org., 2005).

Nos anos 1980, notabilizou-se também a teoria da recepção, cujas fontes provinham da escola de Constance, nas figuras de Hans Robert Jauss, Wolfgang Iser, Karlheinz Stierle e Hans Ulrich Gumbrecht, fontes que, no Brasil, foram estudadas e divulgadas especialmente por Luiz Costa Lima (1979) e por Regina Zilberman (1989), entre outros. De modo distinto dos estudos literários historicistas tradicionais, a teoria da recepção buscava recuperar a história por uma nova via, ou seja, por meio da valorização do papel da recepção, da relação entre texto e leitor. Tomando como base a poética e a hermenêutica, a ênfase deveria ser colocada no horizonte de expectativas e nos atos interpretativos dos leitores. Com isso, produção e recepção se veem mediadas pelo contexto social e cultural em que se inserem. A historicidade é assim recuperada porque o ato da recepção é responsável pela atualização permanente das obras (cf. Farias, 2009).

Provavelmente instigados pela mundialização em curso e pelo aumento no número de traduções de obras literárias, os estudos literários comparativos ganharam novo impulso a partir dos anos 1990. Seu campo de atuação coloca o foco nas relações entre teoria e crítica literária comparada, incluindo também a comparação com outras artes. Na sua antológica obra sobre a questão, Carvalhal (2006, p. 6), de saída, chama atenção para a diversidade e vastidão dos estudos literários comparados, caracterizados pela ausência de homogeneidade dos objetos selecionados e das metodologias de análise. De fato, cada escola, programa ou instituto se aproxima dos estudos comparados a partir da tradição teórica e crítica que elege, daí a diversidade.

De 1990 em diante, as correntes teóricas e críticas multiplicaram-se em uma série de tendências. Em 1997, Arthur Nestrovski apresentou um panorama breve, mas elucidativo das correntes, então em voga, da teoria literária. Nos Estados Unidos, a partir de Yale e sob efeito da leitura que os norte-americanos realizaram da filosofia de Jacques Derrida, uma filosofia antagônica à metafísica da presença, tornou-se prestigioso um tipo de leitura da obra literária que recebeu o nome de "desconstrução".

> Uma leitura desconstrutivista traz à tona a natureza problemática de todo discurso centrado em conceitos como verdade, origem, sentido. Para Derrida, não existe um significado último, por trás da linguagem, mas um sistema de "diferença" ("différence", em francês), combinando diferir (o significado das palavras nasce da diferença entre elas) e prorrogar (o significado é sempre adiado, a interpretação é infinita). (Nestroviski, ibid.)

Os autores mais representativos dessa tendência foram Paul de Man, Harold Bloom, J. Hillis Miller e Geoffrey Hartman, para os quais "não existe uma identidade original perdida no exílio das palavras e não existe um sujeito anterior ao sistema de significação. O estudo da literatura deve voltar-se não para a identificação de valores, mas para o funcionamento retórico de um texto" (ibid.). Segundo De Man, todo texto contém uma sedutora condição figurada, cabendo ao crítico não se submeter a essa condição ao revelar o sistema de figuras em que o leitor desavisado se deixa capturar.

O neo-historicismo é a outra tendência mencionada por Nestrovski. Alimentada pelas obras de Michel Foucault e do antropólogo Clifford Geertz, influenciada pelo "materialismo cultural" de Raymond Williams, pela "metahistória" de Hayden White e pelas revisões marxistas de Althusser e Laclau, segundo Nestrovski, "o neo-historicismo não deixa de ser uma espécie de etnografia, preocupada com as condições de representação de determinadas manifestações culturais, a que chamamos literatura". As pautas em jogo são "as relações entre práticas culturais e sociedade, a condição textual da história, as análises da ideologia e da constituição da subjetividade de uma perspectiva pós-estruturalista". O que se coloca em questão, no fundo, é a própria ideia de crítica literária e aquilo que rege o cânone literário.

Pode-se afirmar que a terceira tendência na lista de Nestrovski é aquela que nasceu com alguma força nos Estados Unidos e foi se espraiando e se fortalecendo cada vez mais para além dessas fronteiras. Trata-se da teoria e crítica literária feminista. De resto, uma crítica que não se reduz à literatura, mas se distribui por todas as humanidades e estudos culturais. O primado dessa crítica dirige sua seta contra o patriarcalismo dominante que se faz presente na imposição do desejo masculino sobre os valores sociais, culturais e familiares. Tomando suas bases em teorias psicanalíticas de punho feminino, como é o caso de Julia Kristeva e de outras feministas influentes, como Luce Irigaray e Hélène Cixous, a crítica feminista lança sua rebeldia à suposta universalização do masculino em todos os campos do saber e da criação humana. Especificamente nos estudos literários, o feminismo se caracteriza pelo resgate de figuras femininas no cânone literário e de marcas de escrita feminina no discurso, entre outros tópicos.

Como uma expansão do feminismo, por abranger questões ainda mais amplas, encontra-se outra tendência que foi se tornando cada vez mais influente no campo da literatura e da cultura em geral: os estudos de gênero. A insubordinação ao exclusivo primado da sexualidade biológica e dos preconceitos que ele alimenta conduz as discussões para o plano do social de modo a permitir a visibilidade das categorias de gênero. A relevância dessas discussões foi se avolumando do início do milênio em diante até produzir uma verdadeira explosão em anos recentes.

Mesclas atuais

A rigor, as três últimas tendências, o neo-historicismo, o feminismo e os estudos de gênero, como foi notado por Nestrovski, especialmente nos Estados Unidos e na Inglaterra, alocaram-se em centros e departamentos de estudos culturais onde começaram a se mesclar também com a crítica pós-colonial, cuja agenda está pautada na luta "pela desestabilização dos lugares cativos de epistemologias prevalescentes", chamando atenção "para a perversidade de determinados tropos tão caros a uma certa ciência como "cânone" e "universal", "cosmopolitismo" ou "globalização" (Mata, 2014, p. 29). Derivada do plano epistemológico, a crítica desloca-se para as experiências culturais dos subalternos, os povos colonizados cujas construções culturais, literárias e artísticas são relegadas ao plano secundário e irrelevante de um saber local. Embora abrace o âmbito mais amplo do cultural, o território privilegiado da crítica pós-colonial é a literatura, pois é dela que se extrai a estratégia da leitura de "outras" literaturas como antídoto à euro e ocidentricidade e, mais que isso, contra "a hierarquização consentida que advém da interiorização da subalternidade" (ibid., p. 34).

De fato, são os estudos literários que hoje abrigam de modo privilegiado tanto a crítica pós-colonial quanto o feminismo e os estudos de gênero, a rigor, todos eles como partes integrantes de institutos e departamentos de estudos culturais ou crítica cultural, como vêm sendo mais recentemente chamados. Os estudos de gênero são aqueles que avançaram grandemente em complexidade o que pode ser atestado quando se toma como referência o pensamento de Judith Butler (2003) que goza atualmente de grande visibilidade. A par do talento da autora, essa visibilidade deve ser fruto da crítica renovadora a que submeteu o feminismo, por meio da reemergência do conceito de *queer* segundo o qual os gêneros são socialmente construídos. Sua crítica ao feminismo está ligada à sua noção de identidade livre, flexível, plural e não binária, na qual não há lugar para categorias fixas de homens e mulheres, homossexuais e heterossexuais. Além disso, diferentemente do feminismo que professa a biologia do sexo e a culturalidade do gênero, para ela, o sexo, igualmente, é culturalmente construído pelas regulações discursivas.

São os discursos que se responsabilizam pela manutenção de uma ordem compulsória por meio de atos, gestos e signos que reforçam performaticamente a construção de corpos masculinos e femininos (Senkevis, 2012). "Se corpos performatizam gêneros a partir de uma estrutura de repetição que contém nela mesma a possibilidade de transgressão, corpos também indicam a condição precária da vida" (Rodrigues, 2015, p. 23).

Literatura expandida

Enquanto as teorias e críticas se desdobram em tendências nos territórios acadêmicos e editoriais, as práticas da criação literária em prosa e poesia se expandem tanto nos seus meios de produção quanto nos seus meios de distribuição e recepção. Isso se tornou corrente, desde meados dos anos 1990, quando as redes da internet vieram perpassar todos os meandros de nossas vidas. Assim, a produção poética diversifica-se a partir de recursos computacionais, sem abandonar a performance oral, alcançando também as constelações do vídeo e as telas eletrônicas, enquanto a prosa faz experimentos com a hiperficção e com as novelas breves para aparelhos celulares. Isso demonstra que a materialidade da literatura decididamente não encontra mais sua locação apenas no papel, mas se espraia por uma série de diferentes mídias, sem animosidades, mas sim complementaridades entre a página impressa e as telas.

No que diz respeito às novas formas de transmissão e recepção só se tem a ganhar quando os blogs de poetas colocam, na volatilidade das telas, poemas em verso, na ruptura do verso ou nas mesclas com a imagem, pois agora não são essas diferenças que importam. Aquilo que realmente importa é que a poesia resista e persista, pois é dela que se extrai o sol e o sal da vida, muito mais do que do amor, pois este tem por destino fenecer. Ao mesmo tempo, jovens de talento vão compartilhando em suas listas de amigos e admiradores capítulo a capítulo fabulações fertilizadas em um imaginário capaz de transpor para um outro plano da realidade o que a vida poderia ou deveria ser, poderia ter sido, sem chegar a ser, histórias que só a literatura pode e sabe dizer porque é senhora do seu dizer. Enquanto isso, continuam a existir publicações tanto em prosa quanto em poesia na forma do livro impresso que, para alguns, continua a ser insubstituível.

Hoje, quando vão se dissipando todas as fronteiras que mantinham as artes em territórios isolados e bem delimitados, fala-se em artes expandidas, música expandida, foto expandida e cinema expandido. À literatura não poderia faltar esse atributo. De fato, ele se aplica diante da diversidade do campo literário e dos seus modos de operação, das complexas relações que emergem entre a literatura impressa e digital, assim como das estratégias estéticas empregadas pela literatura em mídias digitais. Crucial, sem dúvida, é a necessidade de também se "pensar digital", quer dizer, de perceber a especificidade das mídias em rede e mídias programáveis, sem perder a bússola e a continuidade da rica tradição da literatura impressa, tanto na faceta da criação quanto da teoria e crítica (Santaella, 2013, p. 215).

A rigor, entretanto, a literatura como ato criador desde sempre foi expandida, na poesia porque a sensibilidade humana se limita com o infinito e na prosa porque os enigmas do destino humano são indecifráveis.

Lucia Santaella é graduada em Letras (Português-Inglês). Professora titular no programa de Pós-Graduação em Comunicação e Semiótica da puc-sp, com doutoramento em Teoria Literária na pucsp em 1973 e Livre-Docência em Ciências da Comunicação na eca/usp em 1993. Coordenadora da Pós-graduação em Tecnologias da Inteligência e Design Digital, Diretora do cimid, Centro de Investigação em Mídias Digitais e Coordenadora do Centro de Estudos Peirceanos, na puc-sp. Presidente honorária da Federação Latino-Americana de Semiótica e Membro Executivo da Associación Mundial de Semiótica Massmediática y Comunicación Global, México, desde 2004. Possui dezenas de livros e artigos publicados. Suas áreas mais recentes de pesquisa são: Comunicação, Semiótica Cognitiva e Computacional, Estéticas Tecnológicas e Filosofia e Metodologia da Ciência.

Referências

ANDRADE, Oswald. *Obras completas 2*. Rio de Janeiro: Civilização Brasileira, 1972.
BARTHES, Roland et al. *Análise estrutural da narrativa*. Rio de Janeiro: Vozes, 1972.
BONOMI, Andrea et al. *Estructuralismo y filosofia*. Buenos Aires: Nueva Visión, 1971.
BRAIT, Beth (org.). *Bakhtin. Conceitos chave*. São Paulo: Contexto, 2005.
BUTLER, Judith. *Problemas de gênero: Feminismo e subversão de identidade*. Renato Aguiar (trad.). Rio de Janeiro: Civilização Brasileira, 2003.
CAMPOS, Haroldo de. "A estilística miramarina". In: *Metalinguagem*. Rio de Janeiro: Vozes, 1967, pp. 87-98.
_____. "Miramar na mira". In: *Oswald de Andrade. Obras completas 2*. Rio de Janeiro: Civilização Brasileira, 1972, pp. xiii-xlv.
_____. "Ruptura dos gêneros na literatura Latino-Americana". In: *América-Latina e sua literatura*. César Fernández Moreno (org.). São Paulo: Perspectiva, 1977, pp. 281-305.
_____. *Galáxias*. São Paulo: Ex Libris, 1984.
CARVALHAL, Tânia Franco. *Literatura comparada*, 4ª. Ed. Revista e ampliada. São Paulo: Cultrix, 2006.
DUCROT, Oswald. *Estruturalismo e linguística*. José Paulo Paes (trad.). São Paulo: Cultrix, 1970.
EIKHENBAUM, B. et al. *Teoria da literatura. Formalistas russos*. Ana Mariza Ribeiro et al. (trads.). Porto Alegre: Globo, 1971.
FARIAS, Sonia L. Ramallho. "Tendências da crítica literária contemporânea: um esboço". *Graphos*. João Pessoa. Vol. 10, n°. 2, jun./2009, pp. 235-244.
FARINACCIO, Pascoal. "Oswald de Andrade e o cinema em dois tempos". Disponível em: https://outraspalavras.net/posts/oswald-de-andrade-e-o-cinema-em-dois-tempos/2014. Acesso: 11 fev. 2018.
HOLQUIST, Michael. "Introduction". *The dialogic imagination*. Austin: University of Texas Press, 1981, pp. xv-xxxiv.
JACKSON, David K. "Viajando pelas Galáxias. Guia a notas de orientação". In: *Céu Acima. Para um "tombeau" de Haroldo de Campos*. Motta, Leda Tenorio da (org.). São Paulo: Perspectiva, 2005, pp. 39-54.
LÉVI-STRAUSS, Claude et al. *Estructuralismo y epistemologia*. Buenos Aires: Nieva Visión, 1970.
LIMA, Luiz Costa (org.). *A literatura e o leitor. Textos de estética da recepção*. Rio de Janeiro: Paz e Terra, 1979.
MATA, Inocência. "Estudos pós-coloniais. Desconstruindo genealogias eurocêntricas". *Civitas*. Porto Alegre, v. 14, n°. 1, jan.-abr. 2014, pp. 27-42.
NESTROVSKI, Arthur. "Teoria literária". *Caderno Mais*, 13 abril 1997. Disponível em: http://www1.folha.uol.com.br/fsp/mais/fs130428.htm. Acesso: 13 fev. 2018.
RODRIGUES, Carla. "Judith Butler. A performatividade de gênero e do político". Entrevista. *Cult*, ano 18, set. 2015, pp. 20-6.

Santaella, Lucia. "Literatura expandida". In: *Comunicação ubíqua. Repercussões na cultura e na educação*. São Paulo: Paulus, 2013, pp. 187-218.

Saussure, Ferdinand de. *Curso de linguística geral*. Antonio Chelini et al. (trads.). São Paulo: Cultrix, 1969.

Schnaiderman, Boris. "Prefácio". In: Eikhenbaum, B. et al. *Teoria da literatura. Formalistas russos*. Porto Alegre: Editora Globo, 1971, pp. ix-xxii.

_____. *Turbilhão e semente. Ensaios sobre Dostoiévski e Bahktin*. São Paulo: Duas Cidades, 1983.

Senkevis, Adriano. "O conceito de gênero por Judith Butler: a questão da performatividade". Disponível em: https://ensaiosdegenero.wordpress.com/2012/05/01/o-conceito-de-genero-por-judith-butler-a-questao-da-performatividade/. 2012. Acesso: 15 fev. 2018.

Soares, Marcus Vinicius Nogueira. "A simultaneidade cinematográfica nas Memórias sentimentais de João Miramar, de Oswald de Andrade". xii Congresso Internacional da Abralic. Disponível em: http://www.abralic.org.br/eventos/cong2011/AnaisOnline/resumos/TC0712-1.pdf, 2011. Acesso: 11 fev. 2018.

Sperber, Dan. *Estruturalismo e antropologia*. Amélia e Gabriel Cohn (trads.). São Paulo: Cultrix, s/d.

Starobinski, Jean. *As palavras sob as palavras*. Carlos Vogt (trad.). São Paulo: Perspectiva, 1971.

Todorov, Tzvetan. *As estruturas narrativas*. Moysés Baumstein (trad.). São Paulo: Perspectiva, 1969.

_____. *Estruturalismo e poética*. José Paulo Paes (trad.). São Paulo: Cultrix, 1970.

Zilberman, Regina. *Estética da recepção e história da literatura*. São Paulo: Ática, 1989.

Umberto Eco e o marquês Umbelino: uma fantasia livresca

Marco Lucchesi

> *Basta apenas o essencial, não mais que o essencial, para se alcançar a dimensão hídrica do mundo urânio.*
>
> UMBELINO FRISÃO

INTRODUÇÃO

Não me aventuro a estudar o pensamento do marquês Umbelino Frisão em sua orgânica relação com o de Umberto Eco. Mesmo porque a bibliografia de Umbelino ultrapassa a casa do milhar, entre livros, ensaios e artigos que lhe foram dedicados, assim como a do autor de *Baudolino*.

Chamou-me a atenção o seguinte trecho da "Bustina di Minerva", de Umberto Eco: " só escrevi *O nome da rosa*, depois de ler *O diadema da idade média*, de Umbelino Frisão" (19.07.2010). Eis a origem do presente ensaio: recuperar um diálogo intenso e poucas vezes frequentado pela crítica, em detrimento de dois sistemas biunívocos.

Longe de mim a pretensão de realizar a mundivisão de Eco imbricada com a do marquês, ou mesmo esclarecer aspectos que se inter-relacionem, porventura, como por exemplo a centelha do *logos spermatikós*, aporia que penetra o *Dasein* frisoniano, em diálogo com a ideia seminal de "obra aberta."

Não realizo uma crítica genética ou uma teoria da dependência, ainda que dialética, entre os dois pensadores. Desejo apenas dar relevo à figura de Umbelino, a seu papel indispensável na hermenêutica continental de Eco, de que Umbelino acabou por transformar-se em *Lector in fabula*.

Com o trabalho que ora apresento, não me separo, um milímetro sequer, do lema de meu invisível brasão: *pauca sed bona*.

Sou o primeiro a reconhecer os limites dessa abordagem, mais *pauca* do que propriamente *bona*. Tudo não passa de um gesto de devoção à amizade de dois autores fundamentais.

Impressiona como as novas gerações encontram na *Filosofia da litosfera* e no *Cemitério de Praga*, não apenas uma bandeira, mas uma fonte de inspiração, vasto repertório para responder aos desafios da crise de paradigmas que nos circunscreve.

Também me incluo na legião de seus discípulos. Decidi levar a termo a citação de alguns volumes que formam as bibliotecas respectivas de Eco e Umbelino, sublinhando o núcleo de identidade que os constitui. O catálogo de Lúcio Marchesi destaca 100 livros raros coincidentes nas duas coleções. (Alemanno: 1987, 70-78).

A larga faixa temporal dos volumes da biblioteca de Sintra salta aos olhos. Refiro-me aos mais recentes, sublinhados, anotados, como de costume, embora trêmula e incerta a caligrafia do provecto leitor. Prova de que Umbelino permaneceu lúcido até o fim, como fez questão de lembrar Umberto Eco.

As duas *livrarias* transmutam-se, contudo, no rosto de quem foi capaz de configurá-las: a grei admirável que os saudosos pastores lograram sobejamente apascentar.

Geotemporalidade

Faço uma pequena cronologia biobibliográfica de Umbelino Frisão, porque menos conhecido do que Umberto Eco no Brasil, tecendo, quando possível, a história de uma grande amizade.

Em 6 de abril de 1931 nasce na cidade de Coimbra, Umbelino Leocádio Frutuoso Bibiano Frisão, filho único de Amália Teodora Rodrigues Carvalhal e do marquês Ernestino Bibiano Leocadio Lorena Frisão.

Na adolescência estuda ontologia com o professor Ernst Luwer, lógica formal com o doutor Czesław Wyszynski, física quântica e soluções aos problemas de Hilbert com o sábio catalão Adrià Paraula, e geologia comparada, com o professor James Hutton. Deixa Portugal, em 1942, com a mãe, viúva recente, para fixar residência em Buenos Aires. Forma-se, aos dezesseis anos, em direito civil e canônico na UBA, com a tese *La defensa ineludible del estado hiperfísico en el acto puro de la ontología hídrica*, orientada pelo professor Martin Fierro della Lana. Publica, em 1945, o primeiro tomo da *Filosofia da litosfera*.

Com a morte da mãe, fixa residência em Estocolmo e publica, em 1948, o segundo tomo da *Filosofia da litosfera* e o libelo *Inimigos de Salazar*. Declarado *persona non grata* pelo regime português, adquire nacionalidade sueca. Casa-se, em fevereiro de 1953, com Margareta Olofsson para assinar, em setembro do mesmo ano, o divórcio. Redige o libelo *Contra a defesa do matrimônio de Swedenborg*. Em 1957, sai pela editora Suhrkamp o *Esboço de metafísica urânia* e conlcui, um ano depois, *A travessia do Dasein*.

Heidegger felicita-se com Umbelino em famosa carta, datada de 4 de abril de 1959, tratando-o como o "chinês de Coimbra", cuja metafísica urânia "constitui uma segunda revolução copernicana". Com a publicação de *O diadema da idade média*, quatro anos depois, recebe também elogiosa mensagem de seu futuro amigo Umberto Eco. Será a primeira de uma correspondência de 212 itens, entre cartas, fax, telegramas e e-mails.

Conhece a senhora Ulrika Werber, em 1971, na cidade de Malmö, com a qual estabelece duradouro sodalício. A Theodor Books, de Nova Iorque, lança uma intensa coletânea de ensaios, intitulada *A morte do sebastianismo*. Três anos depois, regressa a Portugal, com a queda do regime, fixando residência no palácio em que nasceu.

Umberto Eco hospedou-se pouco depois na casa de Umbelino, onde redigiu alguns capítulos de *O pêndulo de Foucault*. Em 1985, o marquês abraça a causa vegetariana por um período de dois anos. Recebe, em 1990, o título de *Doutor Honoris Causa* pela Universidade de Coimbra. De 1991 a 2002, redige sua obra mais ambiciosa, *Renascimentos da hiperfísica*, na editora Porto, com prefácio de Armando Castro.

Em meados de 2005 é convidado por Umberto Eco a ministrar um seminário na Universidade de Bolonha. Sai, em agosto em 2007, o artigo de Peter Sloterdijk sobre o marquês no "Die Zeitung" ("Titânicas virtudes de um filósofo português"), onde Sloterdijk reconhece ter-se inspirado na *Filosofia da litosfera* para compor sua trilogia das *Esferas*. A partir de 2008, figura nas listas do Nobel e aumentam os livros dedicados a seu pensamento, de que se destacam, dentre outros, *Analecta umbeliniana: seleção de pensamentos urânios*, editados por Thaïs Massenet e o conjunto de ensaios *Filosofia oblíqua: princípios de naufrágio transcendental*, sob os tipos da prestigiosa Jacques Vrin, com edição e prefácio de Michel Verdurier. Recebe o título de *Doutor Honoris Causa* pela Universidade de Bolonha, com a *laudatio* feita por Umberto Eco.

Umbelino Frisão morre no dia 27 de novembro de 2014, às cinco e trinta e sete da manhã, de causas naturais, assistido por Ulrika Werner e Cláudio Sevandijas. As últimas palavras foram: *Urânia, mehr Wasser!*

Sepultado com honras oficiais no Mosteiro dos Jerônimos, Mario Soares discursa, emocionado, depois das belas palavras de Umberto

Eco, e assim conclui: "Umbelino, Camões e Fernando Pessoa formam a sublime trindade portuguesa. Descanse em paz, mestre das nações".

Encontra-se em curso de publicação, prevista para o segundo semestre de 2017, na editora Maktaba a correspondência Eco-Frisão, anotada por Lúcio Marchesi.

UMBELINA-UMBERTINA

Do famoso catálogo de Lúcio Marchesi, que se concentra nos cem livros raros que habitam as bibliotecas de Eco e do Marquês, elejo apenas quinze volumes, para rascunhar, no tempo breve que me coube, ideias para uma futura micro-história centrada nas duas coleções. A escolha recai sobre temas de interesse formal e conceitual que espelhem a gênese, a formação ou a ressonância dos arquétipos formadores de um presumível sistema Eco-Umbelino (Barbosa: 1992, 85).

(1) ABÁDIO, Celso. *Distúrbios analógicos na poesia ocidental*. Campinas: Jardim Harmônico, 1998. (23 x 18; prólogo, licenças, dedicatórias, 47pp.) – Trata-se de ensaio fascinante, influenciado, como o entende Hardold Bloom, em três vertentes: a) pela filosofia hídrica de Umbelino, a partir da ideia de uma "analogia quebrada", que constitui a cúpula mais alta de seu pensamento (Sacas, 2006: 143); b) pela noção de modernidade líquida de Baumann, que se debruçou na *Filosofia da litosfera*, segundo a hipótese pluricausal hidráulica, cara a Umbelino (Sacas, 2006: 151); c) pela presença marinha de *A ilha do dia anterior*, com suas referências, contínuas e sutis, ao "determinante aquoso" do marquês, segundo o levantamento de Alemanno (1987:435).

(2) ALTER, Filomeno. *Memória sobre a causa pela qual o segundo pododáctilo supera a altura do hálux nos pés femininos de Sandro Botticelli*. Firenze: La

Vecchia Italia, 1847. (21 x 15; ex-libris do autor, 29 ilustrações, 402 pp.) – Não há notícia de que Umbelino tenha cultivado a podolatria. *Sed contra* (Monod:1999, 243): o corpus frisoniano denuncia 98 ocorrências da expressão "inter pedes feminarum".

(3) BANANACHVILI, Loredana. *Enquirídio sobre a origem de caprichos, birras e teimosias de sopranos & contraltos*. Paris: Tomato House, 1973. (20 x 14; ilustrações, 15 gráficos sobre a proporção laringe-decibéis-histeria, 620 pp.) – À primeira vista tem-se a impressão de obra de pequena monta, para não dizer frívola e banal. Contudo, à medida em que avançamos na leitura, percebe-se que algo de Perec se insinua, a partir da relação entre sopranos e tomates, que tanto agradou Umbelino, a julgar pelos comentários a latere. Curiosamente essa obra permanece intacta na biblioteca umbertina, como se não Eco não a tivesse lido, sem sinal de manuseio.

(4) BOTUL, Jean-Baptiste. *Tratado sobre a vida sexual dos filósofos prussianos*. Coimbra: Cadernos de Biopolítica, 1980. (20 x14, 140 pp). – Livro indispensável, elogiado por Michel Foucault para a compreensão de certas abstrusas leituras metafísicas, situadas a partir da confissão dos autores estudados, em torno de seus instintos primitivos. Esse livro antecede o clássico desse mesmo autor, *A vida sexual de Immanuel Kant*. Eco dedica-lhe uma "Bustina di Minerva," enquanto Umbelino gostava de comentar certas passagens de um ensaio, por ele considerado "um assombro ficcional" (Umbelino, 2007: t.2, 49).

(5) HARDING, Temístocles. *The oxford companion about the art to leave a terrible conference without being noticed*. Oxford: OUP, 1979. (20 x 14; 70 pp.) – No final da última página, escreve a lápis Umberto Eco: "um belo e oportuno manual de sobrevivência na selva de seminários e congressos, quando não encontramos porta de emergência ou

saídas retóricas que nos salvem de todos os perigos de uma conferência monótona e desastrosa". (Umbelino, 2003: 446).

(6) HORMUZ, Latif. *Citoarquitetura do córtex cerebral dos tenores líricos.* Milano: Senza/Sogni, 2002. (20 x 14; com um poema apócrifo "Ressureição e Morte do Pomo de Adão", 80 pp.) — Um *approach* bastante estreito, com um fantasma conceitual que afasta e aproxima, ao mesmo tempo, a visão de Umberto e Umbelino: a neurociência, execrada pelo marquês, sobretudo quando pululam gráficos e disposições geométricas. Veja-se a entrevista instigante do marquês sobre a impossibilidade do Dasein (frisoniano) na matemática (Sloredijk, 2013:15)

(7) LIANG, Martônio. *Novum organum strutiorum. Simuladores de coragem na era pós-moderna.* Varsóvia: Ideias Líquidas. 2004. (19 x 14, 490 pp.) — Mais uma vez a presença de Baumann torna-se inegável, mesmo porque Liang foi um discípulo radical do filósofo polonês. Ganhou fama internacional com o presente volume, quando se recusou, ao contrário de outros, a aceitar a ideia de modernidade gasosa, e, portanto, mais intensa e menos palpável (no estudo de megainvestidores de capital) do que a ideia de modernidade líquida. Na página 15, Liang reproduz a íntegra da carta assinada por Umbelino que o elogia por não tergiversar "na defesa de um pós-nominalismo aquoso".

(8) MEDARD, Gastão. *A retroversão das Tartarugas. Ensaio premiado pela Academia Brasileira dos Quelônios.* Rio Branco: Biblioteca de Estudos Transcendentes, 1991. (14 x 10; 20 pp.) — Desse livro quase desconhecido — completamente anotado por Umbelino e por ele muito elogiado — nasceu a estrutura de *Kant e o ornitorrinco*, de Umberto

Eco, muito embora em clara divergência com essa anacrônica e vagarosa Academia (Marchesi: 2015, 78).

(9) OTÅLIGHET, Carla. *How to endure the self-promotion of poets for at least one hour*. New York: Ego, 2005. (19 x 14; 700 pp.) – Aqui também uma pequena obra-prima de ironia. A autora cita as obras de Eco e Umbelino, Maquiavel e Mazzarino. A editora Ego centrou-se na qualidade pós-moderna do sujeito, com a praxis relativa do subjetivismo extremo. Há um capítulo delicioso intitulado "each poet a sect".

(10) POMPONAZZI, Leão. *Vicissitudes freudianas de um bibliófilo*. Rio de Janeiro: Kleptus, 1989. (20 x 14; com 10 ilustrações tiradas do livro *L'uomo delinquente* de Lombroso, 90 pp.) – Umbelino Frisão nutre verdadeiro desprezo aos bibliófilos em geral. Não sem motivo aplaude as invectivas de Pomponazzi contra os colecionadores, a que não faltam desagradáveis detalhes freudianos, todos ligados à fase anal. Não poderia ser maior a distância com Umberto Eco, um bibliófilo fundamentalista, que narra tantos encontros inesperados com livros raros, com uma *libido* que acusa a crítica virulenta que dedicou ao presente livro nas páginas do Corriere della Sera.

(11) RAIVOSO, José Maria. *De lapidatione eruditorum*. Paris: Omnibus, 1678. (20 x 14; 14 ilustrações de eruditos célebres assassinados, s.n., 310 pp.) – Trata-se de obra muito instrutiva, que encontrará decerto boa acolhida nos dias atuais. É título recorrente nas palestras de Umberto Eco, embora jamais lhe dedicasse um só parágrafo. Para Felipe Verdi, "trata-se de uma ausência freudiana. Umberto Eco não segue a opinião de Raivoso sobre os eruditos e muito menos o uso da lapidação. Registre-se, contudo, uma pulsão de morte que se reflete nesse *lapsus*" (2016: 731). Consulte-se o interessante

livro de Corina Baptista, inquilino da biblioteca de Eco e Frisão, intitulado: *Proposta de reforma do código penal onde se prevê a tipificação do crime de práticas eruditas*. Rio de Janeiro: Lex, 2012.

(12) RIBEIRO, Forastino. *Frutuoso desvelo dos industriais com a ampliação sobre a mais-valia de seus operários*. Coimbra: Ocupação 2000, 1999. 20 x 13; 40 pp. — Trata-se de um estudo que agrada apenas a Frisão. Já Umberto Eco anota outro volume, UMBER, Antenágoras. *As pulgas do marxismo vulgar: migração da crítica literária para o departamento de história econômica*. Sintra: Causa Mecânica, 2000. (20 x 14; 100 pp.)

(13) SANTIAGO, Luís Sargão. *Vantagens da adoção do alfabeto cuneiforme, na variante ugarítica, para a simplificação ortográfica da língua portuguesa, com estudo introdutório de Evanildo Lemos*. Belo Horizonte: Babel, 2010.

(20 x 15; com um *imprimi non potest* na falsa folha de rosto, assinado pelo coletivo Aureum Asinorum Collegium, 60 pp.) – Segundo a arguta observação de Massenet (2013:47), a obra realiza um paralelo feliz entre Umberto e Umbelino, sobre as ideias linguísticas de Athanasius Kircher. Mostra-se, porém, insuficiente, senão deslocada, ao propor uma "simplificação que no fundo complicaria inutilmente o processo didático." Marchesi (2015:98).

(14) TELESIO, Guilherme. *Entre fenômeno e neurônio. Rumo a uma filosofia do cilindro-eixo*. Rio de Janeiro: Casa da Iluminação, 1999. (20 x 15; falsa folha de rosto rasgada, com assinatura ilegível, anotações em alfabeto cirílico nas pp 45, 72, 89, 97, 100 pp.) – Como anota Georgescu (2017: 70): "A analogia proposta por Umberto Eco, segundo a qual a alma não passaria de um software, na discussão com o cardeal Martini, foi sugerida pelo capítulo primeiro da obra de Telesio, intitulado 'o hardware do corpo físico e outras achegas". Sobre a neurociência, Eco e Umbelino encontram-se, no entanto, profundamente divididos, pois Umbelino não ultrapassa a trincheira metafísica".

(15) ZURBARÁN, Antonio. *Dostoievski e Machado: Diferenças no DNA. Por uma crítica genético-literária*. Rio de Janeiro: Transgenic Bros., 2015. (20 x 15; 2 ilustrações da dupla hélice dos autores, 87 pp.) – Também aqui uma importante análise de como Eco e Umbelino coincidem numa espécie de "furor antideterminista", de acordo com a tabela de Filípovna (2016:421), voltados essencialmente a uma crítica extensiva, em Eco, e intensiva, em Umbelino, sobre os "pressupostos positivistas", que se introduzem na cena contemporânea.

Após essa pequena amostra, que comprova a sobredeterminação mútua, como a entendia Ferenczi (Lamberti, 2006:40), entre Umberto e Umbelino, aconselha-se a leitura crítica de Marchesi (2015: 220-317), Guerci (2017: 201 a 250) e Lamberti (2006: 152).

Nota verdadeira e necessária

A Fabulação termina aqui, após evocar um "marquês inexistente" e apontar um conjunto de pseudobiblia, excetuado o Catálogo *da biblioteca do excelentíssimo senhor marquês Umbelino Frisão*, única obra autêntica (embora de falso autor), descontados os livros de Umberto Eco, ao quais não se incorpora a "Bustina" sobre Frisão.

O jogo Umberto-Umbelino nasceu do encontro havido em Bolonha, em 2001, numa longa conversa, quando conheci Umberto Eco. A certa altura, disse-lhe que gostaria de escrever um ensaio-conto em que o colocaria como personagem rodeado de livros falsos. Ele citou um amplo numerário e o jogo ficou no ar. E aqui renasce como prova de saudade e admiração.

Fantasmas bibliográficos

Obras de Umbelino

La defensa ineludible del estado hiperfísico en el acto puro de la ontología hídrica. Buenos Aires: Universidad de Buenos Aires, 1944. Tese Inédita, a sair pela Casa Imaterial, em 2018, aos cuidados da professora Silvina Storni.
Filosofia da litosfera. Mar del Plata: Trama Celeste, 1945. Tomo I.
Filosofia da litosfera. Stockholm: Drömboken, 1948. Tomos I e II.
Inimigos de Salazar. Moscou: Mir, 1948.
Contra a defesa do matrimônio de Swedenborg. Göteborg: Schubick, 1953.
Esboço de metafísica urânia. Frankfurt: Suhrkamp, 1957.
A travessia do Dasein. Pisa: Stracci, 1958.

O diadema da idade média. Bologna: Rosa Anomala, 1963.
A morte do sebastianismo. New York: Theodor Books, 1972.
Renascimentos da hiperfísica. Porto: Orelhas do Príncipe, 2003.
Quinze dimensões do pós-realismo filosófico. Wien: Polemos, 2007, 2 volumes.
Filosofia oblíqua: princípios de naufrágio transcendental. Paris: Jacques Vrin, 2014, 5 tomos.
Aquosa litosfera. Estocolmo: Hedgrens, 2015, 6 tomos.

MARCO LUCCHESI é carioca, poeta, escritor, tradutor e professor titular de Literatura Comparada na UFRJ. Foi editor das revistas *Poesia Sempre, Tempo Brasileiro e Revista Brasileira*. Curador de exposições e colunista do jornal *O Globo*. Traduzido para mais de dez línguas. O conjunto de suas obras recebeu diversos prêmios do Brasil e do exterior. Atualmente é o presidente da Academia Brasileira de Letras. Ocupa a cadeira de n°. 15.

Referências Bibliográficas

ALEMANNO, Merlin. *Lectures humides*. Rennes: Brocéliande, 1987.
BARBOSA, Vandonirã. *Umbelino, Kant & Descartes*. São Paulo: Edição das Onze, 1992.
BELLINOVIĆ, Rodolfo. *Cari luoghi. Guida all'Umbelinistan*. Messina: Sonnambuli, 2000.
ECO, Umberto. "Un Fiore al Marchese". Bustina di Minerva. Revista L'Espresso, 19.07.2010.
FILÍPOVNA, Anastásia (org). *Água mole em pedra dura: diálogos entre Goethe e Frisão*. Belgrado: Rogójin, 2016.
GEORGESCU, George. *Despărțirea de Umbelino*. Craiova: Popescu, 2017.
GUERCI, Guercio dei. *Bibliographia operae umbelini*. São Paulo: Bifocal, 2017.
HERTZ, Amorosa. *A segunda revolução copernicana*. Atenas: Diotima, 1998.
LAMBERTI, Teodoro. *O pensamento hídrico de Umbelino Frisão: uma estética da pós-modernidade* (org). Rio de Janeiro: Calhambeque Azul, 2006.
MARCHESI, Lúcio. *Catálogo da biblioteca do excelentíssimo senhor marquês Umbelino Frisão, doctor in utroque jure, sátrapa do larapistão, grão-mestre dos incunábulos imateriais, pontífice da imaculada ordem das traças, intérprete da filosofia urânia, judiciosamente compilado por Lúcio Marchesi, cavaleiro espatário da Trebizonda, perpétuo defensor das fronteiras bizantinas*. Rio de Janeiro: Balur, 2017.
_____. *Notas intempestivas sobre alguns livros da biblioteca do marquês Umbelino Frisão*. Paris: Seghez, 2015.
_____. *As iguarias do nada*. São Paulo: Quadratus, 2003.
_____. *Cartas sobre o caos*. Rio de Janeiro: Mira de San, 2002.
_____. *Florilégio da língua laputar*. Belo Horizonte: Arame, 1991.
MASSENET, Thaïs. *Analecta umbeliniana: seleção de pensamentos urânios*. Bruxelas: Myrtale, 2013.
MONOD, Tiago. *O acaso na hídrica umbeliniana*. Paris: POF, 1999.
SACAS, Amônio. *The neoplatonism of the frisonian philosophy*. Dallas: Fat Man, 10016.
SLOTERDIJK, Peter. *Die Philosophische Schnitt bei Frisão*. Stuttgart: Friseur, 2013.
VERDI, Felipe. *A presença da música na obra de Umbelino*. London: Peter Grimes, 2016.

Prosa poética ou poesia prosaica

J. E. Romão / José Raimundo Gonçalves da Silva

Introdução

Sempre se percebe a atração dos seres humanos pelo ensaio, pela expressão em forma de prosa. Talvez, essa inclinação tenha ligação com a verdadeira obsessão que a espécie tenha por sua própria história. É que, desde suas origens, a humanidade teve verdadeira fascinação por se compreender: De onde veio? Qual a razão e a finalidade da vida? Para onde irá?

Ao descobrir a maravilha da vida, os seres humanos sempre buscaram explicações sobre a possibilidade de ela não acabar. Desejar ser eterno sempre pareceu algo atávico à própria espécie humana. Em quase todas as épocas, encontram-se vestígios e documentos da busca recorrente pela fonte da eterna juventude, ou da vida que não se acaba, da vitória sobre a morte. Ao longo da história, em todas as formações sociais, buscou-se exorcizar o tempo. Veja-se o caso do Egito Antigo, em que, mesmo mumificados, os faraós eram acompanhados no túmulo, por uma estátua que os "fac-similava" para garantir sua eternidade pessoal que, por sua vez, garantia a eternidade de todo o povo egípcio. Na modernidade, os reis absolutistas procuraram se eternizar por meio das pinturas-retrato, no sentido de garantirem pelo menos a eternização da própria imagem na memória dos súditos. Mais contemporaneamente, pode-se dizer que os álbuns de fotografias são instrumentos do "congelamento" do tempo, portanto, da tentativa de eternização de momentos. Ninguém se conforma com a morte total. Ninguém aceita o apagamento absoluto, inclusive da memória da própria existência, alimentada pela efígie arquitetada e realizada por um artista realista. Enfim, certamente por esta verdadeira obsessão existencial, a humanidade sempre entendeu que, apesar dos pesares, a vida vale a pena, e como vale!

Na "maturidade" – como dizem os que querem justificar todos os equívocos do passado –, é que a humanidade pôde perceber o quanto a poesia faz falta e que, se a prosa não for poética, mesmo no mais árido texto científico, ela acaba por não ser tão bem recebida, por não ser melhor socializada. Parece que o ser humano tem uma necessidade incoercível de poesia. Mas, sempre de um tipo de poesia, a depender do contexto específico.

Desse modo, quando convidados para integrar os autores desta coletânea que, segundo os organizadores, tinha por título provisório "Poéticas do ensaio", entendemos, temerosos, que teríamos de produzir um ensaio poético neste capítulo. Porém, como perceberão os leitores, a poesia como gênero de escrita por excelência, desde os primórdios da humanidade até os dias de hoje, acabou por gerar vários gêneros literários e cada gênero literário singular, serviu a determinados propósitos extraliterários. De fato, foi pela epopeia que se construiu uma das mais expressivas manifestações literárias da Antiguidade, tanto no "Ocidente" quanto no "Oriente"[1]: a *Ilíada* e a *Odisseia*, na Grécia Antiga, e o *Mahabárata* e o *Ramaiyana*, na Índia dos impérios

---

[1]. As aspas se justificam porque ambas as localidades geográficas são, na verdade, criações ideológicas por quem se considera no centro do Planeta.

dos guptas[1], representam a expressão poética máxima da marcha civilizatória em suas origens gráficas. Alguns historiadores recuam-na para tempos mais antigos, em que predominava a oralidade. No entanto, se a poesia nasceu por meio das mencionadas epopeias no Ocidente, suas origens não são assim tão "poéticas", se examinarmos com mais cuidado suas intenções, por intermédio da leitura ideológica de textos literários, por meio de um exame histórico-social mais cuidadoso de tais ancestrais produções. Neste sentido, percebe-se que somente em formações sociais da Antiguidade que evoluíram para impérios massivos, comandados por minorias invasoras – nos exemplos dados, trata-se da invasão dos "arianos" da península balcânica pelos aqueus, dórios, eólios e jônios, e da península do Hindustão, pelos guptas – é que nasceu a epopeia. Ela não aparece, ao contrário, na planície chinesa da Antiguidade. Desse modo, a epopeia, com seus deuses, semideuses, demiurgos e heróis, parece atender ao propósito de um projeto político de hegemonia e dominação de um grupo minoritário sobre as massas, por meio da imposição de seu sistema simbólico. Este tipo de análise ideológica de textos literários, inclusive de produções poéticas, era desenvolvida magistralmente pelo saudoso Prof. Antonio Candido de Mello e Souza (1918-2017). Aprende-se, também, com Antonio Candido que, enquanto a prosa é metonímica, a poesia é de natureza metafórica[2].

---

1. Como se sabe, com a hoje discutível invasão ariana do noroeste da Índia antiga, as formações sociais que aí se desenvolviam, nas margens do rio Indo, de uma hora para outra foram escravizadas pelos militarizados arianos, por causa de sua vida agrícola desarmada e pacata. O curioso é que, na mesma época, os arianos originários da Ásia Central invadiram a península balcânica em vagas sucessivas, dando origem às formações sociais helênicas ou gregas. Como tentarei demonstrar neste texto, somente os grupos sociais com pretensões colonizadoras, imperialistas, produzem literatura épica.
2. Metonímia é a figura de linguagem em que o geral é expressado por meio do particular, enquanto a metáfora é a representação simbólica da realidade.

Em outro sentido, ouvimos recentemente, de um consagrado escritor e estudioso da literatura[1], que a poesia tem relação com a Filosofia, enquanto a prosa aproxima-se do gênero histórico. Talvez, nesta última afirmação, esteja a antítese da obsessão da humanidade pela poesia em seus primórdios.

Mais recentemente ainda, estudando a educação infantil, deparamo-nos com uma coletânea sobre o "brincar"[2] e, de modo especial, com o capítulo "Brincar e trabalhar", da autoria de Heloysa Dantas (pp. 111-21). Este texto, verdadeira pérola da discussão sobre essa recorrente atividade das crianças, inspirou-nos para abordar outros aspectos das relações dialéticas entre prosa e poesia.

Assim, devemos organizar essa verdadeira turbulência teórica, na qual aparentemente não há relação de uma coisa com outra, para que possamos introduzir, da melhor maneira possível, a segunda parte deste trabalho, a partir de uma opção metodológica.

De certo modo, sentimo-nos encurralados com o compromisso de produzir um texto sobre a relação entre prosa e poesia, pois a prévia eleição de categorias como instrumentos de análise do que encontraríamos no material empírico selecionado poderia condicionar a seleção, viciando os resultados numa espécie de tautologia. Desse modo, sensibilizados pela etnometodologia das pesquisas sobre o "brincar" que, como se verá, aproxima-se do "poetar", resolvemos fazer as

---

[1]. Luiz Ruffato, na Feira Literária de Cristina (MG), em setembro de 2017, por meio de uma confissão pública memorável, explicou que os títulos e as estruturas de seus romances são extraídos de poemas consagrados. Assim, do poema de Cecília Meirelles, *O romanceiro da Inconfidência*, ele teria extraído o título e as características dos personagens da obra *Eles eram muito cavalos* (2013). Os equinos que morreram heroicamente nas batalhas do século XVIII jamais são lembrados, segundo Ruffato. Ora, escrevendo em prosa, mas com tal inspiração profundamente poética, o autor de *Flores artificiais* (2014) extrai de um verso de Cecília o título de sua obra-prima e estabelece a analogia dos cavalos mortos com os personagens esmagados pela desumanidade da metrópole.

[2]. *O brincar e suas teorias* (1998).

aproximações entre um prosador poético, Paulo Freire, e um poeta prosador, Manoel de Barros, antes da escolha definitiva do referencial teórico de análise. De fato, Paulo Freire fez algumas pequenas incursões pela poesia, compondo alguns interessantes versos, mas a maioria dos estudiosos do pensamento de Freire destaca essa veia poética dele presente nos próprios textos em prosa. Por seu lado, Manoel de Barros é um conhecido poeta brasileiro cujos poemas sugerem, ou até mesmo exprimem explicitamente, verdadeiras narrativas que fazem lembrar os textos em prosa. Além disso, ambos os escritores se colocam como porta-vozes das manifestações simbólicas populares.

Neste trabalho a quatro mãos, procurou-se prestar muita atenção no que dizem os poetas e os especialistas sobre poesia, bem como nas metáforas e metonímias imagéticas, que também interpretam o mundo com sua "câmera clara" nas infâncias da espécie e de seus membros. Os parceiros desta co-autoria, manifestar-se-ão, também pelas imagens: um, com seu singular modo de "poetar" por meio da fotografia; o outro, com suas análises percucientes sobre a ontologia e a epistemologia da imagem cinematográfica. Este trabalho é, portanto, resultado do trabalho de um poeta duplicado e analfabeto poético fascinado pela palavra e pela imagem em movimento.

Perceberão ainda os leitores que o texto produzido por um escritor transindividual é sempre mais interessante do que o resultante da lavra de um analista individual. De fato, o sujeito da criação cultural é mais do que coletivo; é transindividual.

Retornemos, porém, às categorias pelas quais se pode integrar, ou desintegrar, a prosa e a poesia.

Metonímia e Metáfora

Como é sobejamente sabido, a metáfora é a:

> ... figura de linguagem em que uma palavra que denota um tipo de objeto ou ação é usada em lugar de outra, de modo a sugerir uma semelhança ou analogia entre elas; translação (por metáfora se diz que uma pessoa bela e delicada é uma flor, que uma cor capaz de gerar impressões fortes é quente, ou que algo capaz de abrir caminhos é a chave do problema); símbolo (Dicionário Michaelis, 2017).

A metáfora obriga o leitor a fazer a translação, portanto, a estabelecer a analogia entre o termo ou a expressão usada e o conceito que se quer passar. Entretanto, não é uma analogia qualquer, mas aquela que mobiliza a inteligência e a emoção do leitor ou do interlocutor. É da interação perfeita entre lógica e emoção que se exala a beleza da metáfora. São os grandes escritores que conseguem construir poderosas metáforas. Às vezes, elas são tão marcantes, que um personagem, ou até mesmo uma obra, são por ela lembradas. É o caso de *Cemitério dos vivos*, título metafórico de uma obra de Lima Barreto, que nos remete, imediata e dramaticamente, para os hospícios do século XIX, no Brasil. Trata-se de uma obra em prosa, evidentemente, mas intitulada por uma expressão tragicamente poética. Outro exemplo, pode ser buscado na obra-prima machadiana *Dom Casmurro*. Quem se esquece dos "olhos de ressaca" de Capitu, a personagem central da dúvida machadiana, tão ou mais provocativa do que a hamletiana de Shakespeare?

A poesia vive da metáfora, como se poderá observar nos exemplos dos poemas de Manoel de Barros.

O dicionário já referenciado afirma que metonímia é a:

Figura de linguagem que tem por fundamento a proximidade de ideias, havendo o uso de um vocábulo fora de seu contexto semântico. Trata-se do uso de uma palavra por outra, explorando-se a relação existente entre elas. Há metonímia quando se toma a causa pelo efeito ou vice-versa, o autor pela obra produzida, o continente pelo conteúdo ou vice-versa, o lugar pelo produto, o símbolo pela coisa simbolizada, o abstrato pelo concreto. A metonímia não estabelece uma relação comparativa, como ocorre com a metáfora (Dicionário Michaelis, 2017).

Tomemos, de novo, um exemplo de Lima Barreto, que "metonimiza" toda a sociedade brasileira na redação do jornal em *Recordações do escrivão Isaías Caminha*.

Evidentemente, quando se fala de metonímia e de metáfora, remete-se à obra, respectivamente em prosa ou poesia, como um todo. Na metonímia, trata-se de tomar o todo pela parte e esta reproduz, homologamente, os processos de estruturação do todo. A preocupação do prosador é mais com a denotação, aproximando-se bastante do discurso científico, no mínimo pela verossimilhança, convocando mais a inteligência do que a emoção do leitor e da leitora. Na metáfora, o símbolo sósia da realidade a convoca por analogia, voltando-se inarredavelmente para a conotação, para a ambiguidade, para a diversidade de possibilidades interpretativas, para a sensibilidade, enfim, apela mais para os sentimentos do que para a razão do leitor e da leitora. Enquanto a metáfora opera por analogia, como na imagem refletida no espelho, a metonímia opera por homologia, como síntese do todo de que faz parte.

Entretanto, não se deve estabelecer fronteiras muito rígidas entre prosa e poesia, porque metonímia e metáfora, denotação e conotação, racionalidade e emotividade são polos opostos em relação dialética, portanto, dialógica e complementar, dentro de uma mesma realidade, que é o processo de humanização.

A Criança e o Poeta

Como a criança, o poeta opera sem regras e sem finalidades. Se pudermos falar em finalidade com uma criança que brinca, o máximo que se pode dizer é que ela brinca por prazer, pois o lúdico tem finalidade em si mesmo. No caso do poeta, o máximo que se poderia lhe pedir como fim é a expressividade. Para ambos, deve-se banir o trabalho; devem ser extintas as regras; deve-se fugir-se da instrumentalidade; em suma, deve-se eliminar a objetividade, pois aí o que conta é a utilidade. A vida é dominada por esta categoria, nela predominando a omnipotência da instrumentalidade, que mata, praticamente, toda a potência criativa. No brincar e na poesia, o que conta é a inutilidade, ou seja, o processo de brincar e de poetar nada tem a ver com o imediatamente útil. No entanto, a tendência estrutural do anti-instrumental é para a instrumentalidade, isto é, para a busca da utilidade do inútil.

Segundo as teorias mais vetustas, o ser humano se fez humano pelo trabalho, ou seja, pela atividade que é, ao mesmo tempo, meio e fim, objetividade, instrumentalidade. A ociosidade pertence ao mundo da animalidade, da inocência natural, da ingenuidade pura, em que os lentos não afazeres dos primatas constituem uma espécie de dramaturgia paradisíaca, mas desprovida de futuro e de utopias. Por um lado, o comportamento livre de regras, marcado pelo individualismo zoológico, leva à barbárie, ao primitivismo sem rumo e sem horizontes; por outro lado, o trabalho, regulado e teleologicamente orientado, leva ao projeto coletivo e à civilização. Segundo as mesmas teorias, a vida é jogo e, por isso, necessita de regras que modulam a convivência e o planejamento dos membros das comunidades.

Ora, o poeta e a criança marcam seus comportamentos pelo "incompromisso", pela irresponsabilidade em relação aos próprios atos, ao mesmo tempo que tampouco cobram compromissos e responsabilidades de outrem. Por isso, são, no mínimo, desqualificados pelas mencionadas teorias e, no limite, são considerados como peças descartáveis das engrenagens da instrumentalidade com finalidades.

Observam-se que os impulsos iniciais de qualquer comunidade humana, como de cada indivíduo da espécie – a ontologia repetindo a filogenia social –, ou seja, percebe-se que, nas origens, seja da espécie, seja de cada pessoa, os atos infanto-poéticos são predominantes. Aos poucos, estabelece-se a dialética da criação/instrumentalidade, cumprindo aquela tendência estrutural da "utilidade do inútil".

Do ponto de vista do Estruturalismo Genético que, na educação, estrutura-se como Psicogênese, todo ato inaugural (inovador) não pode ter compromisso com a instrumentalidade instituída, mas com a novidade instituinte. Em seguida, acaba por cair nas teias da objetividade finalista, inclusive para ser reconhecida como resultado novo do processo de criação. A criatividade exige, inicialmente, a eliminação das peias, das amarras, em suma, da regulação; mas, seus resultados exigem a cobrança das finalidades, a exigência da instrumentalidade, enfim, a bênção do socialmente sancionados. É essa necessária dialética que se estabelece entre o brincar e o jogo, entre o "poetar" e o "prosear".

A prosa ficcional participa da obsessão pela denotação, típica do discurso científico. Daí sua proximidade com a História. A poesia, marcada pela conotação, já participa da natureza do simbólico expressivo, sem busca de qualquer utilidade diferente da felicidade provocada pelo ato em si. Daí sua convergência para as ações dos demiurgos, dos sonhadores, dos utópicos, dos revolucionários.

Se toda atividade educacional – que é fundamentalmente finalística – deveria começar pela brincadeira, toda atividade humana, que é, também estruturalmente, teleológica, deveria começar pela poesia. Amílcar Cabral é um dos líderes do século xx que parece ter compreendido isso melhor do que ninguém, pois compunha e lia poesia, em pleno campo de batalha, para os combatentes que lutavam pela independência de Cabo Verde e Guiné-Bissau.

Em suma, prosa e poesia são polos antagônicos da expressividade humana, em relação dialético-dialógica que, organicamente, se complementam para os avanços civilizatórios da humanidade.

Neste artigo, a prosa não será considerada em dicotomia com a poesia, mas como uma verdadeira plataforma instrumental que carrega em si a atávica poesia das origens da humanidade e de cada um de seus membros, expressa por autores cuja criatividade e objetividade, seja numa forma, seja na outra, se fundem para dar mais expressividade ao mundo e mais felicidade à vida que nele se desenrola. Em suma, este é um texto que não se presta às contradições, às dialéticas sem síntese. Ele é uma tentativa de construção da dialética total, que se realiza por meio do diálogo entre a tese e a antítese, pois somente dele, e não do processo de destruição que ocorre na oposição dos contrários, pode resultar a verdadeira síntese.

Paulo Freire e Manoel de Barros: Linguagem popular, neologismos[1], prosa-poética e poema-prosa

O que caracteriza o grau de poeticidade de uma escrita em prosa? Quais os mecanismos utilizados em prosa para que isso se intensifique? Qual a narratividade da poesia? Quais os recursos estilísticos utilizados para que isso seja possível? Estas perguntas vêm sendo feitas há muito tempo, principalmente nos últimos cem anos, quando a crítica literária foi devidamente estabelecida como estudo.

Este artigo não pretende desenvolver um estudo vasto e profundo sobre esse grau de poeticidade que brota da prosa, nem da narratividade denotativa (pelo menos no universo ficcional), mas procurará mostrar que alguns textos escritos na modalidade prosa contêm uma

---

1. O neologismo ou a expressão neológica numa certa medida participa da natureza da metáfora.

carga manifesta de poeticidade muito maior do que, às vezes, aquela que se encontra em muitos poemas, devidamente estruturados na versificação. Nosso intuito por um lado, é mostrar, de forma breve, que alguns autores não denominados poetas utilizaram ferramentas de linguagem que possibilitaram esse trafegar pelo mundo poético da palavra; por outro, demonstrar que determinados poemas, por sua força denotativa, acabam por conter elementos da narrativa em prosa. Para trazer à tona as evidências de que determinados textos escritos em prosa carregam uma carga expressiva de poeticidade, escolhemos o educador Paulo Freire. Ele foi escolhido como representante dessa prosa que não tem uma poética intencional, mas que acaba por transcender a narrativa e produz, em alguns momentos, determinados efeitos próprios de um poema. Para relacionar os elementos de linguagem próprios de um poema com a linguagem da prosa, escolhemos o poeta Manoel de Barros, que, ao mesmo tempo, serve de contraposição comparativa dos elementos intencionalmente poéticos à prosa freiriana.

Encontram-se, na obra de Paulo Freire, muitos elementos de linguagem que transitam pelo que se configura intencionalmente como poema. Por exemplo, entre as figuras de linguagem que o educador utiliza, pode-se constatar que, pelo menos quatro delas, são utilizadas em poemas: metáfora, aliteração, anáfora e epístofre. A análise da variada utilização de figuras de linguagem por Freire necessitaria um trabalho de maior fôlego. Assim, escolheu-se uma delas como objeto deste capítulo. Como buscar-se-á a relação da prosa de Freire com a poesia de Manoel de Barros, escolheu-se a metáfora. Para representar a metáfora no trabalho de ambos, escolheu-se o neologismo que ambos utilizaram em dois trabalhos supostamente diferentes pela estrutura de linguagem em que foram compostos.

Sabe-se que a necessidade da utilização da metáfora é uma constante em toda a história da criação poética. Ela pode ser considerada a função maior dentro da poesia, já que a metáfora é a substituição de um termo usual com um sentido mais amplo, substituindo a lógica do sentido do vocábulo original para aquilo que o professor Antonio Candido chama a atenção: "a transferência de significado em toda a sua pureza, a identificação de realidades diversas, efetuada apenas pela proximidade, que desencadeia a aproximação desejada pelo poeta" (Candido, 2006, p. 122). Essa transferência é percebida em Paulo Freire, quando utiliza a palavra "prescrição" como elemento metafórico. Ela comporta, de maneira eficiente, aquilo que se refere ao pensamento crítico do educador, que questiona os meios pelos quais a educação é oferecida ao oprimido. Ela aparece como uma receita médica que vale para todos os pacientes, sem respeitar a subjetividade e singularidade de cada um. A própria palavra "oprimido", que aparece como principal protagonista no título de seu livro mais importante, contém esse elemento que redimensiona o significado do termo, por causa da contextualização dada a ele pelo educador.

Paulo Freire buscou, na linguagem, alguns elementos não usuais nos livros teóricos de educação para desenvolver categorias de pensamento que renovavam o pensamento pedagógico. A partir do momento em que colocou o oprimido como principal protagonista da cultura e, consequentemente, da educação, ele percebeu que a linguagem usual dos livros teóricos não dava conta da língua do oprimido, submetida à linguagem hegemônica. Se sua pedagogia era "do" oprimido – não, "para" o oprimido – sua linguagem também deveria partir da perspectiva do oprimido. Outro autor que poderia ser tomado como exemplo da captura da perspectiva do oprimido foi Lima Barreto que, no início do século XX, sofreu exacerbadas críticas da comunidade acadêmica, que considerava sua linguagem inadequada a um literato. Lima Barreto tinha pleno domínio da Língua Portuguesa e da linguagem em que escrevia. No entanto, escreveu do jeito que escreveu suas obras porque era sua intenção dar voz ao oprimido e à oprimida na literatura. O autor foi injustiçado pelo meio acadêmico, mas não desistiu da linguagem que escolheu para desenvolver sua "razão literária", chegando, inclusive, a corrigir textos de seus detratores, mostrando seu pleno domínio da língua.

Também Paulo Freire não escapou dos detratores, por causa da forma que imprimiu à sua escrita. Com a crescente onda neoconservadora, neste início de século XXI, o pensamento do educador pernambucano vem sendo bombardeado por sua radicalidade, não sectária, em favor dos oprimidos e oprimidas. Entretanto, a tentativa de desqualificação política de sua poderosa obra insinua-se pela linguagem, mais especificamente pela figura de linguagem, a anáfora, que utilizava em alguns momentos. Como exemplo, pode-se citar um trecho do livro *Extensão ou comunicação*:

> O saber começa com a consciência do saber pouco (enquanto alguém atua). É sabendo que sabe pouco que uma pessoa se prepara para saber mais. Se tivéssemos um saber absoluto, já não poderíamos continuar sabendo, pois que este seria um saber que não estaria sendo. Quem tudo soubesse já não poderia saber, pois não indagaria. O homem, como um ser histórico, inserido num permanente movimento de procura, faz e refaz constantemente o seu saber. E é por isso que todo saber novo se gera num saber que passou a ser velho, o qual anteriormente, gerando-se num outro saber que também se tornara velho, se havia instalado como saber novo (2013, pp. 57-8).

A anáfora não é aí utilizada simplesmente por questões estéticas. E pode-se observar isso na continuidade do parágrafo subsequente, em que Paulo Freire praticamente explica o sentido do parágrafo anterior da seguinte maneira: "Há, portanto, uma sucessão constante do saber, de tal forma que todo novo saber, ao instalar-se, aponta para o que virá substituí-lo" (2013, p. 58). Assim, o recurso à anáfora aí se manifesta para evidenciar esse saber que está em contínua sucessão. Esse aspecto de sua escrita foi explorado por um detrator, que tinha outras intenções políticas, certamente não confessáveis, colocando em dúvida o valor da escrita do educador. No entanto, subjaz na escrita freiriana o radical posicionamento de Freire pela escrita do próprio oprimido, na maioria das vezes inaceitável para os defensores da chamada "língua culta".

Aqui, poder-se-ia abrir uma ampla discussão sobre a suposta superioridade da chamada "língua culta", mas ela escapa aos limites deste trabalho. Diga-se, apenas de passagem, que a Língua Portuguesa não é nada culta, porque, de início, era um "romanço"[1], falado nos primórdios da formação da Europa, por um conjunto de tribos que haviam invadido a Península Ibérica e que deturpavam popularmente o já deturpado Latim Vulgar. Essa língua neolatina é, portanto, uma variação de uma variação do latim erudito, chamado então de "Latim Clássico". Justifica-se, pois, o poeta com seu verso "Última flor do Lácio, *inculta* e bela"[2].

---

1. Ainda no Império Romano, os "romanços" ou "romances" eram falares derivados do Latim e ainda pouco dele diferenciados, mas já contendo os traços potenciais de idiomas singulares, pois sobre substrato latino já apresentavam especificidades derivadas de outras influências linguísticas ou socioculturais.
2. Destaque dos autores deste trabalho. O poema completo é:

Língua Portuguesa

Última flor do Lácio, inculta e bela,
És, a um tempo, esplendor e sepultura:
Ouro nativo, que na ganga impura
A bruta mina entre os cascalhos vela...

Amo-te assim, desconhecida e obscura.
Tuba de alto clangor, lira singela,
Que tens o trom e o silvo da procela,
E o arrolo da saudade e da ternura!

Por causa da utilização adequada e oportuna da anáfora, Paulo Freire foi indevidamente relacionando a um personagem famoso do dramaturgo Dias Gomes, na peça O bem amado, chamado Odorico Paraguaçu. Odorico utilizava recorrentemente a paranomásia como elemento estruturante de seus discursos vazios. Esta figura de linguagem se caracteriza pela utilização da repetição que, em si mesma, produz um efeito cômico, quando usada à exaustão em discursos que nada dizem. Diferentemente, na anáfora, a repetição intensificada surge como elemento de reforço metafórico da situação. O educador sofreu esse tipo de crítica, não por problemas de estilística, mas por questões políticas, como forma de desqualificação de sua obra. Os representantes da onda neoconservadora que assola o país querem impor a Paulo Freire um segundo exílio e, por todos os meios, formais e de conteúdo, tentam desqualificar uma obra reconhecida por seu valor em todo o planeta. Lembre-se de que, ao se falar da escrita de Paulo Freire, não há a mínima possibilidade de se afastarem as dimensões sociais nem, principalmente, políticas, como querem, politicamente, "despolitizar" o ato educacional e o pensamento pedagógico. O retrocesso político no Brasil tem colocado muitos autores como foco de ataques para legitimar os reacionarismos do momento. E Paulo Freire, que era um combatente pela renovação e transformação da sociedade, é um dos principais alvos.

Amo o teu viço agreste e o teu aroma
De virgens selvas e de oceano largo!
Amo-te, ó rude e doloroso idioma,

em que da voz materna ouvi: "meu filho!",
E em que Camões chorou, no exílio amargo,
O gênio sem ventura e o amor sem brilho!

(BILAC, 1964, p. 262).

Sobre Manoel de Barros e sua poética, pode-se dizer que ele foi um dos maiores poetas brasileiros de século XX, na medida em que escreveu livros de poesia e de prosa, poesia em prosa e prosa poética. Seu estilo é muito original e por toda a sua obra pode-se encontrar aquela figura de linguagem, a metáfora, que emerge por meio do neologismo. A junção de palavras para dar um novo sentido ao vocábulo, ou a invenção de outros, era muito comum na criação de Manoel de Barros, como também na de Paulo Freire. Para esses autores, o neologismo tem essa função metafórica, ao mesmo tempo que responde a uma nova necessidade sintático-semântica por conta da não existência de um étimo[1] adequado no idioma.

A linguagem utilizada pelos autores também buscava um distanciamento da linguagem acadêmica, no seu sentido mais formal, e abraçavam a fala do povo, tanto pela solidariedade para com esse segmento social, quanto por clarividência epistemológica. Paulo Freire e Manoel de Barros, respectivamente, o primeiro de modo explícito e o segundo implicitamente, enxergavam uma vantagem comparativa gnosiológica e poética dos oprimidos e oprimidas em relação aos opressores e opressoras. Lamentavelmente, não cabe nos limites deste capítulo uma discussão mais profunda sobre essa vantagem e, por isso, remetemos o leitor e a leitora a outros trabalhos de Romão (2008, p. 77; 2014, p. 51 e 2016, p. 301), no qual os fundamentos dessa discussão da teoria do conhecimento de Paulo Freire é mais adequadamente tratada. Por conta dessa aproximação em relação aos saberes populares, ambos os autores sofreram restrições, respectivamente, da comunidade científico-acadêmica e beletrista nacionais. Não foi o que aconteceu também com Lima Barreto, por causa de sua

---

1. Embora possa parecer o contrário, porque "étimo" é um vocábulo do qual se origina outro, o termo foi aí usado de propósito, para significar que falta ao idioma uma palavra derivada do latim. Assim, ao ser originalmente criado, o neologismo é, na verdade, um étimo do qual, provavelmente, surgirão derivados.

franca adesão aos temas e formas estéticas populares, retardando seu reconhecimento como um verdadeiro gênio da Literatura Brasileira? Paulo Freire, felizmente, teve seu reconhecimento fora do Brasil e hoje é um dos autores mais lidos nas universidades de língua inglesa na área das Ciências Sociais em todo o mundo.

Um dos mecanismos da linguagem que também aproxima os dois autores é a relação de substantivos e adjetivos aparentemente improváveis, que acabam por tomar uma dimensão metafórica, substituindo, com exatidão, o sentido que as expressões usuais não comportam. Manoel de Barros utiliza, por exemplo, a expressão "não gosto de palavra acostumada" em um poema de *O livro sobre o nada* (1996), no sentido de que não gosta de utilizar as palavras corriqueiras. O significado do vocábulo "acostumada" se redimensiona à "palavra que se acostumou à boca", diferente do emprego usual. Já em Paulo Freire, duas expressões que aparecem numa mesma página da *Pedagogia do oprimido* (2011, p. 46) insinuam a dimensão político-social do pensamento do educador: "consciência hospedeira" e "seres inconclusos". Em vez de usar adjetivos costumeiros dos textos científicos, Freire faz um "uso neológico" dos adjetivos "hospedeira" e "inconclusos". E o que seria "uso neológico"? Seria o emprego de vocábulos que, em si, não são neologismos, mas que, na sua inédita relação sintático-semântica, no seu novo uso, emprestam, por analogia, um outro significado ao vocábulo. É evidente que "hóspede" e seus derivados ganham, na nova relação sintagmática, o sentido de pessoa em estado de alienação. Já "inconcluso" aponta para uma pessoa ou um fenômeno em processo de transformação. Só por sua inserção em um novo texto, umbilicalmente remetido ao contexto, muda-se o sentido de um termo, transformando-o em instrumento neológico-metafórico de um conceito axial no interior de uma teoria que desnuda as relações entre opressores e oprimidos, ao mesmo tempo que anuncia outro contexto (ou mundo) possível. Em suma, o termo, no interior de uma expressão neológica, empresta maior força a uma teoria denunciadora-anunciadora, a uma concepção crítico-transformadora.

Os dois autores utilizam determinada linguagem "neológica", não apenas por modismo estilístico, mas, também, para uma maior provocação da reflexão do leitor, a partir de vocábulos que lhe são mais familiares. Para dar um exemplo, Paulo Freire preferia o adjetivo "boniteza" em lugar de outros mais "eruditos" para querer dizer "beleza". Assim, ele se aproximava mais do leitor pelo diálogo reflexivo, sem perder a autonomia na criação textual, propondo uma espécie de "inédito viável"[1] linguístico.

Um dos primeiros autores a abordar a necessidade da metáfora na criação literária foi Aristóteles, em *Arte poética* (2005, p. 244), na qual dizia que a metáfora era específica da poesia. Da Grécia Antiga aos dias de hoje, muita coisa mudou em relação à linguagem, mas os preceitos propostos por Aristóteles ainda são referências. Para o professor Antonio Candido, a metáfora está presente na vida de todas as pessoas e ela é utilizada diariamente, mesmo por aqueles que não são alfabetizados. Mas, também alerta, afirmando:

> É preciso, portanto, distinguir a linguagem figurada espontânea, que representa simplesmente um modo normal da expressão humana, e a linguagem figurada elaborada, construída com intenção definida, visando a determinado efeito. Na linguagem corrente, aparecem as duas. Mas se eu lhes dissesse, há pouco, que a linguagem figurada é como um manto que recobre e vivifica o sentido banal das palavras, eu o teria feito à busca de um impacto. Na linguagem literária, ocorreram igualmente as duas

---

1. A discussão sobre as "situações-limites" e sua transformação em "inédito viável", que Paulo Freire atribui a Álvaro Vieira Pinto (ver. FREIRE, 1978, p. III e seguintes) tem um significado mais amplo na obra freiriana: possibilidade de superação do mundo imediato pelo mediato, por intermédio da ação humana.

modalidades de expressão. O poeta usa as palavras em sentido próprio e em sentido figurado (2006, p. 113).

Como se viu neste trabalho, a metáfora não é própria da literatura, mas da vida de todas as pessoas, já que o ser humano busca essa representação cotidiana na relação com o mundo e na apreensão de sua significação, sem falar que ela apresenta ramificações em outras figuras de linguagem.

Para Massaud Moisés (2004, p. 282), a metáfora de grau científico ou teórico busca o aspecto denotativo e isso limita a ambiguidade dos vocábulos, para que não produzam mal-entendidos, devido ao rigor metodológico exigido a um texto em que a literalidade do discurso, ou seja, sua denotação deve predominar sobre a conotação. É claro que não se pode exagerar a diferença entre ambas as dimensões, porque todo discurso denota em um nível e conta em outro.

Isso posto, pode-se afirmar que a linguagem utilizada por Paulo Freire, mesmo em se tratando de textos teóricos, apresenta uma poeticidade incomum a esse tipo de discurso, do qual se exige uma instrumentalidade semântica, estando, portanto, sujeito às regras usuais de composição textual.

Paulo Freire e Manoel de Barros eram mestres na criação de neologismos. Os neologismos e as expressões neológicas sempre surgiram por necessidades práticas (novas descobertas e novos artefatos) pela criação literária esteticamente transformadora. Atualmente, devido à facilidade de comunicação e à expansão exponencial da produção de coisas e objetos, o neologismo surge como necessidade recorrente. Com o advento da internet, como novas ferramentas de linguagem para a troca de mensagens, os neologismos se multiplicam de forma estonteante no mundo virtual. Sem querer fazer blague, foi necessário criar um neologismo para designar um mundo de neologismos. Para designar o novo mundo, marcado por uma verdadeira explosão em cadeia comunicacional, propiciada pelas novas mídias, foi necessário criar o neologismo: "internet"[1]. Esse mundo, por sua vez, provocou um verdadeiro tsunami de neologismos, exigidos pela rapidez das mensagens transmitidas nas redes sociais, sob uma nova configuração dos avanços tecnológicos e que cobram termos para designar artefatos e fenômenos que antes não existiam. As discussões que se travam bravamente sobre os aspectos positivos e negativos dessa nova linguagem não conseguirão detê-la no uso corrente, mas somente o futuro dirá se ela se transformará em uma nova língua, passando a ser usada também na criação literária. É evidente que os membros da "geração analógica" falam em "desmoronamento da língua pátria". Nunca é demais repetir que a língua é um mecanismo vivo e sofre transformações contínuas, seja por necessidade prática, seja por criação literária.

A palavra sempre teve importância na vida de Paulo Freire, desde sua juventude em Recife. Formado em Direito, o educador iniciou sua carreira de docente como professor de língua portuguesa e, depois, criou um método de alfabetização de adultos em que a palavra relacionada ao contexto de vida do discente era fundamental para o domínio da escrita da lecto-escritura materna. Essa relevância da palavra contextualizada no universo da oralidade constitui, para ele, o princípio fundante da alfabetização entendida como domínio do código linguístico e do uso social da língua, não se justificando, portanto, a recente diferença que alguns teóricos têm estabelecido entre alfabetização e letramento. Tampouco há espaço nos limites deste trabalho para uma imersão mais profunda nessa discussão. O que aqui

---

1. O próprio vocábulo "internet", de que deriva "internetês" e que deveria ser grafado sempre em itálico, por se tratar de um *estrangeirismo*, é um anglicismo incorporado ao léxico português e que se formou como neologismo na língua em que nasceu em 1993: *inter + net*. "Inter" tem o mesmo significado em Português e "*net*" é uma espécie de abreviatura de network, que quer dizer "rede". "Internetês" é, portanto, a linguagem que vem se desenvolvendo na rede mundial de computadores. E é curioso observar que esta linguagem pode acabar se tornando uma espécie de Esperanto da "geração digital".

se quer destacar é o fato de Paulo Freire ter buscado no repertório de palavras do oprimido e da oprimida a base para o desenvolvimento de sua própria escrita.

Certamente Paulo Freire percebera que a predominância de uma ou outra linguagem não dependia de uma superioridade linguística ou estética, mas de uma hegemonia política. Por isso, certamente também, o desenvolvimento dos círculos de cultura em que a pesquisa das palavras geradoras não só orientassem o processo de alfabetização (com conscientização), mas explicitassem, também, a relatividade e singularidade dos falares. Em outras palavras, o círculo de cultura permite a emersão das "pronúncias do mundo", que ganha sentido na escrita e na vida das pessoas. Esse fazer sentido na vida da pessoa era muito mais do que decodificar o sinal gráfico, como costumeiramente se alfabetiza. Para Paulo Freire, a leitura (oral) do mundo antecipa e sustenta a leitura da palavra (escrita)[1]. Esta afirmação é suficiente para demonstrar a importância da oralidade para o educador e de como se deve aprender com a linguagem dos que não são alfabetizados na palavra escrita.

A palavra e seus desdobramentos linguísticos tem uma importância tão grande na obra de Paulo Freire que os pesquisadores de seus trabalhos consideraram necessária a criação de um dicionário que desse conta da explicação de seus conceitos e dos termos que a eles se referem, aí incluindo os neologismos e as expressões neológicas (v. Streck; Redin; Zitkoski, 2016).

Paulo Freire não se contentava em somente elaborar os conceitos relacionados à educação, mas também refletia sobre a "ontologia" e

---

[1]. Aqui caberia uma discussão mais detalhada sobre as relações entre oralidade e escrita, mas, infelizmente os limites deste capítulo não o permitem. Cabe apenas dizer que a oralidade potencializa mais a socialização do que a individualização da cultura de uma determinada formação social, na medida em que a primeira depende da memória coletiva.

a "epistemologia"[1] em geral, criando termos novos que dessem conta dessas inovadoras concepções. Orientado por uma perspectiva teórica singular e tendo escolhido a Pedagogia como centralidade de suas concepções, ao contrário do que muitos pensam, Freire não foi apenas um educador e um pensador da educação, mas um verdadeiro "filósofo"[2] da condição humana. Enquanto pensador – e, certamente, foi um dos mais importantes do século XX –, Freire criava conceitos e ressignificava palavras e expressões para melhor exprimi-los e, de um lado "encharcava", como ele mesmo dizia, as estéreis e duras locuções conceituais de amorosidade, portanto, sublinhava-as com uma carga emotiva que convoca para a ação. E quando não encontrava a palavra exata para exprimir uma nova realidade, criava os neologismos, não aleatoriamente, mas buscando a composição da nova palavra ou da nova expressão, de acordo com as estruturas lexicais e semânticas da língua. São inúmeros os neologismos, junção de palavras e expressões que transitam por sua obra. Entre tantas, podem ser destacadas: Do-discência, indicotomizáveis, educação bancária, existenciação, consciência transitivo-crítica, inédito viável, ação-reflexão, ad-mirar, genteidade, palavra-mundo, quefazer, ser-mais, inacabamento[3]. Se

---

1. Dados os limites deste trabalho, só será possível deixar registrado uma telegráfica explicação sobre as aspas. Orientado por uma perspectiva materialista-dialético-dialógica, a ontologia (teoria do ser) não é possível, porque não existe o ser, mas o "sendo" (processo), além do que, cada formulação teórica é uma dentre outras, porque sempre condicionada histórico-socialmente. Pela mesma razão, não cabe falar em "epistemologia" (teoria do conhecimento científico), porque, semelhantemente, cada teoria é uma representação classista sobre o que o ser humano conhece, assim como a ciência é também uma mera aproximação simbólica da realidade. Desse modo, ambas deveriam ser grafadas no plural.
2. As aspas aqui também se justificam, na medida em que não escolheu a Filosofia para pensar o mundo e os seres humanos, mas elegeu a Pedagogia. E não a escolheu enquanto reflexão exclusiva sobre a educação, mas enquanto possibilidade de pensar a trajetória cultural da humanidade, enquanto Paidéia.
3. Sérgio Lourenço Simões, de saudosa memória, defendeu a tese de doutorado *Pedagogia do neologismo: a linguagem de Paulo Freire e a educação libertadora* (2013), na qual faz uma profunda discussão sobre o significado linguístico e político na obra do pensador pernambucano.

atentarmos para toda a obra de Paulo Freire, perceberemos o uso constante de neologismos na sua mais diversa adequação.

João Guimarães Rosa: A prosa-poética dos neologismos referenciais

Como mencionado neste capítulo, além de servir à denominação de novos artefatos e fenômenos, o neologismo é também um recurso sempre presente na literatura. Muitos escritores buscaram, e buscam ainda, nessa ferramenta de linguagem, não apenas um mecanismo de apropriação do significado de algo novo, para o qual a língua ainda não ofereceu a palavra adequada, mas, também, a carga metonímico-metafórica que esse recurso literário propicia. Entre os mais recentes, que utilizam uma diversidade de novos vocábulos ou de expressões neológicas, pode-se citar o escritor mineiro Evandro Affonso Ferreira e o moçambicano Mia Couto. Se ambos, inicialmente, faziam homenagem a Guimarães Rosa, em seguida, criaram estilos pessoais nos quais o neologismo passou a ter sua vez recorrentemente.

Guimarães Rosa foi, sem dúvida alguma, o autor brasileiro que melhor utilizou o neologismo e as expressões neológicas, na medida em que, mesmo carregando suas obras com os falares mineiros, acabou por desenvolver uma linguagem universal, sem cair no regionalismo pitoresco, recriando, enfim, a própria língua portuguesa. Por certo, foi essa expressão universalista que atraiu e referenciou tantos escritores, brasileiros e estrangeiros. Mia Couto afirmou categoricamente as referências rosianas na literatura de Moçambique, quando proferiu conferência na Universidade Federal de Minas Gerais (em 2007) e que, de certo modo, as repetiu na Universidade Nove de Julho, em 2012, no lançamento do livro *Antes de nascer o mundo* (2009), registrando esta convicção em outro livro:

> Vocês conhecem o escritor brasileiro melhor do que eu e não teria nenhum sentido eu, moçambicano, vir ao Brasil filosofar sobre um autor brasileiro. [...]
> Decidi, então, que não iria falar de um escritor nem da sua escrita. Falaria, sim, das razões que creio assistirem a essa poderosa influência de João Guimarães Rosa teve em alguma literatura africana de língua portuguesa. [...]
> Na realidade, reconheço algumas razões pessoais que fizeram do meu encontro com Rosa uma espécie de abalo sísmico na minha alma (Couto, 2009, pp. 113-4).

Guimarães Rosa não apenas criou neologismos por questões estéticas, mas os elaborou num grau de ontológico-epistemológico-poético que os personagens de sua obra-prima, *Grande Sertão: veredas*, encarnam teluricamente, como se brotassem no sertão com uma nova língua.

O mesmo ocorre com Paulo Freire e Manoel de Barros. Este último afirmou explicitamente: "Guimarães Rosa inventou uma outra língua portuguesa. A sua obra é a criação de outra linguagem. O personagem mais importante de Rosa é a própria linguagem" (apud Couto, ib., p. 122). E é o escritor moçambicano que acrescenta: Guimarães Rosa, como Manoel de Barros, trabalha fora do senso-comum (ele cria um senso-incomum, elabora no mistério denso das coisas simples, entrega-nos a transcendência da coisa banal" (id., ib.). Conclui: "E foi poesia o que me deu o prosador João Guimarães Rosa (id., p. 124).

INCONCLUSÕES...

Como se pode perceber em todos os escritores mencionados, ficcionistas ou não, a carga da potencialidade prosa-poética do neologismo aumenta com a proximidade dos saberes e dos falares populares.

De modo especial, Paulo Freire e Manoel de Barros se deslocam de seus lugares histórico-sociais de enunciação para o lugar dos enunciadores que, em geral, não pronunciam o mundo, mas apenas recebem a carga dos discursos alheios. Ambos constroem uma espécie de "literatura dos silenciados".

Esse deslocamento de Paulo Freire para o oprimido e de Manoel de Barros para o caipira mato-grossense é um dispositivo de uma relação dialógica necessária à perspectiva literária revolucionária.

Assim como Lima Barreto e Guimarães Rosa, existe, na construção da linguagem desses autores, a necessidade estética que se traduz em necessidade política, dialógica, para pôr em relação à singularidade do local, do mundo particular dos personagens, com o universal. Sobre essa perspectiva de criação, Mikhail Bakhtin fala dessa totalidade semântica do personagem:

> O homem vivente se estabelece ativamente de dentro de si mesmo no mundo, sua vida conscientizável é a cada momento um agir: eu ajo por meio do ato, da palavra, do pensamento, do sentimento; eu vivo, eu me torno um ato; contudo, não expresso nem determino imediatamente a mim mesmo pelo ato; por seu intermédio realizo uma significação concreta, semântica, mas não a mim mesmo enquanto algo determinado e determinável [...] o próprio ato nada diz do atuante, diz apenas de sua ambiência material, e não é a personagem, mas tão-somente essa ambiência que gera o ato. Daí a ideia da liberdade ética do ato: este é determinado pelo ainda-não-ser, pelo antedado dos objetos, dos fins; suas fontes estão no porvir e não no passado, não estão no que existe, mas no que ainda não existe (2010, pp. 128-9).

Outra ideia comum a Paulo Freire e Manoel de Barros é a questão do inacabamento. O último desenvolve o poema "Retrato do artista enquanto coisa", em que fala exatamente sobre isso:

> A maior riqueza
> do homem
> é sua incompletude.
> Nesse ponto
> sou abastado.
> Palavras que me aceitam
> como sou
>   — eu não aceito.
> Não aguento ser apenas
> um sujeito que abre
> portas, que puxa
> válvulas, que olha o
> relógio, que compra pão
> às 6 da tarde, que vai
> lá fora, que aponta lápis,
> que vê a uva etc. etc.
> Perdoai. Mas eu
> preciso ser Outros.
> Eu penso
> renovar o homem
> usando borboletas.
> (BARROS, 2013, p. 329).

Observe-se que o citado poema de Manoel de Barros é profundamente prosaico, no sentido de ser uma verdadeira concepção descritivo-analítica da condição humana, caracterizada pela incompletude.

O mesmo conceito, colocado ao lado dos conceitos de inconclusão e inacabamento constitui, como já explicado neste trabalho, a trilogia fundamental da constituição "ontológica" do universo e do ser humano. Para Manoel de Barros e para Paulo Freire a incompletude é a maior riqueza do cosmos e da humanidade.

Finalmente, se para ambos tudo é incompleto – ao que acrescentaríamos que é, também inconcluso e inacabado –, devemos parar por aqui. Afinal, nosso trabalho é também incompleto. A incompletude do ser (ou do "sendo") cobra a complementação pelos outros. Precisamos dos outros. Ele é também inconcluso, porque, nós mesmos, autores, ao lê-lo no futuro, certamente o consideraremos apenas como expressão de uma fase de nossa concepção, em transformação permanente, sobre prosa e poesia. Finalmente, ele é inacabado, porque, certamente, está eivado de equívocos. Porém, neste último sentido, contamos com os leitores, para que ele se torne uma peça melhor acabada sobre um tema tão instigante.

José Eustáquio Romão é doutor em Educação pela Universidade de São Paulo, Diretor Fundador do Instituto Paulo Freire, Presidente do Conselho Mundial dos Institutos Paulo Freire, Diretor e Professor do Programa de Pós-Graduação em Educação da Universidade Nove de Julho. E-mail: jer@terra.com.br

José Raimundo Gonçalves da Silva é mestre em Educação e doutorando do Programa de Pós-Graduação em Educação da Universidade Nove de Julho (ppge-Uninove), coordenador da Feira Literária de Cristina (mg). Também publica suas obras de ficção e poesia com o pseudônimo de Ninil Gonçalves. E-mail: jr-silva1970@uol.com.br.

Referências bibliográficas

Aristóteles. *Arte retórica e Arte poética*. Antonio Pinto de Carvalho (Trad.). Rio de Janeiro: Ediouro, 2005.
Bakhtin, Mikhail. *Estética da criação verbal*. Paulo Bezerra (Trad.). São Paulo: Martins Fontes, 2010.
Barros, Manoel de. *Poesia Completa*. São Paulo: Leya, 2013.
Bilac, Olavo. *Poesias*. Rio de Janeiro: Francisco Alves, 1964.
Candido, Antonio. *O estudo analítico do poema*. São Paulo: Humanitas, 2006.
Couto, Mia. *E se Obama fosse africano? e outras interinvenções*. Lisboa: Caminho, 2009.
Freire, Paulo. *Pedagogia do oprimido*. São Paulo: Paz e Terra, 1978.
_____. *A importância do ato de ler*. São Paulo: Cortez, 2000.
_____. *Conscientização*. São Paulo: Centauro, 2008.
_____. *Educação e mudança*. São Paulo: Paz e Terra, 2011.
_____. *Extensão ou comunicação?* São Paulo: Paz e Terra, 2013.
Moisés, Massaud. *Dicionário de termos literários*. São Paulo: Cultrix, 2004.
Romão, José Eustáquio. "Razões oprimidas: introdução a uma nova geopolítica do conhecimento". In: Torres, Carlos Alberto et al. *Reinventando Paulo Freire no século 21*. São Paulo: Ed.L Instituto Paulo Freire, 2008, p. 63-90.
_____. "Epistemology of the oppressed: The way to enhance the intercultural dimensions of citizenship education". In: Teodoro, António; Guilherme, Manuela (org.). *European and Latin American higher education between mirrors: conceptual frameworks and policies of equity and social cohesion*. Rotterdam: Sense Publishers, 2014.
_____. "Paradigmas do oprimido". In: Streck, Danilo R.; Redin, Euclides; Zitkoski, Jaime José (org.). *Dicionário Paulo Freire*. Belo Horizonte: Autêntica, 2016, pp. 300-2.
Ruffato, Luiz. *Eles eram muitos cavalos*. São Paulo: Companhia das Letras, 2013.
_____. *Flores artificiais*. São Paulo: Companhia das Letras, 2014.
Simões, Sérgio Lourenço. *Pedagogia do neologismo: a linguagem de Paulo Freire e a educação libertadora*. Tese de doutorado em Educação, defendia no ppge-Uninove, da Universidade Nove de Julho, São Paulo, 2013.

Da dissolução das classificações

Ana Maria Haddad Baptista

PRELIMINARES

As classificações, em todos os sentidos, são, em geral, aplaudidas porque instauram uma certa ordem. Categorias. Tabelas. Fórmulas. Determinismos. Instauram algumas pretensas certezas e, finalmente, modelos que devem ser seguidos. Nessa medida, infelizmente, muitos poetas, romancistas, pintores, escultores, filósofos e cientistas jamais foram entendidos em seu tempo. Taxados de malucos ou fora do mundo real. Não faltam centenas de exemplos. Os denominados insubordinados estiveram, desde sempre, ao sabor dos ventos desfavoráveis. A submissão, filha de poderes preestabelecidos, irmã dos tiranos e bem vista pelos que trilham os caminhos da mesmice, persegue (de longe e de perto) a criatividade, a inventividade. Tem horror a novas formas de existência. Pavor do inesperado que mergulha no triunfo de um novo acontecimento.

Lembremos, por exemplo, de Van Goh que praticamente não conseguiu vender um quadro sequer e, muitas vezes, trocou suas aquarelas por um copo de café com leite e um pedaço de pão. Lembremos de Zequinha de Abreu que praticamente passou fome por não conseguir ser, minimamente, considerado no mundo musical. José de Alencar foi severamente criticado quando lançou *Iracema*. Acusado de plágio e, principalmente, por usar períodos justapostos e ignorar os famosos períodos compostos por subordinação. As artes barrocas, assim como Gregório de Matos, foram deixadas de lado por séculos. Arderam no esquecimento. Em outras palavras: quando surge uma obra (em toda a sua extensão conceitual) que não segue determinados padrões estabelecidos, corre-se o sério risco de ser deixada de lado ou ser excluída de seu tempo. E, inúmeras vezes, ser esquecida para sempre.

Da prosa e da poesia

Octavio Paz, sob nossa ótica, tem uma das posições mais lúcidas a respeito das profundas relações existentes entre a prosa e a poesia. "O ritmo não só é o elemento mais antigo da linguagem, como ainda não é difícil que seja anterior à própria fala. Em certo sentido, pode-se dizer que a linguagem nasce do ritmo ou, pelo menos, que todo ritmo implica ou prefigura uma linguagem" (Paz, 2015, p. 11). Em outras palavras: qualquer expressão verbal, queiramos ou não, possui uma cadência e sem exclusão das formas mais abstratas ou didáticas da prosa. O autor, lucidamente, adverte que na poesia o ritmo é essencial. Na verdade, é condição de um poema. Na prosa, embora o ritmo esteja presente, é inessencial. Lembremos que a prosa sofre de uma oscilação, em maior ou menor grau, da presença da razão.

De qualquer maneira adverte, ainda, Octavio Paz: a linguagem possui, por maiores que sejam os esforços mais racionais e lógicos, uma atração sedutora, quase misteriosa, pela corrente rítmica. Que circula. Dança. Move-se. Busca seu espaço. "Deixar o pensamento em liberdade, divagar, é regressar ao ritmo; as razões se transformam em correspondências, os silogismos em analogias e a marcha intelectual em fluir de imagens" (Ibid., p. 12).

Michel Foucault, sabiamente, chama a atenção para tais aspectos da linguagem em sua famosa obra *As palavras e as coisas*. Em uma legítima arqueologia da linguagem adverte que quando as palavras e as coisas se separaram e as analogias (em diversos graus e sentidos) se perderam... é a força incessante da literatura, enquanto poética, que busca, desesperadamente, a comunhão entre o significado e o significante. A poética busca atenuar o débito (jamais sanado) entre o objeto e o signo. Como declara Blanchot: "O poema – a literatura – parece vinculado a uma fala que não pode interromper-se porque ela não fala, ela é. O poema não é essa fala, é começo, e ela própria jamais começa, mas diz sempre de novo e sempre recomeça. Entretanto, o poeta é aquele que ouviu essa fala, que se faz dela o intérprete, o mediador, que lhe impôs o silêncio pronunciando-a. Nela, o poema está próximo da origem, pois tudo o que é original é à prova dessa pura impotência do recomeço, [o desespero de coincidir as palavras e as coisas] dessa prolixidade estéril, a superabundância do que nada pode, do que jamais é a obra, arruína a obra e nela restaura a ociosidade sem fim" (Blanchot, 2011, p. 29). Em outras palavras: a palavra poética está estritamente ligada não somente a uma sensibilidade que transborda, mas, sobretudo a operações do pensamento. Linguagem. O pensamento em seu sentido mais profundo (o mergulho) é poético. Não importa se prosa ou poesia. O pensamento vai mais além quando atinge os ritmos mais naturais, espontâneos e profundos, quando consegue desautomatizar. Desligar-se de seus tentáculos (tentadores e viciados) da razão e da lógica. Um grande exemplo é o de Seféris (1971, p. 122) (poeta grego moderno) no fragmento do poema "Stratis, o marujo descreve um homem":

Mas que tem esse homem?
Por toda a tarde (ontem, anteontem e hoje)
Permaneceu de olhos fixos numa chama.
À noitinha, chocou-se contra mim, que descia a escada.

Disse-me:
"O corpo morre, a água se turva, a alma
Hesita
E o vento esquece, esquece sempre,
Mas a chama não muda."
Disse-me ainda:
"Vê, a mulher que amo partiu talvez para o outro mundo;
Não é por isso que tenho o ar de tão abandonado.
Tento juntar-me a uma chama
Porque a chama não muda."
Depois ele contou-me a história de sua vida.

Criança

Quando comecei a crescer, as árvores me incomodavam.
Por que sorri? Isso o faz pensar talvez na primavera, tão dura para as criancinhas?
Gostava muito das folhas verdes;
Se aprendi alguma coisa, foi porque também era verde a lousa em minha carteira.
As raízes das árvores me incomodavam quando vinham,
no calor do inverno, enrolar-se em volta de meu corpo.
Não tinha outros sonhos quando era criança.
Foi assim que conheci meu corpo.

O poema de Seféris revela muita coisa em relação ao pensamento poético. Primeiramente dá a dimensão extraordinária de um estilo. Entrelaçamento, formal, de prosa e poema. Observando-se o todo, os deslocamentos são diversos e aí reside a originalidade de Seféris e daqueles que não separam a prosa da poesia. Um poema falado. Narrado. Uma prosa poética em sua essencialidade. O desabafo do marujo.

Na verdade, o poeta grego em vez de realizar um relato de memória, coloca as diversas vozes interiores, em diferentes espaços e temporalidades, do marujo. O peso (previsível) de um relato é colocado numa cadência rítmica pontuada pela leveza. O poema oscila entre a prosa poética e o poema propriamente dito. Orações justapostas reforçam as imagens do marujo. Nessa medida, as memórias do marujo são intensificadas e canalizadas para o presente. O entrelaçamento entre a prosa e o poema ficam, desta maneira, sem fronteiras. Diversas vozes.

As fronteiras entre a prosa e a poesia assumem uma fragilidade muito grande, em especial, a partir do momento em que o escritor assume, mais do que nunca, a responsabilidade de um 'criador'. Lembremos, como tantos já disseram (por diferentes caminhos), que na Antiguidade os poetas tinham um universo histórico completamente diferente.

Octavio Paz adverte que naquela etapa da humanidade muitos filósofos, por exemplo, conceberam a criação poética enquanto uma colaboração entre um poder estranho e o poeta. Havia as prolongadoras da memória (as inesquecíveis Musas inspiradoras). Com a modernidade, entre outras coisas, o poeta reflete a linguagem. Nas palavras de Octavio Paz: "Inclinado sobre su escritorio, los ojos fijos y vacíos, el poeta-que-no-cree-en-la-inspiración ha terminado ya su primera estrofa, de acuerdo con el plan previamente trazado" (2002, p. 74). Prossegue dizendo da dificuldade da criação literária. Das oscilações as quais está sujeita. Das resistências em relação ao pensamento lógico, discursivo e comum. Dos obstáculos que se interpõem para um escritor que almeja não uma produção literária e, sim, uma criação literária. Na verdade, o irrepetível. A singularidade que somente pode estar presente na expressão única. Como afirma Bachelard, em tantos momentos de sua escritura, uma imagem literária, de verdade, tem que ser única. Não há o que a substitua. Uma imagem literária não pode, jamais, ser trocada por outra. Por esta razão ela é imagem! Há uma misteriosa autonomia nas imagens poéticas que são como grânulos que pululam pelos tempos. Ora somem. Ora aparecem. Tão misteriosas como o ato, (quando realmente inovador), da criação artística. Diante do exposto, cremos que a "ruptura dos gêneros" (por lembrar do saudoso Haroldo de Campos) passa e perpassa pelas novas responsabilidades do poeta ante os paradoxos do ato de criação.

Da poética da Filosofia

Na famosa entrevista feita a Deleuze, intitulada *O abecedário*, a entrevistadora, em diversos momentos, fala da influência e da presença da literatura e da poética nas obras do filósofo francês. Deleuze sempre destacou, sabe-se, que as artes, incluindo a literatura, são produtoras de conceitos, tanto quanto as ciências. Na referida entrevista lembra, acima de qualquer coisa, que sempre leu muito literatura porque personagens são grandes pensadores. Destaca, sobretudo, a poesia contida nas obras de Platão e de Nietzsche, indicando a personagem Zaratustra. Importante ressaltar que Deleuze jamais pensou em classificar prosa e poesia. Se pensarmos e observarmos, como um todo, o conjunto das obras de Deleuze veremos que em nenhum momento ela separa prosa de poesia. Para ele, insistimos que suas obras dizem isso, não há separação entre prosa e poesia. O que existem são textos carregados de poesia. Filosofia, romances e tantos outros. O mais importante e que evita contradições em Deleuze é que a maioria dos textos (considerando-se o conjunto de obras) do filósofo são, realmente, mergulhados na poética, como por exemplo no seguinte fragmento:

> Os gonzos são o eixo em torno do qual a porta gira. O gonzo, *Cardo*, indica a subordinação do tempo aos outros pontos precisamente cardinais pelos quais passam os movimentos periódicos que ele mede. Enquanto o tempo permanece em seus gonzos, está subordinado ao movimento extensivo: ele é sua medida, intervalo ou número. Sublinhou-se com

frequência essa característica da filosofia antiga: a subordinação do tempo ao movimento circular do mundo como Porta Giratória. É a porta cilíndrica, o labirinto aberto à origem eterna. Haverá toda uma hierarquia dos movimentos segundo sua proximidade com o Eterno, segundo sua necessidade, perfeição, uniformidade, rotação, suas espirais compostas, eixos e portas particulares, com os números do Tempo que lhe correspondem. [...] O tempo *out of joint,* a porta fora dos gonzos, significa a primeira grande reversão kantiana: é o movimento que se subordina ao tempo. O tempo já não se reporta ao movimento que ele mede, mas o movimento ao tempo que o condiciona (Deleuze, 1997, pp. 36-7).

O que temos de poético, num primeiro momento, no fragmento de Deleuze?

Por meio da imagem de Shakespeare (em *Hamlet*), "O Tempo está fora dos gonzos", o filósofo francês nos dá um dos mais belos conceitos em relação a temporalidades. Em outras palavras: sabe-se que o tempo na Antiguidade grega foi concebido e percebido como subordinado aos movimentos dos astros. Platão e Aristóteles marcam suas obras, por diferentes caminhos, reforçando tal concepção. O tempo enquanto movimento que dependia, primordialmente, dos astros. Deleuze transpõe tal conceito comparando com o tempo em seus gonzos. Cilindros. Porta giratória. Em vez de usar uma terminologia mais técnica e matemática, usou imagens de espirais compostas, eixos. Qual a intenção de suas colocações? Aproximar, nós leitores, da concepção de tempo da Antiguidade. Dar mais exatidão aos conceitos de Platão e Aristóteles. Deleuze leva também, a nós leitores, ao universo da ruptura kantiana. Kant, conforme se sabe, ao afirmar que tempo e espaço são categorias, a priori, as quais estamos submetidos para a apreensão do "real", indica que o tempo exterior ao homem deve ser ignorado. Na leitura de Deleuze houve, desta forma, uma reversão, sem precedentes, em termos de concepção de tempo. Isto é, o tempo, a partir da concepção de Kant deixa de ser exterior ao homem e passa a ser percebido como uma dimensão interior. Um dos eixos, diga-se de passagem, que configura um novo modelo de subjetividade que, em grande parte, está presente até hoje. Em outras palavras: somos seres interiores ao tempo. Queiramos ou não.

Pelo exposto até aqui percebemos, acima de tudo, a fragilidade da famosa separação entre prosa e poesia. O perigo das classificações. O perigo de se enquadrar textos (em suas mais variadas dimensões) para uma tipologia arbitrária, muitas vezes, ditatorial. A classificação, por si mesma, inibe formas criativas de texto, sejam eles quais forem. Didáticos, acadêmicos, enfim, todos os tipos.

Um outro caso, bastante exemplar, é Paulo Freire. A maioria de suas obras carrega, em sua escritura, a predominância dos ritmos que tendem à poeticidade conceituada por Octavio Paz. Ou seja: Paulo Freire conduz seus leitores a imagens profundamente poéticas, como no seguinte fragmento:

> Como poderiam os oprimidos dar início à violência, se eles são o resultado de uma violência?
> Como poderiam ser os promotores de algo que, ao instaurar-se objetivamente, os constitui?
> Não haveria oprimidos, se não houvesse uma relação de violência que os confronta como violentados, numa situação objetiva de opressão.
> Inauguram a violência os que oprimem, os que exploram, os que não se reconhecem nos outros; não os oprimidos, os explorados, os que não são reconhecidos pelos que os oprimem como outro.
> Inauguram o desamor, não os desamados, mas os que não amam, porque apenas se amam.
> Os que inauguram o terror não são os débeis, que a ele são submetidos, mas os violentos que, com seu poder, criam a situação concreta em que geram os "demitidos da vida", os esfarrapados do mundo.

Quem inaugura a tirania não são os tiranizados, mas os tiranos.
Quem inaugura o ódio não são os odiados, mas os que primeiro odiaram.
Quem inaugura a negação dos homens não são os que tiveram a sua humanidade negada, mas os que a negaram, negando também a sua.
Quem inaugura a força não são os que se tornaram fracos sob a robustez dos fortes, mas os fortes que os debilitaram.

Diante do exposto, observa-se, primeiramente, o ritmo do texto de Paulo Freire. Um ritmo marcado pela brevidade e justaposição das orações que constituem o que Ítalo Calvino denominaria de leveza. Dimensão imprescindível de um texto poético. Leveza estrutural. (Presente, apenas, nos melhores textos poéticos). O que não lhe retira o vigor e, sobretudo, o rigor. Afirmam, aqueles que desconhecem as verdadeiras raízes e seriedade da palavra poética, que leveza, em seu aspecto profundamente conceitual, obscurece a profundidade da escritura. Pelo contrário, quanto mais "leve" um conceito, mais poderoso seu efeito em nossa sensibilidade, aquele que brota do espontâneo e provoca, por falta de outras palavras, a lógica e o racional.

Cada oração do trecho exposto é, por si mesmo, autônoma. Não subordinada. Insubmissa aos rigores da lógica não necessária para a comunicação efetiva de duas subjetividades, ou seja, a subjetividade do autor e a do leitor. Eis a dificuldade da verdadeira comunicação, em todas as suas dimensões: em que medida se consegue passar para o outro o que realmente se pensa? Como transformar ideias e expressões mais íntimas em um processo material para que o outro, o leitor, entenda?

Parece-nos que Bachelard nos indica um caminho bastante significativo:

A leitura é uma dimensão do psiquismo moderno, uma dimensão que transpõe os fenômenos psíquicos já transpostos pela escritura. Deve-se considerar a linguagem escrita como uma realidade psíquica particular. O livro é permanente, está sob os nossos olhos como um objeto. Ele nos fala com uma autoridade monótona que seu próprio autor não teria. Temos de ler o que está escrito. Para escrever, aliás, já o autor operou uma transposição. Ele não diria aquilo que escreve. Adentrou – que ele se defenda disso não muda em nada a realidade do fato – no reino do psiquismo escrito (Bachelard, 1988, p. 24).

Bachelard, prossegue, afirmando que somente o texto poético dá espaço para a verdadeira liberdade de pensamento. Não somente a do autor como a do leitor. A liberdade das associações, como a liberdade do julgamento do que se lê. Nada mais autoritário do que um texto totalmente lógico. Nada mais tirânico do que a força dos argumentos alicerçados apenas na lógica e num cego racionalismo. Por isso, entre tantos outros exemplos que poderiam ser citados, Machado de Assis, Guimarães Rosa, Virgínia Woolf são tão poéticos. A dimensão de liberdade que possibilita aos seus leitores é de uma esfera sem precedentes. Os textos dos autores citados jamais indicam caminhos seguros. Os leitores têm um verdadeiro exercício de pensamento ao ter contato com tal tipo de literatura. As escolhas são dos leitores. Não há caminhos pré-definidos.

O texto de Paulo Freire é simplesmente icônico entre tantas outras dimensões poéticas. Propõe uma transgressão conceitual ao mesmo tempo que a escritural. Um elemento extraordinário que vai ao encontro do conceito de liberdade que rege o conjunto de suas obras. Liberdade de aprender. Liberdade de leitura. Liberdade de optar. Não é por um acaso que uma das principais obras de Paulo Freire se intitule *Educação como prática da liberdade*. O conceito de Freire está profundamente arraigado no escritural como prática da liberdade. Por isso sua escrita é inconfundível e tão extraordinária. Freire, entre a prosa e a poesia, cria um verdadeiro estilo em seus livros, assumidamente em diversos prefácios de sua autoria, ensaísticos. Em suas palavras na apresentação da *Pedagogia do oprimido*:

> Um dos aspectos que surpreendemos, quer nos cursos de capacitação que damos e em que analisamos o papel da conscientização, quer na aplicação mesma de uma educação realmente libertadora, é o "medo da liberdade", a que faremos referência no primeiro capítulo deste ensaio (2016, p. 53).

Os conceitos de Paulo Freire, a respeito de educação, são regidos pela liberdade, ruptura com modelos estabelecidos. Uma pedagogia fundada no diálogo em todos os níveis. O conjunto de suas obras, notadamente, rompe com diversos conceitos fossilizados. Lembremos que somente pode haver ruptura, de verdade, quando ela surge, sobretudo, por meio da linguagem. Paulo Freire é pleno de convergências. Ou seja: conceitos, linguagem e prática andam de mãos dadas pelos caminhos da harmonia e espessura de suas posições em todos os graus.

Das dissoluções finais

O pensamento mais finamente tecido, como uma teia quase invisível, no entanto, poderosa, vem imageticamente. Imagens sonoras, táteis e todas as formas de imagens provocadas por poetas e escritores que nos inspiram. Que nos levam aos profundos devaneios que desautomatizam o próprio exercício do pensamento. A prosa, como tão bem adverte Octavio Paz, é uma espécie de filha da desconfiança que se tem a respeito da exatidão da linguagem. Ou não fosse a escritura poética não haveria as grandes descobertas e conceitos que mudaram os rumos da humanidade em todas as áreas do conhecimento.

Quanto mais uma linguagem tende à denominada objetividade, mais distante estará do pensamento de seu autor. Como cindir a nós mesmos?

Adverte, uma vez mais, Octavio Paz:

A prosa, que é primordialmente um instrumento de crítica e análise, exige uma lenta maturação e só se produz após uma longa série de esforços tendentes a dominar a fala. Seu avanço se mede pelo grau de domínio do pensamento sobre as palavras. A prosa cresce em batalha permanente contra as inclinações naturais do idioma e seus gêneros mais perfeitos são o discurso e a demonstração, nos quais o ritmo e seu incessante ir e vir cedem lugar à marcha do pensamento (2015, p. 12).

Nessa medida, a poética triunfa ao dar espaço natural à espontaneidade do pensamento profundo.

ANA MARIA HADDAD BAPTISTA é mestra e doutora em Comunicação e Semiótica. Pós-doutoramento em História da Ciência pela Universidade de Lisboa e pela PUC-SP, onde aposentou. Autora e organizadora de dezenas de livros. Colunista mensal das revistas impressas, *Filosofia* e *Visão Jurídica* da editora Escala de São Paulo. Pesquisadora e professora dos Programas em Educação stricto sensu e do Curso de Letras da Universidade Nove de Julho.

Referências

BACHELARD, Gaston. *A poética do devaneio*. Antonio de Padua Danesi (Trad.). São Paulo: Martins Fontes, 1988.
BLANCHOT, Maurice. *O espaço literário*. Álvaro Cabral (Trad.). Rio de Janeiro: Rocco, 2011.
DELEUZE, Gilles. *Crítica e clínica*. Peter Pál Pelbart (Trad.). São Paulo: Editora 34, 1997.
FREIRE, Paulo. *Pedagogia do oprimido*. Rio de Janeiro: Paz e Terra, 2016.
_____. *Educação como prática da liberdade*. Rio de Janeiro: Paz e Terra, 2011.
PAZ, Octavio. *Signos em rotação*. Sebastião Uchoa Leite (Trad.). São Paulo: Perspectiva, 2015.
_____. *Obras Completas/15*. México: Fondo de Cultura Económica, 2002.
SEFÉRIS, Giórgos. *Poemas*. Darcy Damasceno (Trad.). Rio de Janeiro: Opera Mundi, 1971.

Posta sem resposta —
um outro romance epistolar

Myriam Ávila

> *Os gêneros mais vivos da arte contemporânea são as coletâneas de artigos e o show de variedades.*
>
> CHKLOVSKI, *Zoo ou cartas não sobre amor.*

A grande divisão da produção literária em gêneros — lírica, épica, drama (que se leem hoje como poesia, narrativa) — herdada da antiguidade, tinha como propósito uma "divisão de trabalho" igualitária, correspondente a três visões do mundo que comporiam um todo harmônico, como sugere Bakhtin. Esse todo harmônico, continua Bakhtin, teria sido desestabilizado por um gênero tardio, o único nascido da prática da escrita, por oposição à oralidade: o romance. Alcançando o seu ápice no século XIX, o romance provoca uma miscigenação entre os gêneros clássicos, ao se comportar, como propõe Cortázar, como um avestruz[1], que se alimenta de todo tipo de material, de todo tipo de discurso. Quando passam a ser encontrados lado a lado em uma única obra, passa a ser admissível ver os três gêneros como "atitudes em face do mundo", nas palavras de Anatol Rosenfeld, ou seja,

---

1. "Seu papo de avestruz, seus hábitos de xexéu" (Cortázar, 1993, p. 98).

reconhecer neles um significado não mais substantivo, mas adjetivo, como a expressão "teatro épico", que passa a circular no século vinte.

Quando em 1923 o grande linguista Viktor Chklovsky, famoso, ainda em sua juventude, por ser o criador do conceito de *ostranenie* (estranhamento) na literatura, proclamou a morte dos gêneros clássicos, produzindo a frase que serve de epígrafe a este texto. Já não se tratava de uma disputa pela prevalência de um gênero literário, mas da prevalência do rótulo literatura no universo dos textos e ainda da grande arte frente à *Kleinkunst*, como chamavam os alemães às artes performáticas de caráter popular. Coletâneas de artigos e shows de variedades têm em comum a justaposição de pequenos quadros (teóricos e performáticos) que não necessariamente obedecem a uma sequência argumentativa ou narrativa. Assim também as cartas são instantâneos ligados ao contexto específico de cada momento e sua publicação em livro segue apenas a progressão temporal, sem obrigar a um fio narrativo que conduza a um desenlace. Trata-se aqui já da lógica da colagem, que começava a se afirmar no ramo das artes plásticas. Ao tornar-se um procedimento reconhecido também nas artes verbais, a colagem abria espaço para o questionamento dos limites entre os gêneros. Do mesmo modo, colocava em xeque os limites entre o dado e o criado, o original e a cópia, o ficcional e o real.

★ ★ ★

Viola Papetti, ensaísta e tradutora italiana, publica em 2015 um pequeno volume intitulado *Lettere senza risposta* (ainda sem tradução para o português), no qual reúne cartas dirigidas a ela pelo escritor, também italiano, Giorgio Manganelli, falecido em 1990. Não tendo recuperado suas próprias cartas para Manganelli, Papetti traz a público apenas as do colega/amante, criando o efeito fantasmagórico de um diálogo unilateral que lhe sugeriu seu título.

Esse efeito fantasmagórico, eu o provara vinte e cinco anos antes, quando, entre alguns documentos deixados pelo pintor Alberto da Veiga Guignard, li uma única carta de sua ex-esposa alemã, guardada por ele junto à certidão de casamento, ao certificado de conclusão do curso de Belas Artes, ao atestado de óbito e resultado de autópsia requisitados por ele anos depois, além de uma carta de recomendação da Academia alemã para efeito de obtenção de colocação no Rio de Janeiro. Temos aí uma trajetória de vida em seus passos mais marcantes, sucedendo-se uns aos outros em rapidez inusitada. Guignard, nascido em 1896, forma-se em 1918 pela Academia Bávara de Artes Plásticas, com excelente aproveitamento, casando-se em 1923 com Anna Döring, estudante de música. Já no ano seguinte, obtém a carta de recomendação para retorno ao Brasil. Seis anos depois, aos 31 anos, Anna falece em Munique e seu corpo passa por autópsia no dia seguinte, sendo constatadas alterações patológicas em praticamente todos os órgãos, indicando câncer generalizado. Os dois documentos relativos ao óbito são requisitados cinco anos depois pelo pintor, o que leva a crer que ele ficara sabendo do falecimento apenas em 1935. Lê-se, através desses documentos, uma história de amor malsucedida, uma separação que buscou na distância geográfica incomunicabilidade irreversível e um final trágico ao qual essa separação poderia se ligar, se se quiser ver na doença uma consequência da tristeza, arrependimento ou abandono, conforme se pretenda ler essa história. Os documentos são marcados pela frieza das fórmulas oficiais, repentinamente quebrada por uma palavra manuscrita na margem da certidão de casamento, em lápis de cor azul: NÓS, único registro da voz do pintor.

A carta de Anna a Alberto, datada de 1922, um ano antes do casamento, vem dar alguma carnadura aos secos dados biográficos. Anna escreve de Berlim para o noivo, por ocasião de uma viagem. A carta é carinhosa e mostra uma sensibilidade muito impressionável. Anna refere-se várias vezes a doenças, a começar pela preocupação com a saúde de Alberto. "Eu mesma não me sinto muito bem, meu resfriado tornou-se mais forte", acrescenta em seguida, para depois mencionar que encontrou em Berlim duas amigas doentes e uma terceira muito abatida com o recente suicídio do pai. "Isso tudo, sua doença e minhas constantes dores de cabeça me deprimem tanto que Berlim quase não tem encantos para mim", conclui. Nessa depressiva enumeração insere-se, em parágrafo destacado, a menção a uma estatueta chinesa, um "pequeno deus chinês" que Alberto teria considerado agourento e que Anna garante que, ao contrário, o teria protegido de alguma coisa pior. O contraste entre o teor afetivo da carta e os frios documentos que contam sua triste história não poderia ser maior. Através da carta, Anna Döring deixa de ser um nome para se tornar personagem de um conto cheio de páthos, pelo que informa e o que deixa de informar, pela objetividade dos papéis oficiais que realçam, por contraste, a polissemia introduzida pela escrita pessoal e o toque gráfico minimalista da mão do pintor.

Esse conjunto heterogêneo de textos impressionou-me como uma bela e misteriosa história de amor, capaz de um efeito propriamente literário. O detalhe da estatueta chinesa evoca o romance *Effi Briest*, de Theodor Fontane, no qual um fantasmagórico chinês permanece como um ícone indecifrável e impregna de estranhamento toda a narrativa. A recorrência da doença na carta de Anna, assumindo formas diversas e imprecisas, funciona do mesmo modo, quase como um prenúncio do desfecho fatal. Por esse motivo, em comunicação apresentada em 1990[1], caracterizei o conjunto como "*objet trouvé* literário".

A carta não ficcional tende a adquirir, quando colocada em uma moldura literária, características de sugestibilidade e encantamento compatíveis com o texto ficcional, provocando um efeito literário contrastante com sua não intencionalidade artística. A carta como

---

1. No II Congresso da Abralic, na Universidade Federal de Minas Gerais.

simulação, no romance epistolar, exige uma maestria composicional específica para figurar como texto espontâneo e não onisciente dentro de um enredo organicamente estruturado. Choderlos de Laclos, em um dos prefácios de *Ligações perigosas*, afirma que um dos méritos do livro é a variedade de estilos decorrente do fato de se tratarem de cartas de diferentes remetentes. Com isso, usa a pretensa autenticidade das cartas, legitimada pelo tópos do "manuscrito encontrado", para sub-repticiamente elogiar a própria habilidade em forjar uma pluralidade de estilos pessoais. Com isso, presta tributo também ao encanto da carta como texto "ingênuo", desinteressado e ignorante de sua apropriabilidade em um contexto literário retroativamente atribuído.

Este não é o caso dos livros de que tratarei aqui como sucedâneos de um hoje impossível romance epistolar. A artificialidade do romance epistolar, técnica que a princípio visava dar realismo a um enredo ficcional, provoca sua decadência já no século dezenove, quando outras técnicas narrativas promovem um envolvimento e uma identificação cada vez maior do leitor com o texto. No auge de sua popularidade, o romance epistolar prometeria um acesso inusitado e aparentemente não mediado à intimidade de personagens:

> O jogo propõe ao leitor a posição de *voyeur/euse* ao prometer devassar a intimidade alheia. E essa devassa dá fiança da veracidade dos episódios, conferindo autenticidade às personagens, veracidade e autenticidade sem dúvida muito atraentes como inovação em relação ao convencionalismo dos pseudônimos e do gênero pastoril que dominavam a ficção imediatamente anterior (Lajolo, 2002, p. 64).

No século XIX, porém, o convencionalismo já empanara o interesse do prestigioso gênero. A suspensão da descrença necessária para aceitar as cartas como manuscrito encontrado não era mais dispensada pelo leitor com a conivência de antes. Paradoxalmente, a carta, como texto escrito com propósitos não literários e que, portanto, deveria soar mais realista, perde a batalha para o romance com narrativa em terceira pessoa, talvez pelo esforço em criar verossimilhança. Seria mais fácil ou mais natural crer na veracidade de um narrador onisciente, capaz de entrar na mente das personagens, do que na sinceridade de uma comunicação escrita entre duas pessoas. Como aponta Luiz Carlos Villalta, o gênero epistolar tem muito de encenação e nasce da concepção da sociedade como um teatro. No século XIX, podemos já observar o desenvolvimento para o qual Walter Benjamin aponta em "O narrador: considerações sobre a obra de Nikolai Lescov": no fragmento 15, Benjamin afirma que "o que seduz o leitor no romance é a esperança de aquecer sua vida gelada com a morte descrita no livro". Para isso, a perspectiva extradiegética é especialmente adequada, já que o tempo linear que pressupõe[1] inclui inevitavelmente a morte a partir da qual, segundo Benjamin, o sentido de uma vida se revela. O leitor precisaria, "portanto, estar seguro de antemão, de um modo ou outro, de que participará de sua morte". O esquema necessariamente fragmentário do romance epistolar não conseguiria atingir com a mesma eficiência o objetivo de aquecer a vida cada vez mais gelada do leitor.

A troca de cartas que forma o romance epistolar entende-se, porém, não apenas como um modo de narrar, mas também como evocação de correspondências exemplares entre pessoas de existência historicamente comprovável. Na tradição ocidental, o modelo dessa correspondência "histórica" é sem dúvida o de Abelardo e Heloísa. O próprio tópos do manuscrito encontrado que assombra o romance epistolar aponta para esse momento de reconhecimento, de avalização de uma autenticidade, uma garantia real que repousa em documentos e testemunhos. Nasce do mesmo anseio outro gênero, o romance

---

1. Embora, é claro, se possa representar outra ordenação temporal, mas sempre com prejuízo para a confiabilidade do narrador.

histórico. É notável a demanda do leitor pelo real, sua busca por vestígios biográficos em personagens, sua obstinação em crer na existência factual de um herói romanesco, o gosto pelo *roman à clef*. Se o romance epistolar apela para o voyeurismo do leitor, pode-se supor que uma correspondência real satisfará bem mais esse desejo pelo desejo alheio.

Minha hipótese é, portanto, que o romance em terceira pessoa com perspectiva onisciente é o mais envolvente, o que melhor aquece a vida gelada do leitor, pois é o que de forma mais redonda promete um sentido, uma segurança contra a aleatoriedade do cotidiano. O encanto da correspondência *qua* romance estaria no extremo oposto: em seu testemunho palpável de um passado evanescente, uma vitória contra a morte, o esquecimento, a passagem do tempo.

No prefácio a *Envios*, conjunto de cartas que abre o volume *Cartão postal*, Jacques Derrida fala de restos de uma correspondência em grande parte consumida pelo fogo. A total destruição do passado seria impossível, uma morte autoinflingida. Seria mais viável, talvez, remover do passado o que é passado, pois o que fica nas cartas é o passado como presente, a fascinação do instante inacabado que elas permitem renascer. Estamos muito longe aqui do uso das cartas para narrar uma história que chega a um desfecho, não apenas a uma interrupção, como ocorre na correspondência de fato. A falta de conclusão, as lacunas impreenchíveis pelo leitor, o diálogo *at cross purposes*, tudo isso marca uma diferença definitiva entre o epistolar ficcional e os volumes de correspondência real publicada. Nesta última, o acaso participa ativamente da composição, responsabilizando-se por cartas faltantes, pedaços rasgados ou ilegíveis devido a estragos de todo tipo.

Em *Envios*, conjunto de cartas de amor sem destinatária declarada, Derrida procura emular o acaso, fabricá-lo, por meio de uma seleção sem critério definido, providenciando uma destruição de parte dos papéis por meio de um fogo não totalmente literal, introduzindo lacunas de rigorosamente 52 espaços, sem saber de que cabala teria extraído esse número. As cartas contêm comentários metalinguísticos que nos serão úteis aqui para pensar um gênero de características próprias: a posta sem resposta. Além do próprio *Envios*, considerarei a seguir duas obras que se encaixam nesse gênero: *Zoo ou cartas não sobre amor*, de Viktor Chklovsky e *Cartas sem resposta*, de Viola Papetti. As duas últimas não têm tradução em português, o que é mais compreensível no caso de Papetti, por se tratar de autores – a do livro e o das cartas – praticamente desconhecidos no Brasil, enquanto Chklovsky, criador do grupo Opoiaz, é um nome familiar aos professores e alunos de Letras.

A escassa notoriedade dessas obras demanda sua contextualização aqui: O "romance" de Chklovsky foi publicado em 1923 em Berlim, onde o autor se encontrava exilado, por uma editora de propriedade de um russo, na língua materna do linguista. Apaixonado por uma compatriota igualmente emigrada, que tivera um breve casamento com um francês e cuja irmã era alvo da paixão de Maiakovsky, também residente em Berlin à mesma época, Chklovsky lhe escrevia cartas frequentes. A jovem Elsa, chamada Alya no livro, não estava disposta a retribuir os sentimentos do seu admirador, mas aceitava as cartas com certa coqueteria, proibindo apenas que elas tratassem de amor.

Apoiando-se nessa diretriz, Chklovsky escreve uma série de cartas cujo número varia de edição a edição, incluindo seis outras de autoria da musa, que mais tarde se tornou uma ficcionista de certo sucesso, carreira deslanchada justamente pela publicação dessas cartas na coletânea do linguista.

Viola Papetti foi uma das amantes do inquieto escritor Giorgio Manganelli, cuja personalidade lembra, em alguns pontos, o nosso Oswald de Andrade. Após a morte de Manganelli, Papetti publica catorze cartas endereçadas a ela, nas quais, cada vez com mais ardor, o vanguardista do chamado Grupo 63 lamenta os períodos de separação causados pelas viagens de caráter profissional tanto de um como da outra. A esse conjunto, Papetti acrescenta um conto inédito de Manganelli e cartas sobre o falecido amante escritas por ela a uma intelectual italiana, Maria Corti, criadora de um fundo de acervos de escritores que inclui vários manuscritos do poeta. Corti apenas telefonava a Papetti, portanto as cartas desta correspondência também não trazem as respostas.

Tanto o livro de Papetti como o de Chklovsky são compostos por cartas de um homem apaixonado e ambos sugerem uma recusa do lírico, o segundo explicitamente, ao se intitular "cartas não sobre amor", o primeiro ao lembrar, no prefácio, o texto *Non parlarmi d'amore, Valentina*" de Manganelli. O efeito dessas correspondências simultaneamente reais e fingidas é, no entanto, largamente poético. Marcadas pela parataxe, pela justaposição das evocações mais inesperadas e abstrusas, pelas metáforas e símiles surpreendentes que evidenciam a filtragem do objetivo pelo subjetivo, essas cartas podem ser lidas e fruídas como poesia. Não há nelas um propósito narrativo nem uma encenação de diálogo, já que não há indicação da expectativa de uma resposta. Por outro lado, há um distanciamento consciente de qualquer convenção poética ou literária.

Rendendo-se à metalinguagem a que eram tão afeitos os ensaístas que protagonizam as duas correspondências, as obras contêm comentários sobre o gênero (no sentido amplo) epistolar. Manganelli glosa uma carta de Viola (à qual o leitor não tem acesso) e conclui: "Gostaria de te fazer escrever cem dessas cartas e compor com elas um romance; renascimento do romance epistolar". Elogiando a missiva da amante, comenta que:

> Lendo-a, pensava que você deveria conseguir escrever assim também ao se ocupar de poderosos argumentos acadêmicos. Recordo que, quando eu não sabia escrever nada, era um decoroso epistológrafo. Durante algum tempo, quando tinha de escrever coisas de um certo empenho,

tentava colocar-me no estado de espírito de quem escreve uma carta. Os resultados melhoravam imediatamente.

Em *Zoo*, em carta sobre "a inevitabilidade e a previsibilidade do desenlace", Chklovsky se declara "totalmente confuso":

> Este é o problema: estou escrevendo cartas para você e, ao mesmo tempo, estou escrevendo um livro. E o que está no livro e o que está na vida ficaram irremediavelmente embolados. [...] Já não sei onde o amor termina e o livro começa.

E conclui: "Finais trágicos – no mínimo, um coração partido – são inevitáveis num romance epistolar".

Depois de inserir cartas de Alya entre as suas – justamente as cartas que levaram o escritor Máximo Gorky a incentivá-la a tornar-se escritora –, Chklovsky percebe o quanto é penoso para ele escrever, em comparação com a facilidade e naturalidade com que Alya escreve, o que advém justamente de ele estar escrevendo cartas não apenas de uma correspondência pessoal, mas também para compor um livro. Como especialista em literatura, o apaixonado autor sente-se na necessidade de evitar imagens gastas, enquanto Alya não tem inibições desse tipo. "Minhas cartas são como nossos encontros", queixa-se ele, "sempre há estranhos presentes – um trio, um quarteto e, volta e meia, um coro completo. Como eu queria simplesmente descrever objetos como se nunca tivesse havido literatura. Só assim poderia escrever literariamente", suspira. Para escapar das formulações literárias, Chklovsky lança mão da forma radical da parataxe que é o *non sequitur*:

> Não é bom pra mim falar de amor.
> Vamos falar de automóveis.
> É triste andar de taxi!

Mesmo que, algumas vezes, use sequências paratáticas sem quebra de linha para lançar teorias e argumentos críticos a respeito de literatura e da arte, dando um sabor ensaístico a esta e aquela carta. Assim, seu texto vai da poesia à dissertação, mas sempre sem perder o tom de blague.

A mesma dificuldade autoconsciente parece se intrometer entre Jacques Derrida e o papel, quando escreve os seus *Envios*. Com uma percepção não mais vanguardista, mas pós-moderna, do estado da arte literário, Derrida vê suas cartas como cartões-postais, abertos à leitura de qualquer um e entregues aos azares dos correios. A existência palpável e burocrática das cartas, com seus selos, carimbos, envelopes, endereços de destinatário e remetente, atrai constantemente sua atenção. Como nas cartas de Manganelli, não se escondem do leitor as rasuras e apagamentos de linhas, mas desta vez sem sugestão de espontaneidade, pois as lacunas devem assumir caráter ritual, compondo-se sempre de 52 espaços brancos. Essa postura, comparada com a de Chklovsky, que suprime e altera trechos das cartas a cada edição, sem indicação para o leitor, e a de Papetti, que relata rasuras feitas por Manganelli, chama a atenção para as lacunas, "o que se deve calar" – para lembrar o ditame de Wittgenstein[1] – por meio de um artificialismo autodeclarado. As três diferentes opções de manipulação do texto parecem acompanhar uma mudança no tempo com relação à maneira de encarar o texto literário: num momento (os anos 1920) de prevalência das vanguardas, funciona como uma performance marcada por certo histrionismo e descaso por limites entre os gêneros e as artes. Já em Papetti, que edita as cartas de outrem, transparece um respeito pelo documento (e pelo leitor) que não quer ser explícito para não tirar o páthos da performance epistolar (também ocasionalmente histriônica) de Manganelli, mas que aponta para a formação acadêmica da organizadora, que é ao

---

1. Que o próprio Derrida traz à baila na página 218.

mesmo tempo autora, trazendo com seu gesto de apropriação a discussão pós-estruturalista da segunda metade do século XX sobre o autor (Barthes, Foucault, Eco). Por fim, Derrida opera num regime em que as camadas de decifração colocadas ao alcance do leitor[1] ao longo do século — estruturalismo, psicanálise lacaniana, desconstrucionismo — não permitem mais qualquer naturalização da escrita.

Comum às três obras, a desierarquização dos gêneros, possibilitando a recepção literária de textos vindos de contextos meramente comunicativos ou para-ensaísticos. Leve-se em conta, porém, que a desierarquização e a atribuição de estatuto literário a textos não ficcionais são muitas vezes uma interferência e uma prerrogativa do leitor/crítico. Os autores/organizadores/coautores de um livro de cartas procuram antes se resguardar do que pode ser visto como uma pretensão literária. Entre as obras em foco neste ensaio, a de Derrida é a que mais evidentemente tenta categorizar a coleção de cartas como parte de seu trabalho de reflexão filosófica, fazendo publicar num mesmo volume estudos sobre psicanálise e o rastro de uma correspondência amorosa. *Envios* é tratado aqui como um livro em si, convicta que estou de que sua recepção seria maior e melhor se um dia um editor o destacasse do material que a ele se segue em *Cartão postal*.

Viola Papetti justifica sua publicação das cartas de Manganelli pelo provável interesse público na divulgação de escritos do poeta. Mas seu gesto desenha um perfil novo do escritor, que o transforma em personagem dessa autora/apropriadora. Ela própria oscila entre os papeis de musa e depositária de parte do acervo de Manganelli. Só Chklovsky joga abertamente com a intenção literária e a dupla inserção de seu livro, no qual não se pode descolar a correspondência pessoal do ensaio.

---

[1]. Não qualquer leitor, mas precisamente o de Derrida, já que o nome precede o texto como *shibboleth*.

★ ★ ★

A diferença definitiva entre as "postas sem resposta" consideradas aqui e o romance epistolar tradicional está na mudança do estatuto da carta diante das inovações tecnológicas.

Derrida narra, nos *Envios*, um encontro com uma estudante americana que procurava um tema de tese e a quem teria sugerido estudar:

> o telefone na literatura do século xx (e além), partindo, por exemplo, da senhora do telefone em Proust ou da figura da telefonista americana, depois colocando a questão dos efeitos da telemática mais avançada sobre o que sobraria ainda da literatura. Falei-lhe de microprocessadores e de terminal de computador, ela parecia um pouco decepcionada. Disse-me que amava ainda a literatura (eu também, lhe respondi, mas sim, mas sim). Curioso em saber o que ela compreendia com isso (2007, p. 229).

O telefone é presença constante nos livros de Chklovsky, Papetti e Derrida. Sua significação não mudou de 1923 a 1980, data da publicação de *Envios*. As citações abaixo dão uma rápida demonstração disso:

> Disco seu número. O telefone grita. Percebo que pisei em alguém. (*Zoo*)

> Agora que sei que o Spree é trinta vezes mais estreito que o Neva, agora que também cheguei aos trinta, agora que espero o telefone tocar – embora tenha sido avisado de que não devo esperar um telefonema – agora que a vida bateu a porta em cima dos meus dedos e a história está movimentada demais para escrever cartas... (*Zoo*)

> *Escrita, parece, em resposta a um comentário aparentemente feito por telefone, já que o dossiê não contém nada por escrito sobre o assunto.* (*Zoo*)

Tenho sua permissão para telefonar às 10h30.
Quatro horas e meia, depois mais vinte horas vazias, e no intervalo entre elas a sua voz. (*Zoo*)

Quando te telefonei, você veio correndo aqui pra casa em trote ligeiro. O que significa isso? Presunção ou só baixeza – ou ambas ao mesmo tempo? (*Zoo*, carta de Alya)

Me irrita a falta de teus telefonemas, dos teus gritinhos de prazer, dos teus langores e outras coisas (*Lettere*)

Não amo esse telefone viúvo da tua voz. (*Lettere*)

... me dá nos nervos que esse telefone tenha passado do blá-blá-blá mais sem sentido e errático a um silêncio duplamente cinzento. [...] espero que o som da sua voz não tenha mudado, nem o seu despropósito telefônico, nem os seus langores nos atracamentos. (*Lettere*)

Acabo de gozar do presente inesperado de teu telefonema, que mudou bastante o meu humor. Digo bastante, e não totalmente, porque esperava um suplemento, porque a ligação caiu enquanto eu dizia "te quero" e não tive resposta... (*Lettere*)

... tentarei telefonar-te com certeza amanhã, mas não espero ter sucesso; na fúria do nosso telefonema, esqueci-me de perguntar se poderia telefonar à noite, e até que horas. Aproveitamos mal nosso telefonema, mas valeu a voz, o fato de que podias dizer coisas inúteis, mas com tua voz, o resto era caoticamente silencioso... (*Lettere*)

Você acaba de telefonar. Você me perguntou se eu tinha escutado você me telefonar? É uma pergunta? Permaneci mudo. A ideia de que você possa me "telefonar" e eu não possa responder me perturba. Todo esse telefone entre nós. (*Envios*)

... havia lhe convencido [...] (como nesse verão, no outro sentido, à noite, eu dirigia como um louco, você me esperava e eu estava no fim de minhas forças, não sabia mais quando estava no túnel ou fora dele, lhe telefonava de todos os bares) que vivíamos Tristão e Isolda, Tancredo e Clorinda, numa época em que a tecnologia comunicativa tornava isso intempestivo, absolutamente impossível, anacrônico, fora de uso, defasado, proibido, grotesco, "antiquado". (*Envios*)

Eu lhe escrevo ainda porque, agora há pouco, às 18h em ponto, telefonei como combinado, você não estava, enfim, foi o que senti. (*Envios*)

Entre escrever com uma pena ou falar ao telefone, que diferença. É a palavra. (*Envios*)

Acresça-se a essas citações, em grande parte intercambiáveis entre as três obras, o fato de que Viola Papetti inclui, no livro das cartas recebidas de Manganelli, aquelas que ela própria escreve a Maria Corti, que nunca as respondeu por escrito, mas por meio de telefonemas.

A invocação do telefone traz, naturalmente, a questão da oralidade em contraposição à escrita. Antes disso, porém, retira da carta o monopólio da comunicação. Por que escrever cartas se se pode telefonar? Não bastaria a existência do telefone para obsolescer o romance epistolar? Nos livros recortados acima, o telefone é sempre um ícone do desejo: o fim da espera, o fim dos apelos sem resposta, o fim do enigmático silêncio da amada. É em torno desse momento de comunhão, o telefonema, que se organiza toda a expectativa dos textos. Mas esse telefonema, é preciso glosá-lo e gozá-lo na escrita. Ele não existe, não tem corpo. Derrida menciona a possibilidade, naquela época ainda pouco acessível, de uma secretária eletrônica que acabasse com o acaso dos desencontros telefônicos, que permitisse ouvir de novo a voz querida, seu timbre tão autônomo por oposição ao das cartas timbradas. A escrita volta, a despeito da comunicação oral e imediata, não apenas para conservar, transformando-a, essa voz que desaparece no ar, mas também para dar sentido à conversa entrecortada, cheia de hesitações e equívocos, de demandas inesperadas que pedem reações instantâneas e nem sempre felizes. Volta para evitar as ligações não atendidas e substituí-las por cartas que, mesmo sem resposta, têm a expectativa de um dia recebê-la. Volta para impor o controle da voz que escreve sobre uma voz evocada sempre a partir dos critérios da primeira, sempre submissa no texto do missivista. Volta para levantar a questão do endereçamento, de tantos modos já investigada na narratologia e crucial para Derrida.

Essa característica da carta, só a invenção do telefone poderia trazê-la de forma tão vívida para o leitor moderno. Trata-se não mais de tentar atingir o outro, mas de criar uma distância a partir da qual se possa engendrar um sentido. "O que seria nossa correspondência", diz Derrida, fazendo seguir a essa primeira oração os famosos 52 espaços brancos, "e seu segredo, o indecifrável, nesse arquivo terrificante?" [52 espaços]. "O desejo de vencer o princípio postal: não para aproximá-la, enfim, e levá-la, fazer com que ele vença a distância, mas para que me seja dada, através de você, a distância que me concerne" (2007, p.35).

Reside aí o novo encanto do livro de cartas, onde a carta e o telefonema dão à história de amor uma coreografia de ritmos diversos, alternando o sentido denotativo e conotativo da voz, mantendo a resposta no âmbito eterno do desejo.

Seria bom parar por aqui e delimitar esses dois atores, carta e telefone, como os protagonistas do gênero "posta sem resposta". Mas não podemos ignorar o capítulo mais recente da história das comunicações, que, numa reviravolta pouco esperada, provoca a decadência do telefonema mesmo na comunicação imediata, trazendo o texto breve do Whatsapp e do Twitter como novas possibilidades expressivas no terreno da escrita. Esses instrumentos poderão, como já os blogs e os facebooks, se tornar matéria para a criação (quer dizer: a colagem) literária. As suas dificuldades e qualidades específicas demandariam, para uma discussão vantajosa, mais reflexão, estudo e tempo do que posso dispor no momento. Mais know-how, certamente também. Mas o charme dos dois meios pode ser imediatamente reconhecido. Os elementos que trazem para a discussão, já cinquentenária, a respeito das noções de obra, literatura, recepção e autoria, serão certamente objeto de estudo durante os próximos anos.

A tendência de tudo devorar, desde sempre observada no romance e a tendência contemporânea, com raízes nas vanguardas do século vinte, de interação entre as artes e perda de exclusividade da literatura fazem crer que os novos meios tecnológicos também serão apropriados em algum ponto do caminho. A flexibilização dos limites entre real e ficção é outro traço de nossa época, em que as escritas biográficas e autobiográficas deixam de se limitar às celebridades e se tornam uma prerrogativa comum nas redes sociais. Talvez o calor emitido pela luz do instante que é a carta (mensagem, postagem, *tweet*) seja bem mais fraco do que aquele que Benjamin identificou no romance, garantindo que dele se acercassem os leitores, com suas vidas geladas. Mas, sem a pretensão de criar um sentido confortante para a vida, é um calor mil vezes multiplicado e que atrai pelo brilho momentâneo. Como a menina dos fósforos de Andersen, buscamos repetidamente nele a visão de uma vida além da vida, e a promessa de felicidade que a literatura continua sendo.

Myriam Ávila possui graduação em Belas Artes pela Universidade Federal de Minas Gerais (1977), mestrado em Letras (Inglês-Literatura) pela Universidade Federal de Minas Gerais (1986) e doutorado em Literatura Comparada pela Universidade Federal de Minas Gerais (1994). Estudou na Universidade de Kassel, Alemanha (1987-1989). Pós-doutorado na USP (2004-2005). Pós-doutorado na Fundação Casa de Rui Barbosa (RJ) em 2013. Atualmente ocupa o cargo de Professor Titular na Faculdade de Letras da Universidade Federal de Minas Gerais. Tem experiência na área de Letras, com ênfase em Teoria Literária, atuando principalmente nos seguintes temas: correspondência, diários, viajantes, nonsense e estranhamento. É pesquisadora do CNPq desde 1999. Autora de *Rima e solução: a poesia nonsense de Lewis Carroll e Edward Lear* (Annablume), *Retrato na rua: memórias e modernidade na cidade planejada* (Ed.UFMG), *Douglas Diegues por Myriam Ávila* (Eduerj) e *Diários de escritores* (ABRE).

Referências

Ávila, Myriam. "Um *objet trouvé* literário". In: *Anais do II Congresso Abralic*. Belo Horizonte: Abralic, 1991. Vol.III.
Bakhtin, Mikhail. *Questões de literatura e de estética. A teoria do romance*. A. Bernardini et al (Trad.). São Paulo: Ed. Unesp, 1993.
Beebee, Thomas O. *Epistolary Fiction in Europe, 1500-1850*. Cambridge: Cambridge University Press, 1999.
Cortázar, Julio. *Valise de cronópio*. Davi Arrigucci Jr. e João A. Barbosa (Trad.). São Paulo: Perspectiva, 1993.
Derrida, Jacques. "Envios". In: _____. *O cartão-postal. De Sócrates a Freud e além*. A.V. Lessa e S. Perelson (Trad.). Rio de Janeiro: Civilização Brasileira, 2007, pp. 7-282.
Lajolo, Marisa. "Romance epistolar: o voyeurismo e a sedução dos leitores". *Matraga*. n.14. jan.-dez. 2002, p. 64.
Papetti, Viola; Manganelli, Giorgio. *Lettere senza risposta*. Roma: Nottetempo, 2015.
Rosenfeld, Anatol. *O teatro épico*. São Paulo: Buriti, 1965.
Shklovsky, Viktor. *Zoo, or letters not about love*. Richard Sheldon (Trad.). Londres: Dalkey Archive, 2012.
Villalta, Luiz Carlos. "A sociedade como um teatro: da ficção à história, na França, no ocaso do antigo regime". *Floema*. Ano VII, n. 9, pp. 159-92, jan.-jun. 2011.

Lútria

Luís Serguilha

Conceitos em fractalização poética (plagiotropia algorítmica)

A poesia é a potência da desumanização, é uma força a-consciente arrasadora das prácticas da significância, é o espírito da matéria em renascença contínua, o grito despelado, agadanhado do corpo histérico-expressionista que acelera as variantes ritmáveis da vida e da morte nos seus transpiradeiros experimentais, pululantes, anônimos dentro de um universo sem história: não espera nada, não forma leitores, nem mediadores, se faz tempo de contaminações imanentes, se faz traço das traçaduras desenhadas pelo corpo eslazeirado, empeçonhado, corpo-rascunho intensificador dos limites ilimitados dos afectos (composição irrefreável de sentidos nas cosmicidades do silêncio e do indizível): dizer sim ao processo acontecimental do fulgor sangrento, nodoado, ao acaso das resistências das forjas sígnicas, produzindo o ABERTO excrementício de uma arena co-participada sem organização, um exercício múltiplo de vizinhanças escarificadoras de línguas nervinas, uma sombra esfíngica expandida, um atrator estranho espasmódico que impulsiona as afectologias animalizantes das palavras em desaparição entre relações do corpo-de-fragmentações-de-um-todo-sem-interpretoses e as aprendizagens algebraicas dentro de balanceamentos electromagnéticos com geometrias arquimedianas germinativas (um repovoamento extemporâneo com espessuras indeterminadas que acontece no espaço vectorial esboçado por imagens-móbiles em transmutação anamórfica): as infecções bacterianas do poema geram-se a si próprias por meio de errâncias, exílios revezados intensamente, andaços cruzadores de signos que estorcegam os poros da transposição de fronteiras, revigorando o trágico da existência, desvendam direcções noológicas, ecoam-se em todas as torceduras das raias, aglomeram-se ao abrirem as colagens do futuro, transmutam-se na imprevisibilidade, vasculham-se no imperceptível, destroem sistemas percepcionados (dançar nas ressonâncias dos simulacros demoníacos das superfícies): são cinemas--in-corporais, verbos intransitivos, rebentações-do-revir a recolherem o excesso da vida, contínuos intervalares de inesgotáveis relações, dobras desejantes sem objectos, forças ópticas, sonoras, tácteis e até ilegíveis que nunca se atualizam, intensificando a ignomínia, a anormalidade nas visões sanguissedentas como cruzamentos de mapas semióticos, de luzes-matéricas a absorverem os micromovimentos que contaminam a existência entre alterações vertiginosas, inomináveis (afirmar as diferenças que cravam o tempo no pensamento com intercessores de planos pluralizantes onde o silêncio é um espongiário-sígnico de uma miríade de apeirons acústicos, *o poema abre as forças do corpo* às conexões de todas as espécies, irradiando improvisações do tempo acontecimental, breviários disjuntivos da memória absoluta do esquecimento onde as atrações contaminadoras do sensível intensivo, violenta os pensamentos órficos numa só golpeadura de multiplicidades emergentes entre blocos heterogêneos não mensuráveis)! Os palíndromos do poema não são virtudes psicológicas, são reminiscências-mundo-copuladoras de fractais enérgicos, plasticidades rigorosas dos arquivistas virtuais integrados nas grandes angulares do corpo, bosquejos ontológicos-das-multiespécies, são coexistências do ELAN

VITAL das alavancas-cruéis-dos-pontos-de-vista, das forças-dos-atos-topologistas que estão simultaneamente em todas as possibilidades relacionais, variam sem cessar, dilacerando transversalmente as velocidades lentas do corpo para explorarem os silêncios musicais embaralhadores de cânticos, de golelhas, de laringes, de ejaculações (agramaticalidade do movimento da matéria com ininterruptas repercussões de acasos extremos que efetuam a potência cartográfica do tempo), sim, fazem vir a natureza com todas as expressões cósmicas porque a vida é um jogo lúdico-flutuante, um intensificador de forças das estéticas paradoxais, um ritmo de intensões no meio do caos-grito, do caos-ulceração, do caos reinventor das in-visibilidades, das anisomorfias desviantes e vibracionais, são sensações onomatopaicas exaltadas que varam despenhadeiros com sudações das ruínas erógenas porque mergulharam nas catástrofes inventivas da intersecção cérebro-mundo: haja MAGOS, XAMÃS, haja RAIAS de instantes dos destinos inconscientes, dos trilhos das inexistências sem decifrações porque o eterno retorno da violência da excripta-poética é a querença da anatomia transbordante da mãe que experimenta e revigora a cabeça veloz do mundo e perante o filho liberta a loucura dionisíaca do animal, a dança mutável do espírito, livra as ossaturas sintáticas de resoluções de agruras, há um passado expandido a entranhar-se na matéria-espiritual com uma miríade de probabilidades de futuração, há um embate crítico das linhas tetânicas, dos restos artesanais com os movimentos sígnicos fora das gramáticas, uma epiderme andarilha que não circunscreve a palavra, uma batida vazia do tempo simultaneamente instantânea e ilimitada a engendrar a adivinhação-olhante perfurada por multidões re-existentes, encontros vitalistas, experimentações desbastadoras de compêndios sensório-motores, sim, há uma captura da infinitude no último TIGRE de William Blake que sempre debuxou as escaldaduras da língua sem designar realces, evidências, há uma antimemória nas caligrafias inventadas por ritmos sígnicos-sensíveis (um artesão das emboscadas do tempo, uma miríade de capturas de microzonas vibráteis do pensamento-sem-pensamento dentro do cérebro-herbário que evita morrermos dentro da verdade: o poema regamboleia o espaço sem vereditos)! Proustianamente não nos salvarão pela confidência do parasita divino, mas pelas forças anabólicas, catatônicas, dislógicas e catabólicas da arte: aqui-agora: sentimos a imortalidade das vísceras da alma, a anquilose da consciência, as encruzilhadas das línguas vadias, as línguas anômalas que combatem o poder matricial, sim, o acontecimento do poema não faz regiões, cria ritmos geodésicos-multilíngues e conecta o corpo do esquecimento ao brinca-brinca do afeto extremo sem medo de enlouquecer (sentir o animal das geografias demenciais no inconsciente espartejado pelas superfícies voltaicas do anapéstico, dos exilados polissêmicos, onde o ato de pensar é forçado pelo devaneio do hermafroditismo): cartografar as tatuagens parturientes do sangue musical e viver diferentemente as chagueiras da palavra porque o poema delira no fundo dos fórceps do tempo, reencontra o tempo e recupera HUME no bordel do acaso do alto-mar, faz do seu corpo um mônada de bifurcações contemplativas, de polifonias placentárias inesperadas que o infinitiza com toda a ventilação espiritual (regerminar o tempo miasmático, contrair a matéria mutante dentro das linhas abstratas, sim, *o poema é constituído por milhares de estilos inestancáveis*, de extremos rigores dos olhares ampliados, foge da fixação dos gêneros, transgeografa-se, efratura a percepção com a prenhez do incriado intensivo, sim, *o poema não é humano*, nem divino, é um gérmen cósmico, é um bacilo alpinista, um arrancador, um escalador de si-próprio-sem-origens (força afetiva da natureza onde o sublime é uma saída monádica, uma tendência estilizadora sem aversão ao tempo, ao caos, ao acentrado, ao veemente)! Estamos mergulhados no vitral--háptico que transborda os confins do corpo com a inesgotabilidade fluídica do real (*ação do poema* é produzir o inominável, é manutenir o mundo no estilhaçamento infinito da distância, é inventar a membrana do impossível, é ruminar os extremos histéricos, é suplantar rêmoras por meio de voragens)!

O poema intensifica-se ao despedaçar as morateiras do sensório-cronológico, ao reinventar o animal-corpo-oblívio, ao pensar a eternidade, a natureza e o tempo que jamais educará, manipulará o leitor, porque suas forças desumanizantes o atravessam, perturbando-o, incomodando-o sem mensagens significativas (as fendas pulsionais do leitor regerminam nas superfícies esboroadas e estranhas: aqui-agora, o leitor elimina a norma patológica e entrega-se à longevidade do instante de si mesmo, recebendo a crueldade dos simulacros, as arrebatadas liquefações, o fora caótico dos sentidos e os acasos convulsivos do impensado, sim, evita ser encarcerado pelos sistemas de poder sentimental e pelos comportamentos emocionais): *o poema não encontra nada* porque *arruína denominações*, devasta o próprio poeta, desarma traduções, é um traço elevado da vida, é uma epiderme ininterruptamente lisa curvada, estrangeira, anorgânica, ensarilhada, inflexa, dilatada onde o dentro e o fora se entrecruzam por meio do tempo abstrato impulsionador da diferença etológica, tempo transemiótico, afirmando a violência sígnica da memória-de-olhos-que-não-morrem, memória grávida de raias encriptadas: vazar, misturar, fundir instantes inventivos com as duplas capturas do ritmo enlouquecido, uma força afetiva da sintaxe desequilibrada estimula outra força de outras sintaxes indizíveis que vivem numa aparição-quase-desaparecida, provocando fugas, devaneios, auscultações não linguísticas, entre signos indiscerníveis, imprevisíveis, assignificantes. *Quando o poema se afirma a si-próprio* e mergulha na potência falseadora da natureza, na vida cristalina, imerge no tempo do corpo em conexão com composições afetivas, constitui-se na ritmicidade dos recomeços rés aos exórdios da diferença com dobles-bordas das heteronomias porque quem compõe o caos da linguagem não vive de destinações, de desígnios nem de recompensas, mas das fabulações cartográficas da existência entre relações de forças do imprevisível e a eternidade crivada por processos criativos onde o grito de Edvard Munch, o grito de Woyzeck, o grito de Delmo Montenegro ressurgem singularmente com o vazio que esporeia a invenção, o não figurado, o não alinhado entre a infinitude do acontecimento e o imperceptível (levar o corpo-palavra ao limite do novelo de duração, à transbordância larvária, ao descentramento da realidade para produzir consistências conquistadoras do virtual do tempo: intraduzível brecha retraça o indizível das sensações enxameadas onde a força dançante do corpo é em si a paradoxalidade do pensamento, a matéria contínua das coexistências, explorar mapas ignorados, destruir prossecuções sacralizadas do *fazer-poético* por meio de conceitos moventes, de transposições do polilinguismo, decifrações sígnicas molecularizadas entre atractores estranhos e mistagogos-insanos): fazer de cada poro do corpo uma angulação ritmável, um rabisco-germe do inacessível, uma palavra excisada, uma ameaça de relações de forças a entranhar no sentido analfabeto porque a linguagem proléptica não se desarticula da vida, é uma presença exílica-vibrátil que se remove na desaparição por meio de signos gesticulantes, de pluralidades plásticas, onde o olhar rasurado ressurge intensamente entre corpos secretores de tempo que potencializam a vida na sua própria inexistência, sim, o leitor mergulha a visão do texto no aparecimento da cegueira (uma orla translativa sem fronteiras e desmedidamente abíssica esponja os restos das supressões, os quase-conceitos, as ressonâncias por vir, sim, *o texto movimenta-se no infinito* da pulsação germinal, nas derrocadas evasivas, porque é atravessado por afetologias-do-passar-se onde em cada instante o inesperado recomeça, destruindo os sintomas da morte).

O poema em tecelagem revoltada é o pensamento veemente sem casa, é a intersecção do movimento infinito das medusas com as fendas involuntárias do real a evitarem as leis da irreversibilidade, é um vórtice de agoridades à deriva, é a tragicidade traduzida da exultação polinizadora, é o devir animalizante transfixado por interrogações imanentes, é uma parresia movente sem hereditariedades, sem profecias, uma monadologia vampira onde os lançamentos movediços dos ardis ex-crevem na palavra voluteada pelos delírios (ritmos i-matéricos da vida: pensamento, sintomatologia, descodificação, afecção, fissura: o corpo se expressa com linhas de mandinga): *no poema não existem mediadores de palavras*, nem significantes déspostas, existem intercessores da vida, trabuzanas viróticas-verbais que combatem os tempos da entropia, pervagam na sua própria desaparição para vibrarem, transverterem, atuarem e arruinarem os trilhos por onde ziguezaguearam! *O poema não produz poema*, nem está assujeitado ao amestramento localizável, à temporalização do préstimo, escapa aos códigos, ele regermina na abstração do caos, regurgita-se, engrena-se, vomita-se entre os processos inventivos acentrados, o indecidível turbulento da linguagem, o descodificável, o indiscernível, fazendo do corpo um ritmo crítico de si mesmo, redobrando os rasgos sinápticos ao incomensurável (povoar o intensivo com as afecções-bacantes em ato-phanéron-libertador-da-vida porque o agramatical-em-si no sensível é o inestancável, o inobjectivável que experimenta a sensação, torna pensável o impensável, visível o imperceptível, dizível o inexplicável, traduzível o indefinível, audível o ininteligível)!

O poema é extemporâneo, é uma miríade de sentidos virados do avesso, é uma natureza que dá conta de si-própria, um trajetor de alomorfias que busca futuros e rastros estéticos imperceptíveis ao conectar-se com os heterogêneos, transverte perspectivas sem hierarquias, exalta a revivescência das línguas, das matérias inacabadas, coloca a palavra e a hipofaringe em risco, criando topologias intermitentes no intervalo surfista dos tempos que construem passagens para múltiplas geografias com vigores imperceptíveis: *tresvariar sobre os desertos do poema* (*o poema foge de quem o provocou, o poema é obsessivo* e não existe, não tem profundidade, porque o entrelaçamento do sentido é sempre a hesitação sem assinatura, é o impossível, não tem mapas, não tem centros, não tem rumos, é o germe das forças invisíveis desestabilizadoras, o vórtice do intervalo das qualidades não atualizadas que roçam e transbordam o intangível, é o NONADA de Rosa e Aquilino entre vozes rés às enxurradas da citação cósmica): *o poema e o animal* adivinham os canais da defunção, experimentam o transe noutras experimentações sígnicas, pressentem o des-viver, afirmando a vida na eternidade ao repetirem diferentemente o caos (fendas delirantes de duplos movimentos) na máxima transformação, porque não necessitam de agnição, nem estão reféns do cógnito, eles constroem novas levadas de existência, de heteronomias, alicerçam os acasos do provérbio tracejável (dobra infinita em tensão) e combatem os hospedeiros dos microfascismos porque resistem sempre, RE-existem por meio de forças matéricas pensadas próximas da catástrofe-regerminadora, onde o ritmo inaudito é variado por sensações criativas (religar linhas em transdução, fazer do acidente uma reinscrição que escapa ao repositório, não tem começo, nem origem, nem olheiros, não tem aversão ao enérgico porque explora os deslocamentos dos eixos da terra, uma voz antes das palavras, as linhas tensionadas da errância, as áreas de indiscernibilidade com os cortes enérgicos do real, sim, fazer escolhas por meio de um corpo em amorfismo, uma expressão estranha que chama o nada povoado para estremecer as superfícies sensíveis e acatar o ruflo dos arquivos esquecidos do mundo: o sentido é arrancado ao falso movimento de uma pré-visão (sobrevir como pensamento da própria existência em desassossego, a rompedura esboçal recupera a sua respiração entre coalescências cristalinas).

A poesia é uma renovação eternal dos entretempos que exprimem intensidades, escapam da fisionomia em direção às medusas labirínticas, às dores das sombras que não se anunciam: fissurar as verdades com uma só cortadura da insânia que nada profere, mas faz da fala uma visão: singularizar a palavra com o lapso inacessível feito de sentidos da gravidade entre enervamentos de hipérboles porque a carcaça arquitetônica da-na textura emancipa e expulsa simultaneamente a existência da ruína já-fora da cronologia, capturando a imagem inventiva no horizonte impessoal que extraverte o movimento expressivo até a modorra do devaneio, sim, faz passar o presente do invisível que nos faz ver as energias sígnicas do equívoco corpóreo num cristal flutuante onde a língua infinitamente desgarrada se torna um processo veemente, um animal em evasão que está em permanente liça com as palavras fora da obra, decompondo a linguagem maternal, reconstruindo-se demoniacamente entre diafaneidades, tentando enunciar sem sinalizar (enfrentar os limites sintaticos para extrair a estagnação, a vigília asiladora à palavra ou será o esquecimento expressivo?): *a poesia é uma* FORÇA *de arcos interceptados*, uma afetação monstruosa dentro de forjas dos acasos que exigem ritmos paradoxais e catástrofes pictóricas, sim, o que está na precedência foi esculpido seguidamente por perguntas convexas, perguntas fragmentadas pela equivocidade: a palavra sonda a palavra sem recompensações, sem intencionalidades (crivar o caos do desvendamento com o encontro da cisão das euritmias, gerar substância falante com a visão exasperada, quebrada por desertos adentrados na duração de si-mesmos, tentando despedaçar distâncias onde o incomensurável se obdura por meio do grito da excriptura que é incapaz de consumar: uma geologia-cerebral enervada, escava a súbita hesitação em curvatura tensionável que nos atravessa sem rostos, vivificando o hodierno futurível quase separado da insânia aforística que se eterniza no animal ilegível: *não há natureza natural no animal-leitor*, ele se reproduz a si mesmo, não pertence ao poema, não busca o poema e quando pronuncia *poema* desfaz-se para gerar potência na vida doutro poema como uma visão-espiritual ressoante na mudez dos lugares de passagem (confirmar e conter o desastre): a cabeça a movimentar-se por trás do signo: *o poema torna-se poema quando o animal ao sincopar-se diz: poema*, o animal estraçalha o sensível com tempos e atos, é o dentro do rastro da voz e da escrita, está invisível e infinitamente finito ao anteceder o poema com o retorno da natureza sobre seu recolhimento-expansivo, sim, ele faz-nos contemplar o infinito, ocultando-se no ciclo cósmico, despedaça bolhas, sonambuliza a vida na interrogação sem essencialismos, estiliza o mundo com o invizível, a metamorfose em profligação onde o estrangeiro não é o outro que não fala, é a luz que discrímen a luz, claridade contraluz, é o sentido fractal do retorno repercutido que reinaugura o corpo-geometral dentro do porvir, fazendo das vivacidades autopoiéticas, rastros aberrantes, falhas esculatoras do caos, dobras sem epistemologias, cruzamentos de sensações porque o provérbio-poema é um misturador de permutas ontológicas, é o ritmo da luzência do zoonte, o impensável do presente-vivo, a crueldade sem mártir em permanente decifração, impossível enfrentar a luminosidade epifânica do animal que abandona a cabeça no espelho fraturado para trabalhar a morte com a frayage da infinitude eliminadora de gestos sepulcrais (cada palavra vive a sua ulceração ao transpor as raias da insânia): fazer resistir o instante da força háptica da palavra, o diferenciador da palavra que nos arrasta para uma caterva de signos da diferença onde o fora-adentrado enlouquece a fala-do-eterno-retorno que tenta movimentar o esquartejamento do espaço por meio da resignação ao desejado, desejando! *O poema repete-se diferentemente na duração mutante* ao golpear-se por esfinges verbais e não verbais mergulhadas nos lançadores de dados corporais!

O provérbio-poema é um cristal em translação indeterminada, um movimento dentro das imagens-vivas em ininterrupta variação, um ritornelo em transmutação incessante, uma alavanca do mundo em irrupção, uma invenção de si que agita mônadas por meio de topologias moventes onde o sabor da invenção é um reencadeamento de forças acósmicas corporalizadoras do mundo das afecções que quebram o arcabouço das circularidades, para buscar as perspectivas chegantes sem origem, nem finalismos: são bosquejos, desenhos, diagramas, centelhas que se infiltram nas sinapses do impossível, na encurvadura intervalada do mundo porque não existe livro-pronto, mas sismógrafos processuais-criativos, oscilações, matérias misturadas que interceptam mapas, laceram mapas compondo o caos com a vida na expectação de uma expectativa em recomeço ininterrupto (as imagens resvalam umas sobre as outras, escapam aos contornos, refratando a luzência numa pluralidade de planos até ao intensivo das expressões): aqui-agora: o leitor sem nome coexiste na virga-férrea dos conceitos, desvia-se, contrai-se no recomeço da errância do poema, desliza na adjacência estranha da lavra-vidente com as abaladuras paradoxais do presente, concentrando a eternidade no cérebro caleidoscópico, na violência de um turbilhão de rupturas-olhantes para rupturar enunciações preestabelecidas, ensanchar as superfícies das sensações, desarmar a narcose dos sentidos, recusar a serventia, arremessar ritmo no caos, produzir tempo, sim, pontos de vista em arcos veementes ziguezagueiam pela linha do tempo, conectando-se a mundos possíveis entre atratores estranhos e as afecções sígnicas, carregadas de multiplicidades fabulatórias, dúvidas irresolvidas, verbos rapinados, topologias larvares, imagens ópticas-sonoras-intensivas (sentir o cristal acósmico no sentido da arena-textual que se confronta com o silêncio coalescente da virtualidade atualizada, esboça a sua fuga no real das coexistências temporais e destrói qualquer mediação entre poema e mundo porque as oscilações, os estilhaçamentos, as forças intrusas-mutáveis são descomunais, derrubam espelhações, sim, a palavra é arquejada, aflada, chicoteada dentro das vísceras do corpo estrangeiro, um corpo roubado ao corpo em conflagração, um corpo ateado pela palavra irruptiva e tremendamente espermatizada pelo impoder: no desmoronamento nada se diz, apenas se esbulha o invisível, o imperceptível e foge-se na própria desaparição, sim, o sentido se diz juntamente com a carne rasgada, com o gesto-grito-da-agramaticalidade, das medulas silabárias em efracção de um suicídio coletivo, a palavra do outro anarquiza a vassalagem do tempo ao movimento, fortalece-se no presente que pervaga e no passado que se preserva e no ritmo diagonal tenta chegar antes do corpo que persegue o corpo para o eviscerar, mascarrar, enodoar, visionar): são interpretações incomensuráveis, decifrações infinitas, hesitações expressionistas onde o tempo da plasticidade não para de se dividir, impulsionando o imponderável da existência, eis, o THAUMAZEIN e o APEIRON da aprendizagem inventiva, vitalizando o ponto resplandecente da SAÍDA que desenvencilha a vida inconsciente da carnadura: (confrontação crítica): estimular, intensificar, problematizar o corpo, expandir o corpo vibrátil no poema sem construção, sem efeito que o perfurará acosmicamente em todas as direções e assim, produzirá violência-vida com o vicejo do imprevisto da agoridade e do falso: abala tudo que se desloca com seus ecos de existência imortal e com suas micropercepções espontâneas, em velocidade ilimitada, sentimos o tempo simultaneamente ininterrupto e imóvel, absorvemos a experimentação molecular da morosidade intensiva da palavra abstrata que tenta implodir por meio de nós!

A poesia é uma desaparição inesgotável, uma errância-mundo, é uma diferença de si-mesma, o meio extremo que se reproduz fora das faculdades psicológicas, escapa das configurações literárias, inventa a sua própria voz-crítica-estética-ética, mergulha naquilo que ainda não existe, nas falhas invasoras, nos gestos onomatopaicos, desarticula-se, constrói re-existências, colocando o pensamento em relação adjacente, fazendo-nos experimentar novas estranhezas, novas sensações, novas incisões ilegíveis, novos tensores na língua (o apeiron e a vidência esponjam o risco indecifrável da estilização existencial com as forças falsárias do criativo): fluxos dobrados, invertidos e desdobrados do abecedário agramatical, absorvem em variância, misosofias, molecularizações, potências indecidíveis, sim, febres catalisadoras, híbridas, contagiantes, aberrantes que se confundem com as cirandas do transe da vida porque arrasam qualquer origem da memória para construírem a própria gramática fabular longe dos equilíbrios (colidir silêncios com os gritos sígnicos dos devaneios intraduzíveis): *é um animal em fuga atópica*, em ritornelização com vitrais góticos vibradores de forças foronômicas, um animal ritmável-contemplativo com tremendas espessuras entretemporais que vem-vive do excesso do mundo, do improvisado, do inesperado, expandindo-se, existindo-se, incorporando-se entre acoplagens sintomatologistas e espaçamentos silenciosos ao anexar-se à multidão solitária e transdutora, à incomensurabilidade do estar dentro-e-fora de si-mesmo com as forças do esquecimento e das superfícies mnémicas-ontológicas em apagamento cruel, sim, uma rota que se oculta ao reeencadear-se nos limites invisíveis *(o poema desaparece não desvivendo* porque é uma fuga irrepresentável, é o corpo desidentificado com desdobramentos, diferenciações, expulsando a teologia-vigilante, a figuração humana com os poros do fora barroco que captam o gótico-mônada do dentro, sim, destruir a interioridade do ser porque sua duração heterogênea é um impulso disjuntivo eliminador de adestramentos, de freios): sair dos eixos, traçar linhas divergentes na natureza, captar, fender, inventar até a saturação e mesclar o mundo por meio de fissuras ilimitáveis abertas à produção de espaços sem fundo (num processamento acontecimental, fortalecido pela ininterrupta insurreição das assintaxias e pelas epifanias de correntezas de vida onde a vastidão do indiscernível se dissolve com as multiplicidades caóticas, recomeçando o real indizível onde nada se distingue, sonoridade translúcida de uma língua não nascida, uma língua em vizinhança enfeitiçadora): os ecos perfuradores de fendas-da-matéria-luz-em-movimento, as tecelagens sígnicas do devaneio, as tessituras semantúrgicas escarificam o magnetismo do impensado porque carregam a potência da vida, a lucidez ativa e quebram a preponderância do orgânico com imensas laçadas mutantes-hieráticas-diagramáticas que não param de revolutear, envolver e baralhar (alvéolos das forças sígnicas jogam dados contra as energias do mundo, metamorseando tudo em múltiplos intervalos da palavra que se escava a si-própria, são rasgamentos das distâncias em quase-recomeço porque as sensações fractalizadoras vivem em tensão impessoal, acósmica e entremeada de ritmos incontroláveis, de vozes arrastadoras de outros-de-nós-mesmos, sim, tudo é inventado no movimento infinito, sem datações, sem carbonos 14: prismas incomensuráveis de choques sígnicos nos transpõem inesperadamente entre atos esquecidos e os palcos repercutidos do tempo paradoxal): transformar o corpo numa incógnita, na acracia de um deserto sem entrada nem saída, deserto carregado de intensidades tenta criar trilhos com esboços que repetem o irrepetível dentro da porventura artista onde o retorno se infinitiza para transverter o animal numa potência de reinventar o jogo trágico com o riso que extrapola a morte, sim, *no poema há vidas absolutamente em risco*, há choques erráticos, sentidos cegos, visões eclipsadas, traduções precárias porque em cada prisma-devir a interpretação é uma contaminação de acasos, é um ardil de silêncios de adivinhações e de coexistências informes que se reinventam numa fala falsa, no movimento que se apaga a si mesmo para experimentar o instante do rastro do pânico de tresloucar (a distância é sempre uma proximidade inconfessável, um sulco liso onde os limites se intersectam por meio de zonas múltiplas com expressões intensivas, sim, o poema sem ideias, sem transcendências se abre como um cardume de forças intercessoras, heteronômicas): macaréus desejantes no presente eternamente recomeçável, se metamorfoseiam, se afirmam na renovação vibrante-espiritual da matéria, impulsionando voltagens inclassificáveis na ritmicidade ininterrupta do animal que trespassa os limites das palavras em queda arrebatada, a palavra se opõe à palavra para ter acesso à violência do sublime erótico sem o saber absoluto, *o poema golpeia o seu entrelaçado na vista descentrada pelas fraturas das radiações do bricoleur)!*

A poesia força-nos a pensar no resvaladio, a desviar, transplantar a pergunta labiríntica que experimenta, a escavação do vazio, a luz excessiva com a lucidez tremendamente desmesurada que tangencia a cumplicidade vibratória do caos, se refaz no caos, multiplica e criva o caos por meio de molecularidades imanentes e de golpes móbiles do tempo que nos mostram as aberrações da anterioridade da duração afônica, os signos imateriais, sim, o embaralhamento intensivo das imprevisibilidades, produzem diferenças virulentas entre cinemas-corpos autopoiéticos e os riscos dramáticos onde a impermanência do singular mistura as forças do virtual com o real-presente que nos gesticula entre metamorfoses multidirecionais, falsificantes, destruindo o mundo das formas e as normoses empíricas por meio de eternais recomeços das disjunções inclusivas! A poesia nos conduz pelo vazio criativo da positividade das divergências múltiplas dentro do movimento ilimitado dos insterstícios da linguagem: as sínteses dissemelhantes da morte compõem a vida, reatualizando o passado futurível com arquivos sísmicos: a afocalidade que transporta o pensamento às volteaduras de um vinco desfigurado de si-mesmo, a greta em desdobramento da imagem-matéria faz-nos entrar numa corrida de obstáculos entre sombras de imensuráveis possibilidades, de forqueaduras indiscerníveis que se condensam no instável-flutuante, recompondo feixes histéricos com partículas-assignificantes, perfuradoras da visão em deslizamento interrogativo, problemático, sim, *o poema constrói* mundo nas fabulações sonoras das línguas sem fundos (no presente das expressões do tempo sensível, o inconsciente produz-se tremendamente fora de controles humanos)!

A poesia provoca a revivescência da cosmicidade feiticeira, a experimentação ética, a linguagem-luz disjuntiva, a reaparição dos dicionários vivos-indecifráveis, subverte silenciosamente os códigos das predominâncias instauradas ao capturar as cartografias intensivas dos personagens rítmicos do mundo, as línguas insanas, dementes, desertoras, delirantes, insituáveis por meio de intermezzos lúbricos, de ritornelos movediços, de processos inacabados para apreender durações sensíveis, traduções indecifráveis, lances de dados das hemorragias acontecimentais com o phanerón-balbuciante das raias de todas as artes, de todas as ciências, de todas as forças rupturantes da natureza, fazendo geografias caológicas, fundindo vida no instante que se eterniza e se desvanece simultaneamente porque os eixos que rabiscam o grito, exigem deciframento sem explicação, se cruzara para intensificarem os roubos das camadas de tempo dos diagramas (colocar a vida no futuro com ritmos exaltantes fora das recognições): força germinativa-germinal de heterogêneses, ativadoras do pensamento-impensado-mesclado, do pensamento em conflito com o sensível-fusional, tudo está dentro das séries divergentes do pensamento da natureza: desmedido mistagogo das memórias cósmicas, arroubo ininteligível do texto-sem-rostos onde o vazio produz realidade instável, inventa-mundos, é insaciável e povoado de aparecimentos de corpos sensíveis, *sim, o poema necessita permanentemente de se reinventar dentro de composições violentas* e afirmativas (disseminação contida de signos). *O animal-poema* é uma espera impossível que se aproxima da morte ao revelar signos da obscuridade, triando o que mais afeta o sublime entre o excrileitor e o mundo (captar os tempos imperceptíveis com o acontecimento que está antes da palavra).

A poesia porosamente derrama mundos, perfura, dissolve rostos-euísticos, desobstrói devaneios, auscultações, apaga traços, produz crise ao trilhar, emborca a linguagem, produz diéreses, rasgadelas, desertos que tangenciam o imperceptível, o inominável, o indeterminável, sim, vaza, extenua, desliça o in-sonoro das palavras, estrondeia, cauteriza, dispersa o real, faz falar a cegueira com a insurreição esculpidora da existência acontecimental, entrelaça visões flutuantes, trespassa embates, mina entropias, dicotomias, se transforma, retransforma, se inventa, re-inventa, se microagita, se mistura, se revolta contra tudo que recusa a vida, é uma cartografia polinizada por parafrenias porque é catástrofe germinal, é uma força incomensurável de interpretações andarilhas, de oscilações eletromagnéticas, de descodificações de afluências ilimitadas entre contemporâneos-futuríveis-larvários e percepções impessoais, é um animal fraudulento, vidente, falsário, contrabandista de topologias à deriva, de invaginações-do-geometral, de atravessamentos sígnicos, de diagramas-sensitivos carregados de conexões mutantes, de decomposições compositivas, de intensidades fractais que esboçam o real ao desterritorializarem a presença do excriptor em direção ao abalável geográfico, repleto de coexistências intermináveis *porque o animal-poema* se constrói e se contradiz entre processos de fuga emergente e zonas estilizadas pelos forros a-sígnicos que induzem o executável para o descolamento turbilhonante (vazaduras, limiares, voltagens, passagens, jorros a indeterminarem as submersões e as ruínas dos sentidos, tudo numa percussão titubeante), sim, o funâmbulo do insulamento ressoa na povoação invadida por zonas obscuras, alisa-se na procura de putrescências silabares, de paradoxos libidinais, de dobras cerebrais, de reais-por-vir, do não dito dos ecos das vozes anteriores onde o sujeito e objeto se destronam e se descentram num ritmo de descontinuidades, sim, velocidades desmedidamente finitas a fugirem ao domínio das percepções hierarquizadas, enfrentar vidas desconhecidas e produzidas por audições e visivas resultantes de desvios simulacrais, de terebrações do inesperado, de rumores inobjetiváveis, de escalavros subvertedores de códigos linguísticos, de aventuras enciclopédicas, destruindo com jucundidade familarismos, humanizações das verdades salvacionistas, espelhos vampirizados, reconhecimentos nadificantes, diabolizações disciplinares, sim, *o poema necessita do fracasso, do espalhanço ininterrupto* porque suspende o circuito do mundo ao absorver a guilhotina dos alvos desconhecidos sem morrer, escuta a decomposição-regerminadora do mundo, ausculta os interstícios polinizadores e esgotadores da linguagem, destrói os liames microfascistas do eu-déspota, vira tudo do avesso ao exaltar a língua, obriga-a a sair do seu ecossistema por meio de variações afetivas, de imagens em escapamento e em hibridização, fazendo proliferar texto-corpo-deslocamentos-tectónicos nos olhares-cosmogônicos que se cruzam nas forças dos feixes de sensações, prolongando-se a si-próprios e resistindo com as repetições metamórficas da dor, levando o leitor para o invisível irritável do sensível, para a alomorfia de pirotecnias deslocalizadas no mundo-outro que absorverá o tempo puro a cada instante porque seu corpo será infectado, afetado e arremessado na experimentação imprevista para saber o que pode fora das imagens castrativas, das blindagens representativas, sim, re-existir nas superfícies profundas de moventes artesanias onde a linguagem dos insanos, dos prostibulários, dos devassos, e da desrazão ressurgirá, se entre-cruzará indefinidamente em milhares de atlas sem hierarquias (rarefação modal, catalisadores mutantes-dadivosos, desregramento experimental e descolamento epifânico da crueldade).

A poesia cartografa tudo que está em fuga, em convulsão por meio do pensamento em transbordância, de linhas de entrecortes, de micropercepções gaguejantes, indiscerníveis, in-decifráveis que escapam em rede às estruturas dualistas, aos órgãos classificadores. Caminhos coexistem com outros caminhos em dispersão e o mundo se mundifica e torna a vida inobjetivável, sim, sentimos adentro e fora de nós uma multidão bastarda-lenta-veloz a escarificar o experimentado futurível com desvios simultâneos, cavalgando sobre todas as línguas para esculpir a estrangeiridade, entranhar nos arquivos espácio-temporais, escutar o infinito no corpo acoplador de uma miríade de bifurcações afetivas-vibráteis que combatem as vazaduras da morte na língua! É uma energia tremendamente vadia e obscura, uma revolta enunciativa, um vazio perfurador de loucuras sem neuroses que dilacera superfícies e nos avizinha do excessivo-delirante, do acontecimento disruptor do exílio ao minar ininterrompidamente o dizer, a palavra em contágio com o tremor habitacional doutra palavra nos fiapos da palavra-outra, atingindo as visões fabuladoras, a transbordância dos limites onde o enunciável-do-poema-mundo-de-qualidades-não-atualizadas se interpola fora de si-mesmo porque sente a retração fragmentada, os sentidos migratórios da transversalidade lisa, a excreção do corpo transfixada por incógnitas, o acidente assígnico perante a memória que se arruína, se incendeia nos rasgamentos construtores do processo inventivo que atingirá a completude por meio dos insanos atingidos por movências de lugares em mutação: tudo se fricciona no enfrentamento de um real inexaurível, materializando espiritualmente o oblívio na translação do ilegível que faz do corpo uma semiótica impessoal, uma geografia sem lugar, um crivo fora da consciência (vareios afirmam as afecções da vida e escapam das possíveis visibilidades, *o poema vive sempre nas linhas musicais de feitiçaria* porque ativa as desterritorializações do impossível entre línguas desconhecidas), sim, sentimos o entrelaçamento dos magnetismos das emancipações híbridas sem transcendências, fazendo da indistinção das rasuras, da indeterminação das orlas, das semióticas não verbais, as errâncias das ulcerações sígnicas-brownianas, as superfícies enérgicas das linguagens em perpétuo desequilíbrio, em cisão inclusiva de micro-pontos-de-vista, de raias animistas tensionadas, criando sulcagens cosmovisionárias, derivações, reviravoltas, rombos, intersecções de golpes impermanentes, levantados contra o mundo-por-dentro entre aprendizagens em devir (uma língua sem sujeito age, aqui-agora): *o poema escapa ininterruptamente ao apoderamento*, ao comércio-ensino da língua porque nos faz escutar as artimanhas sígnicas em ressuscitação intermitente fora das jurisdições, das supremacias, das soberanias, sim, o texto-animal se torna um lugar-sem-lugar de escuta de fluxos de vozes, um assalto de vocalidades que invadem o mundo dos mundos entre movimentos de atraimento, recusa, altercação, expansibilidade, sim, a *poesia é um animal provocador de sensações incontroláveis*, um animal atravessado por jogos de plasticidade sem denominações como se transformasse numa partitura de ritornelos em rede infinitiva: os timbres, os intervalos musicais das interfaces ondulatórias ativam-se nos movimentos vertiginosos das traduções do acontecimento-sem-si, das transduções da hemolinfa espiritual, dos roubos vivificadores do mundo para fugir aos desígnios do poder e da história. Na necessidade do nada-escapatório, cria anomalias e sobrevém nos mosaicos de capturas de permutas do real inexaurível e das cirandas estéticas que rasgam firmamentos, misturam as linhas de variação de contrários numa golpeadura afirmadora do acaso, compondo, proliferando caos e sensações com as vazaduras do corpo sem terapias, nem socializações porque tudo passa por entrecortes e por intercessores de intensidades dos despojos multissígnicos que esperam decifrações, teias e desamparam as percepções, *porque o animal-poema-sisyphos é um interminável rastro obstinado, obscuro, bastardo,* desmesurado e anterior ao pavor do verbo e a qualquer verbosidade, sim, tudo é varado, dilatado, lapidado, entrelaçado pelas dobras variegáveis, impróvidas, impulsionadas pelo desmontável, reversível, modificável dos alfabetos estranhados: repercussões distantes dos gritos do não nascido que se expandem até ao infinito e retêm o vazio arrastador de rizomas cartográficos, de relações do absurdo e de metamorfoses disformes em confronto com o devir, com o mapa-mundo, sim, forças das vacâncias linguísticas andarilham as indeterminações do invisível, asseveram o não significante de vida-que-nunca-morre através de pensamentos escorregáveis, de ondas cerebrais repletas de afetologias, de coreografias imanentes (zonas de vizinhança de indiferenciação fazem o poema escutar as linhas cristalinas da devaneação e jamais dizer, o olhar sinuoso da palavra tenta ventilar os gritos acósmicos da errância que envolvem os jogos de contrastes da morte, os restos e o transe do texto, dramatizando o espaço com a cegueira dos verbos energéticos que vêm antes dos escultores do real em transformação onde a falsidade faz estetizar o rigor: o movimento mutável da vida é a arte dançarina do poema, é a fisga da inesgotável a-consciência fora das identidades humanas)!

A poesia não suporta a genialidade produzida pela vanglória-tolaria ao serviço dos deuses-metafísicos e de soluções miraculosas. Ela é uma linha matérica-de-forças-espirituais, de fiandeiras atemporais que resiste a si-mesma sem finalidades, é força dos transpiradeiros aracnídeos, é o animal do reentrante das superfícies acopladoras de matérias tremulantes de semióticas-novas, dos atravessamentos da carnagem da língua com transparências invertidas ou de uma língua que não acontece porque produz o hibridismo da vida com sensações irredutíveis entre-desertos, flutua, penetra no vicejo vibrador da atração feronomática em múltiplas perspectivas dos afetos-impessoais onde as almas-corporais renascem continuamente carregadas de veemências da indiscernibilidade, anulando, esculpindo e misturando substâncias nas cartografias aberrantes, é a política estética-do-intermezzo adentro da correnteza do impossível, de uma miríade sensorial estranhada nas efrações dos aprendizes dos rastos imperceptíveis que atravessam o corpo, sim, o poema não vive de manifestos, nem de irmandades, seu exercício é não ter função, nem descendências porque navega desabaladamente no passado-presentificado da diferenciação esboçada pela ductilidade da matéria irrepresentável onde a vida se transforma em alvoroços sensíveis, em impessoalidades, em heteronomias, procurando zonas de arrepsia na invenção-de-si, sim, acontece nos vigores proliferantes da insubordinação, do engendramento sensorial, não se submete ao organismo, à inteligência, à acepção, produz desvios na construção de inabituais territórios, adquirindo novos sentidos no tempo que é a fusão dos instantes espiritualizados no real-virtual do cérebro-caleidoscópico onde a linguagem se retém para se desenhar no avesso através da trepidação do seu próprio crime em profusas angulações: estimular a inesperada ecologia da palavra, os seus intervalos movediços e o enigma do seu afastamento, sim, construir um espelho quebrado de tensões permanentes sem catarses para ampliar, transformar as síncopes dos olhares que ziguezagueiam por detrás dos nomes em abalos permanentes e sobre o mundo transhistórico-acronológico, fazendo-nos apreender os sentidos traçadores de mapas com alisamentos de superfícies enrugadas que catapultam as palavras fora das experiências recognitivas (sentidos que presentificam o mundo antes do seu ressurgimento, uma força avassaladora insubstituível, a errância de um corpo inventivo): *a razão impura da poesia está* nas próprias linhas abissais, nos desvios chispantes, nos cortes da velocidade infinita do poema: um alpinista-cartógrafo da devoração pura da vida-poema não traz certezas, mas tentativas-problemáticas e invenções de estratégias de multidões metamórficas, planos moventes das hibridizações da memória-corporal-futurível, golpes mergulhados em eternas polimorfias abertas aos estados afetivos do corpo-do-corpo, retransformando demoniacamente as dimensões caóticas dos materiais com as possibilidades criativas que estilhaçam percepções de órbita em órbita, presentificadas pelos devires perfuradores de sensações de um passado-devenir, sim, são sensações estranhadas, obliquidades sensórias em processo cataclismático porque jamais atingiremos a visão total do atrator estranho das polinizações verbais e não verbais, sim, à medida que sentimos os atravessamentos sígnicos-fabulares, transbordamo-nos, absorvendo o nomadismo absoluto, consagrando a durabilidade dos instantes, as expressões para além das expressões que nos fazem contemplar o mundo de olhos fechados entre esfinges escutadoras de vozes mônadas, em bifurcação molecular, em aprendizagem heterônoma: as vozes perseguem e são perseguidas ao acolherem outras vocalidades proliferadas na curva do alfabeto das coexistências do mundo-criativo que é uma magnitude do fora misturador de perfulgências de pontos de vista, gerador de palavras inalcançáveis, palavras dobradas que engolfam nas germinações dos sentidos fractalizados, nos cromatismos geográficos, nas invaginações topológicas e nos levam até a paradoxalidade-eólica, à potência da interrogação dos ritornelos barrocos, aos interstícios de um texto quiasmático que nunca foi e nunca acontecerá, sim, palavras irradiadas pelo corpo perspectivista revivificam a linguagem muda porque fogem aos significados, às taxonomias, são escarificadas por experimentações vivas, navegam no silêncio do corpo imanente que se efetua na voz libertadora da matéria, adentrando-se na inquietação do real por meio do respiramento intensivo do mundo, sim, as palavras revolvem, disseminam o vazio com as bocas estrangeiras, são afetadas por energias não mensuráveis, por campos de interações que desorientam, suspendem, adiam, destroem as soberanias do olhar, criam desertos, enervamentos, jogos de força entre visões e transfronteiras perpétuas (mônadas fractais, germes fractais, cristalinos fractais): aqui-agora: *a poesia e o verbo se demovem, se derivam,* estimulam distâncias sem avocar, porque articulam as suas perseguições ao tempo, fazem da queda uma respiração geodésica indecifrável, uma permutação de tempos-próprios, transformando possíveis rotas em volteaduras de espaços acústicos, de fendas imprevisíveis, de elevações-hápticas, são tecelagens esfiadas nas alucinantes sombras das palavras por meio das palavras-viróticas, são talhaduras órficas dentro da palavra-transversal a desmantelarem objetividades, conectando-se ao saber da polinização lisa do corpo, da equivocidade corporal entre processos desabaldamente inacabados e as perfídias da tradução do incomensurável porque nada está dado entre tremendas gradações, saltos, viragens das mutações dos planos existenciais: *a poesia é uma fração da memória cósmica,* um intervalo espiralado da reminiscência que lança dados contra a matéria musicada por forças espirituais, louca metamorfose galopante, fazendo das vibrações das falhas da excripta infinita, uma imbricação de musculaturas linguísticas que não decifram as imagens fabuladas, fugidiças, irrepresentáveis porque os limiares dos caminhos labirínticos fogem simultaneamente à perspicuidade absoluta e à espessura absoluta, sim, transuda alvos ao viver na imanência, nos ressurgimentos das línguas propulsoras de diferenças que se diferem no mundo em mudança (*o poema acontece* no nosso olhar porque a visão ainda não se completou, vive em impermanência contínua).

A poesia é insatisfazível, insaturável, está sempre em alta voltagem das forças inamanipuláveis, é uma epiderme de revolta em deslizamento, uma re-existência cortante da linguagem, uma transcodificação alastrada, uma decifração vidente entre as expectações por vir, as coexistências mutantes-acontecimentais e a impessoalidade impulsionadora do tremendo silêncio que envolve o arrasto incógnito da palavra (alcançar camadas sem memória e desviar gestos estimuladores de estremeções de um corpo inominável que nos faz ir ao encontro do canal-imperceptível, do êxtase diante do desconhecido, inventar entradas e saídas com a crueldade não aviltada dos rastros do animal-texto atravessado por hordas abstratas, por ecos dançantes que arremessam o leitor para a incisura desmedida, desterritorializando-o com esfinges verbais-móbiles incessantes: sopros piroclásticos nas raias do grito liso absorvendo partículas a-significantes, uma força-gaguejante que tenta pervagar a morte com o olhar-girador que se irradia quando assimila as tessituras do fora-adentrado do corpo, arrancando novas velocidades-lentas de vida, novas hipóteses de existência (ondas rítmicas atravessam a invenção destruidora, enfrentam a matéria etérica do corpo-poema), sim, sem caos, sem contrastes, sem destruir a experimentação pela experimentação, a vida e a poesia não acontecem porque é com as monadologias-hápticas-histéricas que se constrói a vida da morte, o processamento dos mapas assimétricos da anti-memória): uma conflagração de esboços dos dons-sem-permuta afirmam as diferenças da estéticas das sensações por meio de movimentos ininterruptos de partículas disjuntivas, contemplativas, é uma sobreexcitação no pensamento, uma potência em ato nômada, quebradora de formas-arborescentes, de atitudes figurativas, porque lida com o abismo prestidigitador, com a deformação que tangencia intermitentemente as agripnias, a crueldade entre forças-ontológicas-trágicas e a arte de estar no-do-mundo, absorvendo a complexidão sensível do real contra o percepcionado, onde as palavras só vibrarão se suas morateiras trespassarem os bofes do mundo, as reentrâncias obscuras do corpo com a sede de expirarem, de se esbulharem e de repulularem como auspícios inumanos, chamando para não nomear (atrair o copulável-multiespécie-amnésico das coisas inexistentes, inomináveis e secretar tempo por meio de processos contemplativos até ao impensado rupturador de contexturas psicológicas)!

A poesia é como o frevo e o maracatu de paroxismos-disjuntivos-anômalos, não invita, arrasta, estira linhas abstratas, transmove o tempo na matéria sem descendências, fragmenta a matéria da vida-da-morte com conexões heterogêneas, alavancando o ritmo intransitivo, misturando-se com o mundo para recolher os corpos de outras vozes sem história pessoal entre catervas de processos desejantes e epidemias sígnicas: aqui-agora: a palavra em torcimento suicida-se dentro de si própria porque arriscou em dizer o inexprimível por meio da jubilação da tragicidade, o povoamento em dupla cisma que a acolheu, cauteriza-se porque se aliou à desfocagem do tempo cristalino, às esponjas do inomeável, do anônimo, do incorporal, e do insondável, sim, com a indecifrabilidade das potências anorgânicas, as afecções expressionistas rasgam as normoses-filiais-socializantes que asfixiam as conexões de pontos-multimodais do mundo, sim, o poema não representa, mas transforma ao pontilhar os roubos das assintaxias hipnagógicas, os espelhos-sem-fundo para reforçar as sínteses transdutoras do insulamento e a convulsividade nos limites mais silenciosos (a palavra experimenta-se com a multiplicidade exogâmica de outra palavra entre movimentos polifônicos e as heteronímias contemporâneas do futuro)!

A poesia capta as substâncias emaranhadas dos saltos sígnicos, recriando-os nos movimentos aiónicos dos entre-tempos: linhas de expressão do intensivo geram acontecimentos, rupturas absolutas em cada mônada (o poema reconstrói-se com a musicalidade do seu próprio corpo, desmanchando a dilatação orgânica-sedentária e a prolongação do sensório-motor-termodinâmico-entrópico), assim, transporta-nos para as forças puras do tempo que dissolve o euísmo, muda de órbita e leva-nos para as composições das dobraduras sintomatológicas, afetadas pelas diferentes levadas-rítmicas da vida-himenal, pelas línguas analfabetas e antropologicamente abertas às lacunas acentradas, às vazantes reconfiguradoras de sentidos turbulentos que defrontam o grito indefinidamente variável, nos núcleos proliferantes da tentativa de conectarem malhas de contato entre o lisamento das ex-criptas e as hesitações pulsáteis: *a poesia alcança-nos inesperadamente de fora-multimodal e em ininterrupta decifração*, acontece na presença do movimento infinito, no entrelaçamento de forças polimórficas, de acasos caológicos onde a palavra se esquarteja nos cruzamentos dos mapas cerebrais sempre em reconstrução: experimentar a transparência dos atos hesitantes que quebram o conhecimento e a dominação da consciência com o inumano-problematizador dentro da inesgotabilidade escorada do infinito-alógico onde se levantam, catapultam micropercepções em transmutação ininterrupta, em misturas ecoantes-incorpóreas (ampliar violentamente as sensações compositivas por meio de aprendizagens críticas e de subducções violentas da hiperestesia regurgitante).

A poesia acontece-na-contaminação-multilíngue dos choques estéticos para desencarcerar e retraduzir a vida, profanar a civilização do sagrado, rasgar, tornar visíveis sombras expressionistas, linhas intersectoras de excreções do corpo, remascar o imprevisível, libertar contrastes, trespassar-nos por meio de sensações desorientadas, encruzilhadas enciclopédicas, impessoais, dançar o caos com matérias espiritualizadas pela violência da transcodificação sem pontos de partida, sem pontos de chegada, sem gráficos, sem coordenadas, sim, enfrentar a transdução do estranho, o magnetismo estilizador da existência extrema que nos leva para o subversivo das perspectivas do acontecimento em demudança e escavador da duração, dos ângulos cristalinos, sim, brincar com o APEIRON do pensamento avassalador para arquitetar cortes diagonais no tempo labiríntico (escavações viventes do olho que distorce, dilacera e prismatiza o gesto da sinestesia das realidades imperceptíveis – multiplicidade de mônadas que fogem da servidão, dos órgãos, das espécies, das funções, dos gêneros: composição de forças de sínteses disjuntivas onde passam os afetos em recomeços gaguejantes, ultrapassadores de tempos): um jogo de distâncias sem lugares faz das fagulhas pictóricas um acontecimento expressionista-etológico em variação contínua): são murmúrios das errâncias, das assonâncias, das elipses, das interfaces grafitadas, das fundições-olhantes sem respostas que abrem os dínamos virtuais das ventãs, porque seremos infindavelmente perseguidos por incógnitas do rumor ecológico do fora feito de transmutações vertiginosas do inapreensível, do indizível, do indiscernível, sim, sair da consciência totalizadora, juíza, da fantasmagoria por meio das cartografias esculpidoras do tempo-paradoxal, das zonas contíguas dos devires, das polinervuras do pensamento intensivo, intratemporal onde as fissuras sígnicas descomunais se abrem sem cicatrizações, destruindo percursos, inventando trajetórias dos desertos povoados: ressurgimentos em extravios estrangeiros, produzem solos intrusos com as experimentações sensíveis do corpo-palavra onde os limites se transudam fora das grandezas formais: aqui-agora: a palavra é cataclísmica, embriagada, exaltada porque alcantila sua potência destruidora, traça sua capacidade inventiva no confronto com o silêncio do mundo pulsional que sobrevém sem ser atraído como um risco em fuga acoplado a áreas desfocantes, às entrepausas da visão do não vivido, sim, *o tempo plástico e o poema absorvem* a resistência das pluralidades e se aliam fazendo durar os rabiscos da vadiagem eterna na intensão ritmável do devir, multiplicam as arrancaduras báquicas nas luzes reencontradas na própria escureza, na malha esquiçada por lacunas re-semiotizadas que atravessam os intercessores dos sopros da desumanização, das mucosas-enérgon para recusarem a morte: é na plasticidade de golpes topológicos, nas intersecções geográficas, nos intervalos variantes das garatujas que nos desmoronamos cheios de falas indecifráveis e de contra-significações (emaranhado dos desejos dos futuros adjacentes das aprendizagens): dizem: são respiramentos sonoros da natureza entre as matizes das devorações que necessitam de deciframento e sentido, são ondas da duração de nós-mesmos, choques de diferenças mútuas, escutas dos espaços adentrados nas invenções que nos fazem acontecer longe dos objetos de recognição (inventar é um saber problematizado em transducção, são afetos indefiníveis com velocidades alteradas): sentir a avalanche demoníaca das tapeçarias áridas-informes, provocar visibilidades nas superfícies que não se efetuam, destruir as acepções na linguagem e absorver os vestígios acústicos do caos, os pactos incumpridos, intercalando memórias-ontológicas com as cartografias vazadoras de múltiplas ressonâncias do que-há-de-vir em curto-circuito (escapar das formas orgânicas e voltar em linhas transformáveis da estética convulsiva porque o intensivo não tem desígnio, é uma des-territorialização de si mesmo – fazer do erro uma experimentação do tempo, dançar o espaço a-sígnico para nos conectarmos ao processo incorporal, às sombras expressionistas que ampliam as relações de forças, à bricolagem visual das colagens pulsáteis forças que se dobram aproximando as matérias sem contornos às ressonâncias espasmódicas do tempo puro, sim, *a poesia dilacera o real* com os impensados rítmicos, regerminando-os com o rigor improvável das afecções entre a impossibilidade possível das paixões bordadas pelo *relógio enlouquecido de* MIRÓ: *tornar amor fati-phaneron!*)

A poesia nos movimenta num sangramento de perspectivas, de relações imagéticas com limites mutantes que lacerarm o percepcionado, o experimentado, sim, cria novas possibilidades de invasões no virtual, produz golfadas de afecções-desviantes que rasgam o mundo com o tempo unido a cada instante sem exposições, perfurando multiperceptividades por meio de babélicos pontos-de-vista-intermitentes que nos fazem coexistir nos ofícios das diferenças e nas forças inesperadas do invisível até a metamorfose alucinante do impensado onde o devir-autopoiético com linhas germinais refaz a vida sem repouso, sem resoluções, sem formas fixas, sim, *a poesia entrecruza tessituras* intermitentes, interstícios resistindo ao seu amestramento, à sua manipulação, é uma afluência imprecisa, um caos-bactérico, um caos-agramatical entre o real e o irreal que escapam às significações-totalizadoras, às binaridades, ao facciosismo, às recompensas, à consciência, surfando sustentáculos transitórios por meio de ritmicidades esquizofrênicas, hebefrênicas, vasculhadoras do brotamento dos cios geográficos onde as imagens translúcidas se misturam infinitamente entre fundos de tempos extasiados *(o poema nunca aconteceu e nunca ocorrerá*: múltiplas direções se envolvem corpo-a-corpo a uma velocidade incomensurável, atravessam as matérias catalisadoras da durabilidade dos instantes que produzem diferença inventiva, sim, potências sem finalismos, quebram as agulhas do tempo, fazem das dobras minerais-vegetais-cibridas *do acontecimento-poema* um ciclo cósmico ininterruptamente irrecomeçável e inacabado: *o poema não espera nada do mundo*, extrai dimensões inexploradas ao tempo, foge à adstringência do hábito para dissolver objetos e intensificar o sensível com as esponjas-fílmicas-do-improvisado, vitalizadas por jogos de plasticidades da revivescência do transe, de cartografias de malhas afetivas sem denominações como se transformasse o pensamento numa partitura de ritornelos, de heteronímias entre as contemplações cegas do mundo e a desumanização presentificada no visionamento da inexistência (aparição de forças do desassossego institual vive a vida feiticeira e não a escrita ou qualquer tentativa de processo artístico sobre a vida): são timbres a transfronteirarem o mundo, são intervalos musicais, impulsionadores de golpeaduras perceptivas que entranham, escarçam, rasgam o tecido textual sem catarses numa dança captadora de vozes oraculares, de atrações cinemáticas microscópicas, de tonalidades angulosas, sim, não há instruções, nem escolas, nem oficinas, há micromovimentos desmedidos, irradiações labirínticas feitas de camadas de tempo entranhadas no não-figurativo-do-desejo: um complexo de virtualidades-reais adentro da sonoridade modulatória do abandono em sincronia com o colapso sensório-motor, falsificam a palavra, lapidam-na com a desaparição em ressurgência até a contrapeçonha do perceptível e da angulação absoluta de uma horda por vir (evitar o predomínio da consciência *porque o poema intercala, entremeia*, entrecorta com velocidades lentas fora das ordens sentimentais, mas atravessado por um jorro de sensações irrefreáveis): o corpo de quem tenta excriptar sentirá o tremendo avesso das coalescências afetivas do mundo, a superfluidade do mundo, experimentando o inverosímil diferentemente entre as catervas quebradas pela visão bifurcada e os rastros apagadores de trilhos (assoalhar a existência estranhada na segmentação quase-totalizadora, multiperceptividades perfuradas pelas intuições intensíssimas de futuro), sim, o tempo absorve os planos hápticos, foge da circularidade e treslouca para visionar novas possibilidades de existência! *O poema relaciona as forças do sensível* com os vigores do impensável, indiscernindo a sua animalidade criadora com geografias não artísticas, experimentando o tempo fora do esquema sensório-motor, das suas dobradiças aprisionantes (potência mutante de uma vizinhança insana a tocar o intangível, a escutar o insonoro, a incorporar rasgamentos sígnicos com ritmos incontroláveis, arrastadores de outros de nós-mesmos, tudo numa tensão transpessoal e acósmica): na fronteira extrema de si mesmo, *o poema esponja o absoluto da singularidade* e resiste à morte alucinadamente! *O poema é sempre uma vontade de não fazer-poema*, experimenta-se até a saturação insaturável, insatisfazível, mistura-se e absorve as forças larvares do mundo, livra-se de si mesmo com o ritmo do esquecimento, torna-se clandestino, inacessível, atingindo um corpo dançante feito de multidões à deriva, um corpo à beira do caos, da catástrofe que nos faz submergir na imagem pura do tempo (um presente na renascença repetitiva dos instantes ou um corpo-cinema de durações possíveis porque a imagem não identifica nem classifica, é luz materializada a traçar mapas sem origem)!

Com a hesitação estética-ética, os ritmos turbilhonares de partículas-em-movimento-emaranhado, *transformam o poema numa multiespécie ritmável-dionisíaca de cronotopias, de heterotopias,* de linhas abstratas, infinitizando o anorgânico nómada, os ecos agramaticais, os estímulos irrefreáveis do aformal, o eterno retorno das contracturas sinestésicas, repletas de traços caleidoscópicos, de acasos conflituantes (*o poema é um processo em multiplicidade,* não tem configurações, fisionomias, não rostifica o significante, mas é atravessado por imperceptíveis reais, produzindo ininterruptamente ritmos sem predestinação, tapeçarias afetivas em movimento, fractalizam-se no grito insonoro e brotam-se dentro do cristal: surtam ao tornar atingível o invisível)*:* aqui-agora: visualizamos a vida errante, intensificada, excessiva, a antimatéria na reviravolta, na dispersão sígnica, no rapto ininterrupto que transplanta os gritos da tremenda lucidez entre as locomotivas acesas do pensamento sem imagem, o misantropismo-delirante do tremedal, os hiatos-thaumazein e a variância-contínua-geodésica do corpo porque os dramas no espaço geometral se transpõem absolutamente, levinamente, antes de se abrirem aos pulmões ocasionais do alto-mar semantúrgico, à memória-futuração interpolada pela metamorfose cosmogônica (o sentido do poema enuncia o intervalo das multidões rasgadoras do mundo onde lógicas combinatórias dançam com os despenhadeiros): são detalhes obscuros, germinativos e incitadores de aprendizagens ininterruptas, são tentativas anômalas de espiritualizar as intensões da matéria entre as afetologias em descodificação, em recomeço, em desvio porque o imperceptível nada tem a ver com a obscureza, o invisível e a indistinção nutrem-se dos olhares-do-vivo-dilacerado que tentam regressar ao silêncio multímoda, mergulhado num tempo que abandona desabaladamente os seus próprios fulcros

— sismicidade dos atratores estranhos, das forças relacionais — ressurgência das micropercepções inconscientes destruidoras das analogias e das coesões intelectualizadas (abalos sígnicos rasgam o expectável, *dissolvendo a matéria do poema*): a língua tresmalha-se, evade-se das palavras por meio das intersecções verbais, por mudanças de pontos de potência onde *o animal-poema* sem repouso é joeirado por sintomatologias-gagas-delirantes antes de ser espostejado por si-próprio, porque não tem aversão ao caos nem ao tempo acentrado, ele produz tempo numa movência imóvel com correntezas diversas, com roubos estilizados entre complexões de confrontos e enciclopédias estrangeiras que escapam aos discursos identitários: é uma vibração não mensurável do mundo que se altera com velocidades lentas, instáveis e flutuadoras, abertas às conexões acontecimentais, aos mapas levantados dos silêncios etológicos, aos regressos transbordantes das superfícies em movimento, sim, *o poema ao reintensificar-se extrai os traços de outro poema sem finalidades*, eliminando o tempo do instinto da morte, destruindo o rosto da cabeça, devastando a paisagem da geografia).

A poesia é uma afecção-estrangeira-de-si-mesma, é um rigor-inventivo com uma miríade de fendas sinápticas que absorvem o estilhaçamento do mundo com o saber-ritornelo da natureza, esculpem incógnitas na babel pontilhada que estremece de alto a baixo ao acossar goticamente personagens abstratas, estéticas, acelerando devires feitos de entretecduras duráveis, polimórficas (receptor de forças afetivas intensificadoras de mapas de novas semióticas que jamais salvarão o planeta, nem representarão a humanidade, nem desejam atingir alvos, nem regular consciências, sim, elas penetram nas coexistências dos diagramas dos processos de singularização que experimentam ininterruptamente as sensações com os vários pontos de vista-hápticos, eliminando as metafísicas-transcendentes e as utilidades perceptivas por meio do pensamento impensável em decifração *onde o poema se prolonga* entre alvoroços sensíveis, zonas de arrepsia e heteronomias para afirmar a sua existência na incomensurabilidade do estar dentro-e-fora de si mesmo transfronteirando o mundo com a vida num movimento de extremo vigor). Exaltada e com o tempo no corpo, *a poesia sente os abalos do silêncio* ao colocar tudo em risco, em vascolejamento, fica imperceptível ao asseverar a metamorfose completa dentro do cristalino dramático de Tarkovski: os ecos cataclismáticos do corpo-poema arrasam itinerários, anarquizando raias para presentificar sem objetivações o estranhamento do mundo antes do mundo, sim, colapsa autorias, instituições, binómios com resíduos sinestésicos dos ritmos do pensamento, com captações dos murmúrios incessantes (dramaticidades na fala-alçaprema do mundo que se abre para a vida anônima dos processos artísticos) porque não existem verdades mas indecifrabilidades, passagens, cruzamentos, práticas fabulatórias indiscerníveis, matérias informes que escorregam nos devires balbuciantes até a extrema lucidez do incorporal experimentador da potência bruta do tempo (o devaneio da língua fora do idioma não permite sentimentalismos nem concretizações emocionais porque a eternidade está na matéria, na natureza pensante que espia o corpo construtor de afetos fora da fantasmagoria humana): *a poesia é força* de insubordinação anorgânica que arquiteta um espaço de acontecimentos, devasta o que de humano existe em si, não quer ser compreendida, não quer ser agraciada, premiada, ressarcida, não tem contrato com a história, nem com o campus social-estadístico, ela sumula expansivamente sensações, deforma-se por meio de esboços de topologias indeterminadas, de contaminações lisas do cristalino-barroco-egípcio-bizantino-musical do tempo, sim, um animal decepado pelas intermitências, hesitações inflamadas que esperam verberantemente o grito multiespécie de uma arte órfã porque tudo termina em orlas invisíveis (*o animal-poema estranha*, esquece sempre a sua rota de retorno, é uma intrusão agramatical que cria realidade, exige forças paradoxais, um processo de intensidades a decompor a língua, a demolir as palavras e tudo se torna uma invenção de si, uma existência do imperceptível: aqui-agora: a expressão é processo acontecimental, refazendo existência sem repouso, sem resoluções, fazendo-nos entrar em novas estranhezas, novas cirandas sintomatologistas onde vida e pensamento se ligam rés aos alvéolos das forças dos corpos que jogam dados no real indizível, são transformações dos múltiplos intervalos mutantes – há um emaranhamento de linhas – sim, *o movimento do poema* escapa-nos porque se avizinhou incomensuravelmente do tempo puro, do corpo histérico). Não há virgindade na poesia mas excreções vivas, intercessores embruxados de voltagens decifradoras do mundo em confronto com o devir, nada é sublimado, tudo é fissura sem finalidade, é rasto de ondas pululantes, de palavras suspensas, regurgitantes que inundam rotas, enfrentam dimensões movediças, invaginações geodésicas imprecisas, caminhos labirínticos que ultrapassam os reflexos do mundo, são abaladuras de memórias-híbridas, fissuras de intermezzos-intangíveis que cavalgam sobre todas as línguas dos médiuns para recusarem a finitude, desescreverem com a visão dos avessos e dissiparem-se persistentemente entre as presenças acrobatas dos comuns, as hemorragias das infinitas codificações que procuram o acaso no mosaico anônimo, nos dédalos experimentados por vozes do esquecimento: ludicidade das afecções heréticas, cismáticas carregadas de lance de dados da obscuridade e do ilimitado repovoamento, sim, correr todos os riscos no instante fulgente da visão ritmada do mundo porque *a poesia se devora a si-mesma*, suspendendo o tempo na inquietação do real, o assombro da língua com a vertigem da aceleração intraduzível e do retardamento interrogante que nos faz cavar o vazio e mergulhar em zonas invisíveis (*o poema recomeça com a natureza inédita fora da dialética*, desacorrentando, atiçando sensações na extrema lucidez do enigma, nos choques vertiginosos dos movimentos sem imagens, intensificando o desejo contra o mundo por meio de verbos relampagueantes, sim, *o poema articula sua perseguição*, transforma seu possível rumo em volteaduras infinitas do roubo-outro, em forças inamanipuláveis entre espaços acústicos e as fracções espiraladas da memória cósmica: as assintaxias perfuradoras de vozes, as tecelagens esfiadas, as alucinantes sombras das palavras, arremessam as falhas da escrita contra o tempo da matéria que se move de modo absoluto ao vasculhar vestígios nas estremeções de conceitos móbiles, sem nome onde *o poeta enfrenta a cada instante a morte*, a linha do acontecimento, a crueldade, a sabotagem sígnica com sopros inexcedíveis do animal órfico perfurado por infinitas tonalidades: o murmúrio de uma perspectiva inventiva busca o corpo em exaltação!)

A poesia inventa questões gaguejadas, balbuciadas, inventa uma língua tarada, bruxa em mutação, sem justiça divina, sem justiça dos homens, sem corpos infalíveis, sem direitos, sem público, sem órgãos capturados, sem desejos esgotados, ELA é acontecimento violentamente ecológico aliado à estremeção dos verbos emergidos na musicalidade regurgitadora do impensável, é a visão secreta em transbordância, é fabulação intersticial do olhar mais primitivo, é a dança dos mapas do vazio, é a imaginação-esquizofrênica-contraente nos trilhos sem memória: as sonoridades explosivas não orgânicas arrastam e arremessam o corpo-mundo na experimentação do devir, nos lugares de passagem corporificadoras do silêncio, sim, tudo se torna imperceptível dentro do tempo enlouquecido e das ondas rítmicas dentro dos intervalos da natureza (jogo de sensações estendem linhas abstratas numa língua que busca forças sígnicas ao escavar-se dentro do tempo do cristal para desprender suas ressonâncias a-significantes na variação tensionada entre o labirinto da modificação do desejo que nos faz recomeçar perpetuamente no irrecomeçável e a assimilação de visões fragmentadas num processamento impessoal, evitando as pulsões de morte com a jovialidade do ethos da tragédia porque *o poema e a natureza não se expulsam de si-mesmos*, são pluralidades afetivas, são o excesso do mundo, a vida sem pânico do risco e do fundo do tempo).

A poesia é atravessada por hordas movediças a uma velocidade infinita (intensificadores de forças a-humanas, a-conscientes quebram o organismo): a poesia é invadida por vocalidades em ritornelos descomunicalizantes onde os desejos-jazzísticos se transformam a si-próprios e nos lançam para o mundo das agitações a-conscientes e nos desertam através do silêncio cosmovisionário, da afecção rítmica que escuta o intervalo do tempo, rasga o percepcionado e entrecruza zonas antinômicas (auscultar as capturas da fragmentação espiritual fora dos eixos que carreteiam o infinito da phaneroscopia): aqui-agora: os ritmos catalíticos nos forçam a enunciar o inefável, a ver o oculto e a sondar o insonoro, assim, traçamos rotas no real-sem-rostificações por meio dos vestígios dos horizontes abstratos em continuidade com os sismógrafos-silabares para nos vitalizarmos entre as avalanches erráticas, dançantes do corpo, os eclipses do mundo e o transe antecipador da vida sem origem, absorvendo os retornos rasgadores de estruturas psicológicas (as ulcerações mescladas da língua recolhem-se, expandem-se e transversalizam-se na excrescência dos vetores da catástrofe para suplantar báratros, andarilhar incisuras, entrelaçar tempos, desfazer funções e perscrutar áreas ignoradas num ritual expurgatório, cheio de espirais infinitesimais, porque o impensado abre o corpo ao acentramento do mundo, arquiteta os cortes móveis do espaço, faz o leitor acontecer no espírito do instante, no silêncio da impossibilidade, sim, o leitor mergulha ininterruptamente no eterno da excripta com as intuições do viver-desaparecendo, sim, resistir, re-existir, se vazar e se dividir através de mônadas intensivas e de invisibilidades sensíveis (não há metas conscienciais) – tentar extrair o tempo sem destinguir qualquer dimensão –: esfraldar relações de forças e experimentar o oblívio, a multidão incorpórea para criar, criticar, inventar, gerar dobras no limiar da escureza-melancólica, nos pontos cartografantes das expressões, sim, o leitor entrega-se ao inesperado inamanipulável da palavra e conecta-se às mutações insanas das indefinibilidades que escapam às referências dos sensórios-motores: sentir simultaneamente dentro e fora de nós uma turba bastarda fora do comportamento para esculpirmos a desrazão, a estrangeiridade do-no mundo com milhares de bifurcações afetivas-vibráteis a combaterem as vazaduras da morte na língua, fugir ao fluxo da cognição, experimentar o desconhecido (vitalizar a contemplação animista do agramatical, bifurcar labirintos com todo o campo do saber da transdução): fugir aos clichês do conhecimento, da serventia por meio de uma terceira pessoa acósmica-estranha, de intercessores de tapeçarias abstratas, de imagens indizíveis porque *a poesia é uma energia tremenda da vadiagem obscura* que sabota ininterruptamente o dizer, a palavra, sobrevém na desaparição, faz do tremendo mistério verbal um recomeço-ininterrupto, espalha sentidos por todo o corpo, cria permanentemente desrazões problemáticas com o fluxo fabulatório que arrasta uma miríade de signos além das cifras linguísticas (enervamentos transverbais-DAIMON conquistam afetos): *o poema destaca, revela signos e faz-nos viver adentradamente no fora*, no sentido alógico, nas tensões inexprimíveis dos corpos libertadores de singularidades, na busca de contexturas infinitas do pensamento, tudo sobressai cruelmente sem criação de sujeitos (intensidades de entretempos da ética imanente: eis, o desejo inconsciente da vida que não produz línguas, mas experimenta-as intensivamente com liames espirituais-olhantes-expressionistas da natureza).

A poesia dá consistência às forças das aberturas do pensamento desmedido, tateia transumâncias desejantes, quebra o prolongamento da percepção cartesiana, quebra os horizontes entre as alagarças das deslocações intrusas e as profusões expressionistas que apreendem as pluralizações moventes do mundo, refazendo o involuntário da memória-futurível perante a ruptura da supremacia do olhar): afetividades sem emoções entre desequilíbrios plurivocálicos e traços descomunais do real-figural que se infectam criativamente por meio de planos pluriformes do próprio transbordamento dos limites, das cartografias do tempo-sentido onde as expansões das vizinhanças sedutoras, retraçam violentamente os corpos-buscadores de lances de insânia que reconstroem os redemoinhos trapezistas da vida, relembrando Claudel entre os conceitos turbilhonantes de Heinz Von Foerster, a des-ordem ritualística de MORIN, a harmonia vinda dos despenhadeiros de René Thom e os desastres do pensamento-estético, sim, *a poesia é força catapultadora de multiperceptividades perfuradas*, de espantos perspectivistas, de ralentações-góticas-cristalinas que mergulham nos povoamentos sígnicos, rachando interioridades ao subverter o já-dito com os enigmas irresolúveis, contagiados pelas energias-larvares do colosso: uma revinda do cérebro instintivo, equívoco e intensamente histérico dança o espaço semiótico do poema que luta contra o tempo do instante da morte.

A poesia é prestidigitadora e faz-nos sentir a premência pendular do irrealizável, as cortaduras esguelhadas dos vestígios-bifurcantes que se extinguem nas próprias religaduras das palavras concomitantemente libertadas e retardadas na urgência de escutar a correnteza subversiva dos sons escondidos nas fissuras alucinatórias dos acontecimentos em fabulação orgiásmica, hierética! Esquecer-criar-o-impensado-o-cérebro-o-tempo, sim, *a poesia é uma força ausente do intelecto*, é a hesitação problemática que estraçalha a percepção e sustenta as superfícies dos acontecimentos em renovação-háptica que esponja as qualidades intensivas e desatualizadas dos corpos, é uma afecção indefinida de mundos-possíveis do fora em duração permanente, do desejo dadivoso-criativo que nos força a pensar-o-passar-se e a bosquejar espaços de acontecimento porque *o poema é um processo intersemiótico da phaneroscopia*, uma força contemplativa da revolta perante a absurdidade, é uma sensação-mundo dos nômades sem mestres, sem oficiais porque sua imanência é uma assimilação do caos, é o aformal puro do vazio do tempo, uma violência desejante e transformadora que descentra ciclos dentro de um corpo sem nome com olhares-jogadores perdidos na existência vibratória, um corpo que age em deformação, sim, *a poesia com os distanciamentos das vizindades* não evita o antilogismo porque quer ficar vivíssima no diz-desdizendo-mundo, ampliando possibilidades no real, na imagem-pulsão-afecção: povoar desertos hiperbóreos com conexão de imagens incontroláveis-delirantes, com dinâmicas do eco das afetividades sem análises que simultaneamente perfuram, envolvem as potências responsáveis pelo pensamento rupturador, ultrapassador de consciências, de essencialismos (as imagens em tensão variam entre-si, perfuram-se, produzem cortes transversais com as batidas das anamorfoses cronotópicas, dos planos entremeados por traços barrocos até ao infinito, sim, *o poema vitaliza-se na germinação incógnita* de um corpo sem finalidades, um corpo de vários corpos a serpentear nas contigências translúcidas)!

Poesia, traduz signos sem configurações antecipadas, estremece o mundo sensível em direções infinitas, destrói o espelho com espaços-tempos lisos-acentrados e não batidos, produz desastres sem ser desastre com linhas curvas-germinais-inconclusivas, vivifica as sensações do real simulacral, do real virtualizado, dissemina as intensificações das sínteses erráticas das diferenças e das partículas ressoantes que nos transportam para o olhante-infinito da imagem-plural, das partituras duráveis-afetivas, sim, *a poesia existe-em-si-e-por-si-sem-recognição, é vaticinadora de velocidades infinitas*, é desmesurada, inventa-rumina línguas com tempos virtuais traçados pela desaparição do traço, sim, com dimensões de tempos inexistentes evita as quietudes nirvânicas, transborda e rebenta percepções vividas por meio da inoperância, do disfuncional, dos instantes sem crassidade e sem grandeza, fugindo sempre às razões psicológicas, ao organismo da representação, da generificação e da identidade, sim, extrair as polissemias infinitas dos afetos, falsifica o tempo com emaranhamentos das variáveis infinitas, ampliar sentidos de "rosebuld", multiplicar sonoridades e resistir à morte com o vazio criativo da eternidade, com a profanação agitadora de mônadas (*a poesia pensa por-si-mesma, é uma força falseadora*, um lance com múltiplas golpeaduras involuntárias que paralisam a consciência para libertarem o tempo e a vida): as palavras expelem espaço na adivinhação acontecimental, faz-nos sentir a captação do repouso da antimatéria ao esgaravatarem o pensamento para se desmancharem, a língua torna-se sublime no estado selvático e em ressurgência, inverte-se, riscando desterritorializações, acoplando fulgores incisivos onde uma voz assomará na desaparição do pensamento-espaço! Robbe-Grillet "para que servem as teorias"...,... o poeta e o poema inventam as suas próprias correntezas estéticas-éticas ao absorverem as dádivas intransitivas, as zonas múltiplas dentro da virtualidade aberta. Nenhuma receita, nenhuma oficina, nenhum ensinamento, nenhum amestramento pode substituir este pensamento ativo – NENHUM. *A poesia cria só para si as próprias inutilidades*, os falhanços, as trapaças, os itinerários das estranhezas, as viragens, os paradoxos, com razões contaminadas, sim, entranhar no tempo puro porque o mundo não está acabado, arrabeirado: produz as suas subversões, potencializando cérebros agramaticais e tempos assintáticos: quanto mais intensidades percorrerem o corpo de quem atravessa desertos-textos mais decifrações serão atingidas rés a outros corpos sem memórias-passadistas, corpos supra-pessoais, corpos estrangeiros-intercessores que espalham geologias com lapsos enciclopédicos das palavras em combustão, em irradiação de violências fabulatórias (palavras que não fazem lugar, mas intensificam topologias de destinos desconhecidos, constelações de sentidos em confronto com o apoderamento das reflexões e as verdades instauradas). Quem estilizou a vida esteticamente, produziu diferenciação, zonas abstratas, tempos imperceptíveis, tensões enigmáticas, incertezas expressionistas, destruiu sistemas reativos da linguagem, foi sempre ostracizado, perseguido, odiado, afastado porque fugiu das leis da sintaxe, espiritualizou a matéria, quebrantou as leis gramaticais, experimentou a estética que desequilibrou e fraturou o sensório-motor, não se submeteu ao organismo da língua mãe, sim, apavorou a língua, decompôs a língua, espremeu-a, minorou-a, sabotou-a, torceu-a, colocou-a em fuga, levou-a ao limite do gerúndio, criou língua dentro da língua, obrigando-a a expelir um corpo vibrátil e estranho, um campo afetivo em variação contínua, um horizonte chegante – *o poema* –, sim, é o caos de forças sígnicas, tudo se atravessa nos pontos de vista problemáticos e nas interpretações de novas semióticas com descontinuidades-contínuas que nos fazem avaliar as aventuras existenciais, nada se fixa no culto da memória-ontológica-futurível, não há reconhecimento, nem sucesso, nem espelhismos-lavados, nem estruturas na poesia, o sentido refaz-se sempre no acontecimento que é afirmação da diferença multilingue na mesma língua! São os movimentos intersectores das forças aformais com os sentidos contra-poder e as intensidades afetivas que esculpem o arco voltaico da exaltação agramatical da arte poética (ocasionar novos espaços-tempos intempestivos, novas desrazões incandescentes)! Se existirem limites na poesia serão sempre transbordâncias de superfícies vertiginosas, diferenças de ritmos de sensível-abstracionista onde o tempo da experimentação penetra nas excreções dos corpos que se conectam à inquietação do real para afirmarem a ética com as coexistências do riso, do risco, da dança, dos roubos, rasgadores de sustentáculos (corpos histéricos dos figurais mergulham em novas línguas)!

A poesia é uma força ética-clandestina, é o turbilhão da matéria estranha, é a diferenciação no comum, é linha infinita de passagens a construir novos sentidos por meio do corpo, é o impensável dançado a escapar do rosto, sim, força os eixos com as energias involuntárias das reminiscências, fica imperceptível na fulguração fora do ser-mundo: um jogo de forças moventes funde instantes do esquecimento criativo, escapa às faculdades recognitivas, às histórias pessoais, aos aprisionamentos identitários, não informa, não descreve, não comunica, sim, é invenção inobjectivável, multidimensional, é cinema-tempo-nas-fendas-sinápticas, é multiplicidade imperceptível misturadora de campos de controvérsias-in-corpóreas, linhas de tempo irresolutas, linhas intersectoras de crítica heterônima que recusa tradições totalizadoras, dinastias-sensório-motoras porque ela vive da impessoalidade incontrolável, do contrassenso, dos acasos larvares dos encontros sem formas onde tudo se abisma violentamente e se experimenta entre simultaneidades de acontecimentos e a intensificação de sensações, exigindo decifração inconsciente e sentido no tempo sem sucessão, SIM, *a poesia se esculpe no intervalo* entre ecossistema percebido e bioma desejado ao mergulhar no infinito das dobras da lucidez do devir, é uma força usurpadora sígnica, uma força em descodificação ilimitada que se presentifica nos movimentos larvários do passado virtual, ruptura ideais históricos, psiquismos essencialistas com as velocidades incomensuráveis da desterritorialização absoluta, transforma o encadeamento com os contrapontos da vida caológica, evita consciências com almas que não desejam se salvarem, tornando activas-jazzísticas as sensações num panorama babélico de atratores estranhos, de insurreições da língua, de alvoroços sensíveis de heteronomias e... encontro de ressonâncias do acaso, de zonas de irresolução vasculhadora de corpos analfabetos, de percepções esburacadas, de hesitações problemáticas onde se escavam línguas enciclopédicas-cambiantes (forças duráveis de diferenciação, expandem aluimentos, claridades sem clarezas sem exaurir os processos criativos, sendo estes sempre incompletos, desabaladamente abertos, transcodificados e varados por transduções indiscerníveis do fabulatório, nada é identificado, nem informado, mas contagiado por pontos de vista pulsáteis: sensações avassaladoras em intensivas variações ritmáveis quebram as superfícies-do-espelho com as irrigações com as dimensões caóticas, a pluralização de mundos do ritornelo): uma voragem criadora de tensões, de superfícies transbordantes, de translocalizações ritmáveis onde os devires-do-phaneron se atravessam e se encontram com a vida num movimento vitalizado por impermanências, sim, *a poesia é um processo do impensável* dentro da complexidade da natureza, de mapas desejantes que nos invade sem previsões, sem gestos sepulcrais, nem entropias da igualização, provoca crise nos sistemas teóricos, é um mosaico de perspectivas chegantes onde o futuro se torna dimensão virtual acionadora do presente que assimila as energias do desejo entre mapas imanentes do mundo! *A poesia não constrói projetos, pessoalismos*, taxionomias, biografias, não produz ídolos, moralismos, tiranias, sentenças, razões, conhecimentos, nem deuses, não vive de esperanças, de ideais, de cógitos intelectuais, de competências racionais, de identidades, de representações, de aprovações, de gurulogias, de empoderamentos, de estruturações, de assistências sociais, de psicologismos, de guetizações, de memórias patológicas, de consciências-julgadoras, de sentimentos, de dialéticas, de reconhecimentos, de recompensas: *a poesia é uma força da desumanização!*

Luis Serguilha, poeta, ensaísta e curador de arte, nasceu em Portugal, escreveu 14 livros de poesia e ensaio. Foi professor de motricidade humana e coordenador de academia de dança e de atividades físico-artísticas. Participou em encontros internacionais de arte e literatura. Seus processos criativos têm sido objeto de estudo, de crítica e ensaio por parte de acadêmicos, críticos, poetas, pensadores, artistas, escritores de Língua ibero-afro-americana. Possui textos publicados em diversas revistas de literatura e arte. Alguns dos seus textos foram traduzidos para o espanhol, inglês, francês, italiano, alemão e catalão. Criador da estética do Laharsismo e responsável por uma coleção de poesia contemporânea brasileira na prestigiada Editora Cosmorama (Coimbra-Portugal). Pesquisador da Poesia Brasileira Atual. É Curador das Raias-Poéticas: Afluentes Ibero-Afro-Americanos de Arte e Pensamento. É Curador das Raias-Atlânticas (Ilha da Madeira).

Arte poética: experimentación de la imposibilidad. Resistencia y salvación

Montserrat Villar González

Me gustaría pensar que el ser humano tiene la capacidad y los medios para expresar todo aquello que desea con exactitud, pero no es así, ya que traducir sentimientos, intuiciones... al lenguaje es una necesidad difícil de conseguir. Aún así, la poesía nos permite acercarnos, con todos sus elementos, a este mundo sensible y es cuando traducir la realidad a través del poema nos salva del abismo que representaría la incapacidad para expresarse.

Me gustaría utilizar la imagen de la caverna de Platón, aunque un poco distorsionada. Pensemos en Platón y hagamos el camino inverso hacia la caverna. Llegar de la contemplación del sol con la razón, atravesar el mundo con la certeza de que formamos parte de la realidad que no hemos escogido pero sí podemos superar, y bajar a la caverna que Platón presumió superable. El poeta invierte el orden, absorbe la realidad, se sensibiliza ante ese mundo contradictorio, hermoso y terrible al mismo tiempo, y acude a ese mundo interior que refleja las sombras a través de la palabra. Una palabra, a veces demasiado limitada, una palabra que necesita de la alegoría, el símbolo y la música para representar lo irrepresentable. Una palabra que aprehende ese conocimiento que el mundo exterior nos da, la belleza y la crueldad, la contradicción... e intenta expresar lo inexpresable para convertirlo en esencia. Una esencia que, vertiginosamente, trata de construir el mundo a través de elementos que nacen en la razón, en la intuición y en la sensibilidad al mismo tiempo. Una esencia que necesita ser universal para que los otros, la recojan de la cueva y, en el camino inverso, la transformen, observando la realidad, en su propia razón y expresión inmanente del mundo.

El poema es esta esencial visión de lo irrepresentable, esta intuición. Como apunta Gamoneda, lo innombrado no tiene existencia intelectual, es lo desconocido y lo desconocido necesita de un lenguaje de "revelación". La poesía genera ese conocimiento de la realidad que ella misma revela y crea.

El poeta es un ser viviente en una realidad, una realidad que se transforma en el interior de ese ser humano y se convierte en un elemento subjetivo, significativo, sensible y esencial que cobra vida a través del poema. El poeta sólo a través de lo que Jakobson denomina la palabra en el lenguaje poético (con calidad fónica, morfosintáctica y léxica) da sentido último a esa realidad: ¿Cómo entender lo que delante de nosotros sucede a diario: la muerte de inocentes o la belleza del amanecer? ¿Cómo transmitir todo lo que en nuestro interior se remueve cuando contemplamos cualquiera de estos hechos? ¿Cómo comunicar lo que va más allá de lo simplemente racional? ¿Cómo expresar ese vértigo que la propia realidad nos produce? Es esa palabra anteriormente definida, ese poema que la acoge y esa capacidad simbólica la que exprime lo indecible. Todorov lo definió: lo que los signos no simbólicos no consiguen transmitir. Estos símbolos son intraducibles y su sentido es plural: inagotable, beben de la universalidad de la propia intuición. Símbolos que comparten elementos esenciales con la música, la pintura, … en general cualquier forma artística ya que van más allá de una explicación racional y llegan directamente a la sensibilidad del ser humano que los asume como expresión del sentimiento, de la sensación más pura que puede crear y percibir.

Símbolos que salen del poeta para alcanzar el conocimiento en ese intento de transmitir al máximo la realidad y llegan al lector que los convertirá en fuente inagotable de conocimiento según cada experiencia vital. Por ello, símbolos universales, ya que alcanzan significado para todos los receptores, pero nunca un significado único y agotado en sí mismo y, es que, la experiencia nos demuestra que, un mismo texto poético, una composición musical, una obra pictórica... es capaz de recrear y transmitirnos sensaciones diferentes en cada lectura, cada audición, cada observación. Y ello no depende de un conocimiento intelectual sobre dicha obra, sino de el estado del ánimo, el momento vital o, incluso, el ambiente en que la estamos percibiendo.

Así, considero la función comunicativa y salvadora del poema. Función salvadora de resistencia que ayuda al poeta a vencer el abismo (*la poesía ya no sólo es belleza es resistencia al espanto*), un abismo que llena al poeta de dolor y espanto y que al conseguir traducir en palabras, lo aleja de la oscuridad y del silencio inhabitado. Un abismo que no sólo debe hacer referencia a la sensación, en algún momento percibida, de vivir en un mundo que no nos corresponde y que no comprendemos, sino a la sensación que se atora en nuestra garganta cuando sentimos la necesidad de expresar y el lenguaje no es suficiente, no encontramos los términos que nos permiten comunicar aquello que nos emociona, nos conmueve.

Una función comunicativa que se muestra al compartir el poema y hacer cómplices a los demás de ese intento de representar lo que racionalmente se aprecia como inaccesible, ininteligible, inasumible... El propio Leopoldo Mª Panero, asesinó simbólicamente en más de 100 poemas a su madre, comunicando el dolor y la soledad que su imagen le causaba. Todos exorcizamos, a través de la palabra que buscamos perfecta, la realidad que nos ataca y podría llegar a destruirnos. Todos sobrevivimos gracias al poema como si se tratara de un suero que se inyecta en nuestra sangre para aceptar la vida, para tratar de entenderla o, al menos, combatirla. Todos necesitamos de la belleza, de la magia, de la posibilidad de transmutación del horror para sabernos vivos y reales en este mundo que podría desfigurar cualquier existencia llegando a través de la palabra la verdadera medida de las cosas: ese es el poder del verso.

> Todos esperamos
> Que la palabra se haga carne que
> cubra los huesos que la injusta derrota provoca.

O en palabras de Luis Serguilha:

> El arte hace que la vida sea soportable. Con el arte buscamos el infinito en cada perspectiva (mónada intensiva)

Y el poema dice más de su autor que su propia vida, ya que en la búsqueda de la palabra, la expresión y el significado exactos está implícita la búsqueda de la esencia misma del ser y del estar ante la realidad. Yo soy y yo me sitúo en esa realidad y sólo con la palabra poética intento transmitir esa verdad, mi verdad, resistiendo así a la caída en el abismo.

Pero, ¿a qué nos referimos con resistencia? Como decía Leopoldo María Panero: "Sé todo sobre la Rosa / y sobre el abismo al que mis pies insultan / llevo una llaga en mi pecho / que es el secreto de mi vida". La poesía como la vida, es rosas y espinas. Es ternura y lucha cotidiana para llegar a sobrevivirnos en la destrucción, es belleza que duele y sangra cuando nace. El poeta, cuando escribe, siente la necesidad de enfrentarse a la realidad a veces incómoda, a veces hostil, a veces extraña y buscarle el sentido. Una realidad que, si la sentimos, nos devora en su imparable desatino.

Y quien ha bajado al abismo sabe que quienes le rodean también han arañado sus paredes para no sucumbir a la oscuridad; quien se mira hacia dentro, ha llorado, ha muerto y vuelto a nacer. Y sólo después escribe, escribe para traducir el dolor de otros y el suyo propio, para evitar la muerte y la degradación, para abrazar a quienes se sientan acogidos por las palabras, para que ese abrazo retorne al poeta y lo temple en su desolación. Escribir para mirar, desde la belleza, desde lo más esencial, cuanto nos rodea y porque, como decía Gabriel Celaya: "…cuando se miran de frente / los vertiginosos ojos claros de la muerte, / se dicen las verdades: / las bárbaras, terribles, amorosas crueldades. […] Maldigo la poesía concebida como un lujo cultural por los neutrales."

Porque es una necesidad vital igual que respirar, escribir sin simulación, sin trucos, palabras que intentan transmitir sincera y honestamente el mundo que nos puebla. Y, entonces, según Alberti, "Miro la tierra, aíslo / en mis ojos, atento, una pulgada. /¡Qué desconsolador, feroz y amargo / lo que acontece en ella!". Sólo desde la profundidad de las entrañas, desde el silencio y la soledad que reflexiona, desde la distancia y la falta incluso "de cordura" escribir.

Leopoldo María Panero nos enseñó, a mí personalmente me enseñó, a decir sin poner cara a lectores, a ser uno consigo mismo y a buscar para sí mismo, la palabra más honesta, aunque sea la más cruel y desdichada. Sólo así, se consigue absorber, reconocer, ordenar la realidad, la belleza, la fealdad, el amor, el odio… Respirar, además, el mundo a través de los otros, y que la empatía hace sentir como parte del dolor del poeta, así la poesía puede dejar de ser de uno mismo, para ser solidaria con la existencia de los demás.

Decía Charles Bukowski sobre SER ESCRITOR: "Si no te sale ardiendo de dentro / a pesar de todo/ no lo hagas. […] Si tienes que esperar a que salga rugiendo de ti, / espera pacientemente. / A no ser que salga de tu alma / como un proyectil, / a no ser que quedarte quieto / pudiera llevarte a la locura, / al suicidio o al asesinato, / no lo hagas".

Eso es, del mismo modo que no se necesita respirar a doble velocidad, no escribir si no se tiene nada que decir, si no se ve y no nace de lo más profundo. Pero, de pronto, una mirada, una caricia, el llanto o la muerte, puede hacerse visible e impulsar un poema. Y es en esa intimidad en la que el poeta se encuentra a sí mismo, e intenta comunicar la belleza o la muerte que la vida le muestra. El otro, puede irritarse, enfadarse, sentirse solidario, empatizar, lo importante es que sienta. La poesía debe partir de nuestras entrañas para llegar a las de los demás, la impasividad es inexistencia, no debe ser un lujo cultural de los neutrales. La poesía existe porque existe todo aquello que nos diferencia del resto de los seres vivos: la capacidad de sentir, valorar, decidir... en cada instante, la capacidad de creer y crear un mundo simbólico que nos separa y, al mismo tiempo nos acerca a nuestro propio mundo, capacidad del ser humano de crear arte en cualquiera de sus expresiones. Porque ser poeta, como escribe Flor Espanca: "É morder como quem beija!" Es luchar en una guerrilla con las palabras como única arma, para conseguir que en los demás crezca una revolución: sentir, sentir, sentir. Y si sabemos que no estamos muertos, sobrevivirnos a este dolor, salvar el abismo y sobrevivir. Es muerte y resurrección, igual que la vida: es gozo y dolor. Es, en definitiva, la única resistencia al espanto.

Las rosas, de verdad, no son perfectas:
algún pétalo se marchita en sus límites,
algún insecto en su corazón se preña.

Las descubres al nacer y
crees que son eternas:
huelen a belleza.

Pero son rosas del jardín
y no son perfectas:
son como la vida.

(Tierra con nosotros)

La poesía intenta abonar esa vida, esas rosas imperfectas. La belleza, cubre el abismo y, por instantes, nos deja creer en el paraíso. El reflejo de nuestras palabras en los otros nos salva: acompañarnos en el dolor, la ternura, la soledad, la muerte, el silencio; arañar nuestras entrañas y conmovernos; indignarnos, solidarizarnos, sensibilizarnos, hacernos salir del ostracismo, convertirnos en seres humanos y, ya, humanizados, salvarnos del abismo y de la finitud del mundo: esa es la salvación de la palabra.

Y así, siempre han existido estetas y poetas que buscan en su obra la máxima expresión de su ética, sin olvidar la estética, por supuesto. Incluso, en un mismo autor, debido a las vicisitudes de la vida, la forma de expresión sufre un cambio. Y es en ese cambio en que se refleja el compromiso con la realidad, el sentir del poeta. En la generación del 27, se comienza con "La poesía pura o deshumanizada", poesía que busca lo esencial, lo perfecto, despojada de sentimiento humano; pero tras la guerra, los poetas (tanto los exiliados como los que se quedan en España) sienten el dolor en sus propias carnes, el dolor de España. Y el propio Dámaso Alonso en su Insomnio se atreve a preguntar a Dios:

[...]
Y paso largas horas preguntándole a Dios,
preguntándole por qué se pudre lentamente mi alma,
por qué se pudren más de un millón de cadáveres en esta ciudad de Madrid,

por qué mil millones de cadáveres se pudren lentamente en el mundo.
Dime, ¿qué huerto quieres abonar con nuestra podredumbre?
¿Temes que se te sequen los grandes rosales del día,
las tristes azucenas letales de tus noches?

Todos ellos, todos los poetas, nos enseñan que el poema, es necesaria para colocarse ante de la realidad y darle el significado real, verdadero para el autor. Aquello que racionalmente no podríamos explicar. Cómo explicar la llaga que se presiente ante el dolor, la injusticia, la muerte; cómo colocarnos al lado de los que sufren... no hay discurso más veraz, más cercano, más atento que el poético. Un discurso que intenta abrazar a lo intangible y darle corporeidad, siendo conscientes, desde el inicio de ese trabajo creativo, de que la palabra, a pesar de ser ente definible, va a alcanzar una incorporeidad cercana a la intangibilidad que desea definir. La palabra se retuerce, se re-crea, se desdibuja de su estado lógico y objetivo, para alcanzar un status mayor, el esencial del sentimiento. Y es, entonces, cuando el poeta sale de sí mismo para llegar al otro en un acto de comunicación sincera e irrepetible. Decía al inicio que el poema dice más de la vida del autor que su propia biografía y me ratifico en esta afirmación, el poeta desde la soledad y el silencio de la caverna en que las sombras ya no son visibles ni físicamente definibles, intenta comunicar su verdad para salvarse de la propia realidad que lo acuchilla. Pero en la obra creada se va más allá de lo meramente palpable y fácilmente definible, se va al alma de lo innombrable, y se comunica desde la honestidad de la palabra creada un mundo que traspasa la realidad que respiramos y disfrutamos o sufrimos en cada segundo contable de existencia.

Yves Bonnefoy dice "la poesía no significa, muestra.[...] No juega al juego de la significación, por el contrario lo niega; su razón de ser es dirigirse más allá de las representaciones, análisis, fórmulas, -más allá de todos los discursos, de todos los saberes hacia la inmediatez de ser sensible que los conceptos nos hurtan" Y más adelante, "no olvidar que la necesidad de la poesía, entre los que la escriben, es también la preocupación por una verdad que se comparte"[1], una verdad que va más allá de lo meramente intelectual y que, de ninguna manera, podría ser explicada de forma racional. La verdad del artista, del poeta es la verdad de su alma, de su espíritu. Un espíritu que necesita buscar otro significado lejos del sentido utilitario de las cosas, más allá de lo aprendido... utilizando para ello la sensibilidad, la intuición, y el conocimiento de su propio yo, para expresar su necesidad interior. Como señala Wassily Kamdinsky[2], en esta expresión, la medida y el equilibrio no están fuera sino dentro del artista y, añado yo, sólo así se podrá intentar dar expresión a lo inefable. Un conocimiento en el que la tradición, la experiencia vital, la capacidad de sentir, la ética, la comprensión de la naturaleza, la cercanía al alma humana, la percepción intuitiva de la realidad, la necesidad de creer en algo que nos supera nosotros mismos, va generando un discurso de comunicación que significa más que las palabras.

Juan Ramón Jiménez en uno de sus poemas pertenecientes a su poesía pura, describe ese instante en que el sol se pone tras las montañas: belleza intangible e inalcanzable; belleza instantánea e imposible de detener en su desaparición, pero creación poética al fin, tan pura y eterna como lo es el poema que la describe:

Poema de *De Poesía*, 1923 que habla del ideal de pureza, tanto en la vida como en la poesía:

¡Ésta es mi vida, la de arriba,
la de la pura brisa,

---

1. BONNEFOY, Yves. La traducción de la poesía, Valencia, Editorial Pre-textos, 2002 (Traducción y prólogo de Arturo Carrera), Pg. 25
2. KANDINSKY; Wassily. De lo espiritual en el arte, México, Premia Editora de libros S.A., 1979. (Traducción de Elisabeth Palma), Pg. 63.

la del pájaro último,
la de las cimas de oro de lo oscuro!
¡Ésta es mi libertad, oler a rosa,
cortar el agua fría con mi mano loca,
desnudar la arboleda,
cogerle al sol su luz eterna.

Y el poeta, a través del único medio que conoce: la palabra, intenta dar sentido y describir la esencia de las cosas, la esencia del sentimiento en cada mirada, en cada movimiento respiratorio, en cada instante de vida, en la única expresión sincera de libertad. Y el poema intenta, en un aquí y un ahora, mantener ese instante que se nos escapa entre las manos porque parte de experiencia de la mirada, de la sensibilidad y no se puede aprehender y mantener como los objetos se mantienen.

Y volvemos a Platón, y, ahora ascendemos hacia la luz; hacia las sombras que en la cueva se reflejaban y percibíamos de manera sensitiva sin materialidad, sin consistencia, fruto del instante en que la luz las reflejaba en el espacio, intangibles. Ascendemos al mundo de los objetos, de los cuerpos, a la realidad... y nuestro cerebro comienza a racionalizar y ordenar esa realidad en elementos tangibles, medibles, contables, definibles físicamente, eso es todo y eso es nada. ¿Qué nos queda? ¿Qué nos mueve más allá de la pura racionalidad? Precisamente la necesidad de encontrar un sentido pocas veces racional y razonable al mundo que nos rodea. El poeta se pregunta por ese sentido más allá de la pura corporeidad, por su propia percepción de ese mundo, se cuestiona las verdades recibidas y consolidadas que parten de la experiencia de otros. Y busca su propio conocimiento empírico, su propia verdad. Una verdad intangible, inefable, pero honesta que parte de su yo más profundo para comunicar a los otros en ese aquí y ese ahora. ¿Y qué difícil comunicar a veces? ¿Qué falta, muchas veces, de capacidad expresiva en la propia expresión? Cuánta necesidad de búsqueda entre las propias palabras para llegar a transmitir ese instante en que se percibió el conocimiento exacto. Y se retuercen, se estiran, se violentan las colocaciones sintácticas, léxicas, morfológicas del lenguaje natural para llegar a expresar lo inefable. Y se alcanza la belleza última del sol y el intento de sobrevivirse más allá de una realidad que no siempre significa existencia.

Y se comparte entonces, el sentido último de estar aquí y ahora y todo aquello que nos araña, nos hiere, nos emociona, nos inquieta. El poema debe nacer de ese yo que busca eternamente sentido y que bebe de lo más profundo de las entrañas para llegar a las entrañas de los otros que, en el poema, encontrarán su propio sentido. Debe enseñar a mirar de manera diferente a los ojos de esa realidad que todos aceptamos sin cuestionarnos en el día a día. Pero, por qué asumir la realidad que otros nos han transmitido como veraz, por qué no preguntarnos por esa realidad desde otro punto de vista. El poeta, debe comunicar esa conciencia crítica, en unos casos, y enseñar a quién quiera escucharlo, que puede haber otra realidad. No es necesario encontrarla, definirla como posible y admisible, sino como camino para modificar la percepción y la asunción de todo como corderos de un rebaño. El poeta, debe dibujar, sombras sobre las propias sombras que modifiquen la percepción a partir de ese momento. En otros, el poeta transmite la belleza y nos hace cómplices del descubrimiento de una realidad que se abre ante nuestros ojos cada día (el atardecer, por ejemplo) y que dejamos pasar si percatarnos en ella porque la vida y sus tiempos no nos permiten observar lentamente, sin distracciones. Es el poeta, el que como un niño, recrea su propio mundo, poniéndolo patas arriba para que otro mundo sea posible. Un niño, en su más tierna infancia, se comunica con los objetos, personifica cualquier elemento, le otorga a sus juguetes la capacidad de sentir, de hablar, de llorar, de pensar... Interactúa con ellos de manera natural en un mundo que, lejos de ser racional, es enriquecedor y mágico. El poeta debe observar el mundo con ojos de niño y volver a crear los lazos, los vínculos, los significados de todo lo que hay en su existencia. Un niño tiene capacidad de asombro en cada instante, un poeta no debe perder jamás esa capacidad y el deseo de poder transmitirla. Crear, esa es la palabra, crear un espacio nuevo, un mundo nuevo, un lenguaje nuevo para comunicarnos, rebelarnos, resistir y salvarnos en la brevedad de un poema, en la intensidad del verso y de toda su emoción contenida; dar forma a la imagen poética que lo abarque todo.

Y, entonces, nos preguntaremos ¿hemos conseguido transmitir lo esencial de nuestra existencia, de nuestro aquí y ahora que necesitamos? Sólo en la palabra poética, en la experiencia y relación con nuestra verdad más honesta, con nuestro yo más profundo, obtendremos la respuesta. Cada poeta busca su verdad y siente una necesidad diferente a la hora de escribir: crear belleza, crear contenido, aunar ética y estética, despertar y enfrentar a sus propios fantasmas, provocar desde la revulsión de las entrañas un movimiento sísmico en el otro que haga que se cuestione la realidad de una manera diferente, desde otra perspectiva. Si somos fieles a nuestra búsqueda, podremos, a pesar de la limitación del lenguaje, acercarnos a esa traducción de lo intangible y superar esa finitud que a todos nos obsesiona. Necesitamos salir de la caverna, conocer el mundo, reconocer su límite temporal, encontrar el sentido y superar el miedo a esa nada que nos cubrirá a todos. La palabra poética nos salva, nos lleva más allá de nuestras fronteras expresivas y vitales, nos une a otros que, como nosotros, viven en una continua búsqueda de sentido. Quizás nunca hallemos el sentido último de nuestra existencia, pero el camino, la búsqueda, el ejercicio incansable, la necesidad y su expresión nos salva del abismo. A lo mejor, de eso se trata, esta es la única salvación: *caminar sin descanso a través del poema.*

MONTSERRAT VILLAR GONZÁLEZ, Licenciada em Filologia espanhola e Filologia Portuguesa, conta com um Máster em Ensino de espanhol como língua estrangeira e na atualidade está a trabalhar na sua tese doutoral sobre o Processo de tradução e o estudo da poesia de Álvaro Alves de Faria (poeta de São Paulo). Tem vários livros publicados de materiais didáticos tanto de português como de espanhol e, enquanto à sua paixão literária, tem publicados 6 livros de poemas em espanhol e um livro de autor, além de ter publicada uma antologia em galego e ter sido, um dos seus livros, traduzido o português. Profissionalmente, desempenha a direção acadêmica, cria material didático e ministra aulas num Centro de ensino de Espanhol em Salamanca. Dá palestras em países estrangeiros sobre o ensino de espanhol ou literatura, além de ter dado recitais poéticos em vários países.

A magia da ciência poética

Márcia Fusaro

INTROITUS LOGOS POETICUS

É evidente, mas muito frequentemente esquecido,
que a ciência é feita por homens.
Isso aqui é relembrado na esperança de reduzir
o hiato entre duas culturas, a arte e a ciência.

WERNER HEISENBERG

Cientistas, escritores, artistas, filósofos, de fato,
aqueles que realmente merecem ser chamados
como tais, possuem um traço, essencialmente,
em comum: a insubmissão ao estabelecido.
São seres naturalmente insubordinados. [...]
A arte, a literatura, as ciências, a filosofia não são
esferas desconectadas. São esferas que possuem
traços e objetivos em comum. Via de regra, tais esferas
são colocadas como inimigas, opostas, contrárias,
nada tendo em comum. Parece-nos, inclusive, que
tal afirmação não deveria ser mais novidade,

no entanto, o senso comum costuma vê-las como
inimigas e contraditórias.

Ana Maria Haddad Baptista

O desenvolvimento da ciência e das atividades
criativas do espírito em geral exige ainda outro
tipo de liberdade interna. Trata-se daquela liberdade
de espírito que consiste na independência do pensamento
em face das restrições de preconceitos autoritários e sociais,
bem como da rotinização e do hábito irrefletidos em geral.
Essa liberdade interna é um raro dom da natureza e uma
valiosa meta para o indivíduo. No entanto, a comunidade
pode fazer muito para favorecer essa conquista,
pelo menos deixando de interferir no seu desenvolvimento.
As escolas, por exemplo, podem interferir no desenvolvimento
da liberdade interna mediante influências autoritárias
e a imposição aos jovens de cargas espirituais excessivas;
por outro lado, as escolas podem favorecer essa liberdade,
incentivando o pensamento independente.
Só quando a liberdade externa e interna são constante
e conscienciosamente perseguidas há possibilidade de
desenvolvimento e aperfeiçoamento espiritual e,
portanto, de aprimorar a vida externa e interna do homem.

Albert Einstein

[...]
Os desenhos
       do matemático
e do poeta devem
           ser belos

                Flores
                teoremas
desmaiam
                em súbitos
jardins
sob   crepúsculos
fugazes
A beleza é a primeira prova
            da matemática

MARCO LUCCHESI

Eu queria muito aprender a desenhar,
por uma razão que eu guardava comigo:
eu queria transmitir a emoção
que sinto sobre a beleza do mundo.
É difícil descrevê-la, por ser uma emoção.

RICHARD FEYNMAN

O raciocínio tem enorme importância,
mas também é claro que a intuição tem seu papel
na física e na matemática. E, para mim, tudo aquilo
em que entra intuição é uma forma de arte.
Física e matemática são de um poético tão alto
que já é banhado de luz.

CLARICE LISPECTOR

O artista realmente precisa de uma atitude científica
com relação ao seu trabalho, assim como o cientista
deve ter uma atitude artística com relação ao seu.
Parece-me que dentro da questão sobre verdade e
beleza é possível encontrar a mais profunda

relação entre a ciência e a arte.

David Bohm

Ao inverso do que ocorre com os axiomas
dos matemáticos, as verdades dos físicos ou as ideias
dos filósofos, o poema não abstrai a experiência:
esse tempo está vivo, é um instante pleno de toda
a sua particularidade irredutível e é perpetuamente
suscetível de repetir-se em outro instante, de
reengendrar-se e iluminar com sua luz
novos instantes, novas experiências.

Octavio Paz

A luta pela beleza e harmonia [...]
exige uma revisão sistemática dos pressupostos
e do alcance de nossos meios de expressão. [...]
Tomando a discussão sobre a relação que existe
entre nossos meios de expressão e o campo da
experiência por que nos interessamos,
é fato que somos diretamente confrontados
com a relação entre a ciência e a arte.
O enriquecimento que a arte pode nos trazer
origina-se em seu poder de nos relembrar harmonias
que ficam fora do alcance da análise sistemática.
Pode-se dizer que a arte literária, a arte pictórica
e a arte musical compõem uma sequência
de modos de expressão em que a renúncia
cada vez mais ampla à definição, característica
da comunicação humana, dá à fantasia uma
liberdade maior de manifestação.
Na poesia, em particular, esse propósito é alcançado

pela justaposição de palavras relacionadas
com situações observacionais mutáveis,
com isso unindo emocionalmente
múltiplos aspectos do conhecimento humano.

Niels Bohr

Eu gostaria de dizer que existem dois tipos de
noções científicas, mesmo se concretamente elas
se misturam. Há noções exatas por natureza,
quantitativas, equacionais, e que não têm sentido
senão por sua exatidão: estas, um filósofo ou
um escritor só pode utilizá-las por metáfora,
o que é muito ruim, porque elas pertencem à
ciência exata. Mas há também noções
fundamentalmente inexatas e, no entanto,
absolutamente rigorosas, das quais os cientistas
não podem prescindir, e que pertencem ao mesmo
tempo aos cientistas, aos filósofos, aos artistas.

Gilles Deleuze

Reflexões insubmissas

Surpreende o tom – por ironia, demonizador, exorcizante – com que alguns membros atuantes nas áreas das, assim chamadas, ciências duras ainda se portam, em geral, diante de questões que remetam ao poético, ao estético, principalmente ao metafísico. Há, evidentemente, exceções. Faço, de saída, a devida e justa ressalva. Reservo-me, no entanto, o desejo de que o número delas fosse maior do que aquele que tenho encontrado. Também não pretendo aqui exercer a ingênua defesa de que deveria haver falta de objetividade na ciência. Evidentemente que não. A ciência pressupõe a busca pela exatidão em sua metodologia.

Mensuração. Experimentação. Afinal, graças ao necessário rigor científico é que nos tem sido possível celebrar grandes avanços e conquistas da humanidade.

No entanto, leituras rasas, promovedoras de equívocos e preconceitos contra o livre saber, surgem quando os curiosos de ciências – a meu ver, não se faz justo considerá-los verdadeiros estudiosos, pesquisadores de ciências, tampouco cientistas – consideram que exatidão, objetividade, empirismo, mensurados e ministrados com altíssimas doses de materialismo, são tudo o que basta ao exercício da ciência. Mais lamentável ainda quando defendem ser esse o mais correto e único princípio a ser ensinado na formação escolar, por estar "do lado do bem científico" por eles defendido. É quando a ciência passa a ser exercida, perigosa e inadvertidamente, como dogma, portanto, da ordem do inquestionável. Exercício de fé no credo científico. Movidos pela paixão ideológica, doença do espírito pertencente a todos os tempos, conforme nos adverte Octavio Paz (2017, p. 418), os crentes da ciência são aqueles que têm fé e creem cegamente na ciência preenchida de ares neopositivistas. Sufocantes ares. Imersos em tóxica fumaça ideológica, não defendem os fundamentos da fina ciência de fato, cujas bases se alicerçam na busca pelo conhecimento, qualquer que seja ele. Mesma sabedoria, aliás, iluminadora da convicção que levou um pensador do porte de Peirce a proferir um dos mais belos fundamentos intelectuais de seus *Collected Papers* (vol 1, p.135): "Do not block the way of enquiry". Lógico, matemático, filósofo, cientista, fundador da semiótica, entre outros tantos de seus domínios intelectuais, lembremos Peirce aqui também como fino scholar a nos servir como exemplo de pensador cientificamente rigoroso, mas que não se deixava capturar pelas armadilhas das ligerezas conceituais, movido que era por alta erudição. A mesma que o grande matemático Henri Poincaré – não por acaso lido por Picasso e Einstein e inspirador de ambos em suas respectivas áreas de criação (cf. Miller, 2001)

— reconhece como erudição necessária ao cientista, desde que utilizada em doses precisas, destituída de desnecessários pedantismos. Instrumento fundamental ao refinamento de espírito.

Permito-me aqui, bem como em outros momentos futuros deste ensaio, lançar mão de citações um pouco mais longas, por serem oportunas como exemplos eloquentes à minha argumentação, ao serem proferidas por vozes altamente respeitáveis da ciência interfaceadora do poético e do metafísico. Ouçamos, então, o brilhante polímata:

> Concorda-se em dizer que o ensino literário, bem compreendido, isto é, despojado de qualquer aparato inútil de pedantismo ou erudição, é o mais adequado para desenvolver em nós a finura de espírito. E, como a finura de espírito é necessária a todos, porque todos precisam viver, conclui-se que a cultura literária é tão necessária aos cientistas quanto a todos os homens. Só que se costuma acreditar que estes precisam dela para se tornar homens, e não para se tornar cientistas — e é aí que as pessoas se enganam. [...] O espírito geométrico permite-nos tirar conclusões a partir de premissas completas, certeiras e bem assentadas; mas precisamos da finura de espírito toda vez que queremos fazer conjecturas a partir de dados múltiplos e incertos, dentre os quais é preciso escolher. O campo do geômetra, portanto, é muito mais extenso do que ele supõe. [...] Não se pode esperar pela certeza, há que nos contentarmos com a intuição. Nisso, o espírito geométrico puro é falho; precisamos de algo mais, e esse algo é a finura de espírito, tal como acabo de defini-la (Poincaré, 2008, p. 266).

Vítimas incautas, portanto, da falta de finura de espírito e conduzidos pela estreiteza da fidelização ideológica atada ao materialismo, os crentes da ciência acreditam cegamente na negação do sensível, do metafísico. Não se mostram adeptos ao genuíno ceticismo, suspensor de juízos e ponderador de possibilidades equivalentes tanto para o sim, quanto para o não, conforme se esperaria de um fino cientista. Ao contrário, os curiosos de ciência são, ao fim e ao cabo, também eles crentes, tanto quanto os religiosos, só que na *negação* do imaterial. Afinal, seu deus é o material. Sua religião, a materialidade. Exercem, por ironia e sem se dar conta, o próprio princípio dogmático-religioso de bases medievalistas que a ciência veio substituir, ao longo do Renascimento, e que ela própria ainda tanto teme. *Irrisorius ouroboros*.

É, pois, contra a postura ingenuamente inculta dos aguerridos dogmáticos, crentes da ciência, que me insurjo. E por vários motivos. Entre eles, sua defesa do exercício autoritário de um apriorístico poder-saber. Também devido a seu tipo de conduta desejar impedir a realização de um princípio basilar, tão belo e fulcral na ciência, quanto na arte, na filosofia, enfim, na existência humana: *o exercício da liberdade*. Liberdade de sentir, pensar, experimentar, conhecer, expressar. Com Deleuze, lembremos que ciência, filosofia e arte são igualmente criadoras e suscetíveis a agenciamentos, ainda que não se confundam em suas áreas de atuação.

Espanta, por isso, a fervorosa fé científica com que tais aguerridos defendem suas (in)questionáveis convicções. Ciência-fé, substituta mesmo da religião e dos sentidos místicos, mágicos, contra os quais esses crentes tanto lutam e se defendem, mas no seio dos quais, ressaltemos com a devida veemência, a ciência se viu nascer. Não nos enganemos. Ouçamos a erudição de Octavio Paz (2017, p. 211), pautada pela história da ciência:

> Deve-se repetir que, sem o hermetismo, a alquimia e as especulações mágicas, não teria sido possível o empirismo da ciência moderna. Por meio da atitude livre e irreverente dos 'magos' diante da natureza e graças a seu interesse pelos fenômenos naturais, emergiu a importante noção de experimentação.

Assinalados por opiniões e conclusões enviesadas, sobrecarregadas por matizes já revistos de platonismo e positivismo, conceitos como Realidade, Verdade, Objetividade, Exatidão, entre outros, ainda são considerados por esses aguerridos assim mesmo, com letra maiúscula. Movidos por conveniência ideológica, e por uma inconveniente falta de erudição literária, esquecem-se de que tais conceitos devem, cautelosamente, e pelo olhar nascido da própria ciência, ser considerados com letra minúscula, submetidos que estão às leituras sincrônicas de seu tempo, participantes ativas dos engendramentos científicos (cf. Latour, 2011, 2017).

Também se mostra ingenuamente inculta a atitude de escárnio por eles demonstrada em relação à religiosidade. Mesmo que aceitar as religiões, segui-las, não seja, de forma alguma, necessidade, imposição ou norma – para aprazimento, aliás, daqueles que a nenhuma delas deseje se afiliar, para citar nosso próprio exemplo. O fato é que qualquer reflexão fundamentada por alguma erudição pressupõe, a rigor, o reconhecimento da inegável influência que as religiões e seus escritos têm tido na história da humanidade. Evitam-se assim, também nesse campo, as deselegâncias do pensamento raso, desavisado, condenador, que tem levado grandes escritores-pensadores a se verem obrigados a justificar a própria erudição em face da ignorância alheia, a exemplo do que se testemunha no lúcido desabafo do scholar Marco Lucchesi:

> Não evitei os estudos teológicos para compreender a estrutura da *Divina Comédia*. Como na UFF eu lutava, desde o primeiro dia de aula, e aqui evoco a precisão temporal, contra um espírito neopositivista na Universidade (contra o qual me posiciono até hoje com igual fervor). Precisei tantas vezes justificar meu interesse pela teologia, nos ensaios que escrevi. Não pode haver restrições comtianas. E, sem conhecimento de teologia, torna-se impossível abranger regiões oceânicas da *Divina Comédia*,

embora a obra de Dante resida em sua maravilhosa *ragion poetica* (Lucchesi apud Guerini, Simoni, Costa, 2017, p. 38).

Mesmo amor pela liberdade do saber que levou Octavio Paz a dedicar mais de trinta anos de pesquisa e escrita à obra-prima *Sor Juana Inés de la Cruz ou as armadilhas da fé*. Meandros teológicos interfaceados à história da ciência, filosofia, sociologia, sobretudo poesia e arte, entre outras contextualizações, formam as finas veredas biográficas que tentam explicar – sem finalismos, posto que conduzidas pela erudição de Paz – o brilhantismo da intelectualidade singular, sobretudo insubmissa, da freira mexicana do século XVII que se dedicou com fervor à leitura e à escrita.

Também o fervor move os crentes da ciência, só que a contrapelo da teologia, do metafísico, do sensível. Fazem questão de se manter fiéis à sua materialista fé científica, mesmo depois de a própria ciência muito moderna e contemporânea haver identificado e reconhecido conceitos como indeterminação, complementaridade, acaso, entropia, probabilidade – entre outros abrigados pelo campo semântico da imprecisão imaterial – como índices também atuantes nos contextos conceituais e empíricos da ciência. Muitos se dizem adeptos da relatividade e da teoria quântica e seus agenciamentos, bem como de todo o aparato da ciência atual, mas não se percebem presos em armadilhas conceituais subjetivistas – ainda que demonizem o subjetivismo – a conduzirem-nos sempre, e de volta, à sua fé científica nublada de neopositivismo.

Esquecem-se, ainda, de que a ciência é feita por seres humanos, como bem nos lembra, na primeira epígrafe deste ensaio, o físico quântico Heisenberg, conceituador do "princípio da incerteza". O mesmo que, com envolvente elegância literária, nos ensaios memorialísticos de *A parte e o todo* (1971), narra suas reflexões sobre ciência diante do contexto da física quântica surgente, no início do século XX, por meio de belos diálogos com colegas cientistas. Genuínos scholars, não deixam de refletir com inteligência, buscando se desvencilhar de "apriorismos alucinógenos" — para usar a feliz expressão de Lucchesi (apud Guerini, Simoni, Costa, 2017, p. 35) — lançadores de possíveis preconceitos científicos contra metafísica, poética, estética, religiosidade, linguagem, humanidades.

Em meio aos inúmeros exemplos que poderiam ser aqui elencados, tem-se um dos ensaios de *A parte e o todo* a narrar um portentoso diálogo sobre ciência e religião, ocorrido em 1927, do qual participaram, ao lado do próprio Heisenberg, ninguém menos que Paul Dirac, Wolfgang Pauli e Niels Bohr. Em outro ensaio, nota-se o olhar científico-poético de Heisenberg, insubmisso, a se desenvolver desde muito cedo, apesar dos horrores da guerra, ou, pelo visto, justamente devido a eles. Cito deste um longo e belo fragmento a evidenciar interfaces entre a ciência e a arte literária agenciadas por *perceptos* e *afectos*, conforme diria Deleuze.

> Deve ter sido na primavera de 1920. O fim da Primeira Guerra Mundial lançara a juventude da Alemanha em grande tumulto. As rédeas do poder haviam caído das mãos de uma geração mais velha, profundamente desiludida, e a mais nova agregou-se em grupos, pequenos ou grandes, na tentativa de abrir seus próprios caminhos ou, pelo menos, descobrir uma nova bússola com a qual pudesse orientar-se, já que a velha parecia quebrada. Numa luminosa manhã de primavera, uns dez a vinte de nós, a maioria mais jovem que eu, partimos para uma caminhada que, se bem me lembro, nos levou pelas montanhas que se elevam na margem ocidental do lago Starnberg. Pelas frestas na densa tela esmeralda de faias tínhamos vislumbres ocasionais do lago lá embaixo e das altas montanhas ao longe. Tive ali minha primeira conversa sobre o mundo dos átomos, que seria de grande importância para o meu desenvolvimento científico posterior. Para explicar por que um grupo de jovens alegres e despreocupados, abertos para a beleza da natureza em flor, havia de entabular

justamente esse tipo de conversa, talvez eu deva assinalar que a confusão dessa época rompera o casulo em que, em tempos mais calmos, a família e a escola protegem a juventude. À guisa de substituto, descobríramos uma independência de opinião e não pensávamos duas vezes em opinar mesmo sobre assuntos que exigiam muito mais conhecimentos do que os disponíveis a qualquer um de nós (Heisenberg, 1996, p. 9)

Ressaltemos essa mesma elegância nos ensaios de Einstein, Niels Bohr, David Bohm, Richard Feynman, Max Planck, Henri Poincaré, além, claro, do sublime Bachelard, entre outros cientistas notáveis. Ao perpassarem temas como metafísica, religiosidade, linguagem, estética, poética, detecta-se em várias passagens o necessário rigor do pensamento científico, nem por isso atado a estreitamentos departamentalizantes ideologicamente localizados, desvalorizadores do exercício do livre pensamento. Ainda que sob a mira dos percursos acadêmico-políticos – por vezes massacrantes e injustos, suscetíveis, portanto, a se tornarem vítimas ou algozes em determinados momentos, percebe-se nos relatos ensaísticos desses cientistas mais refinados, na maior parte das vezes – guiando-nos pela lente da interpelação hermenêutico-literária –, a suspensão de juízos finalizadores condizente, enfim, com o genuíno – quase sempre mal compreendido – ceticismo. Diferentemente daquele que tem fé ou crê na afirmação, ou negação, de algo, o cético suspende o juízo imediato. Não afirma. Não nega. Pondera. Isso porque a principal característica do cético é manter-se em atitude crítica diante da pretensão dogmática de haver descoberto a verdade (Smith, 2004). Os crentes da ciência, por sua vez, negam veementemente o imaterial não passível, a seu ver, de qualquer detecção, consideração ou mensuração empírica. Esquecem-se de quantas vezes a própria ciência já teve de admitir e aceitar fenômenos a posteriori, após negar com veemência a existência de inúmeros deles, tidos anteriormente como invisíveis, indetectáveis, inexistentes. Em seu fervor científico, portanto fadado às tendencialidades da paixão, demonstram assim o mesmo dogmatismo sustentador das religiões.

Os genuínos scholars da ciência, no entanto, mostram-se quase sempre atentos a tais armadilhas. Insubmissos por natureza, além de portadores da devida erudição, não deixam de considerar arte, intuição, espiritualidade (não necessariamente vinculada aos dogmas religiosos) e outras questões de ordem estética e metafísica, com a mesma respeitabilidade com que se voltam aos rigores da ciência. Veem-se, antes, entusiasmados diante das possibilidades de debate advindas de maiores reflexões, incluindo-se aquelas de cunho sensório, metafísico. Não se sentem intimidados pelo subjetivo em face do objetivo. Mantêm a postura de cientistas dignos desse título, por se recusarem a manifestar como premissa primeira afirmações ou negações categóricas de ordem ideológica. Ponderam. Examinam. Analisam. Experimentam. Sobretudo *reconhecem* quando isso se mostra sábia atitude.

A exemplo do que vemos nos quase infindáveis debates e ponderações entre Einstein e Bohr, sobre religião e ciência, entre outros temas envolvendo o surgimento da física quântica, descritos por este último em seus ensaios. Ou nos famosos diálogos entre Heisenberg e Bohr em Copenhague, em 1941, sobre questões envolvendo a construção da bomba atômica. Não nos esqueçamos, aliás, de que ensaios, cartas, diálogos, biografias e autobiografias constituem parte rica e fundamental desse universo perpassado não somente por artigos científicos e relatórios técnicos, mas, igualmente, e pelo fato de estarmos nos referindo a eruditos, pela fina escrita poética-literária-memorialista.

Não sejamos ingênuos: evidentemente que a subjetividade se infiltra nos engendramentos teórico-experimentais da ciência. Por ser humano, nenhum cientista está imune a isso. Há, no entanto, que se estar atento e se ter a devida sabedoria para admiti-lo, a fim de não se ver capturado pela negação conduzida por indisfarçada arrogância alimentada de vaidosa teimosia. Infelizmente, algo não incomum no universo intelectual acadêmico. Como o exemplo visto na reação de Goethe ao ser contestado sobre sua *Teoria das cores*. Tendo levado a cabo os experimentos sugeridos pela teoria, Eckermann (2016, pp. 313-20) narra, em relato de 1829, não haver obtido as confirmações nem os resultados defendidos pelo escritor-cientista. Refletindo então sobre possíveis alternativas quanto à aplicação da metodologia científica, decidiu questionar Goethe, mas imbuído de toda cautela para não ofender o amigo.

> Eu mal começara a falar quando o semblante sereno e sublime de Goethe se anuviou e eu pude ver claramente que ele não aprovava minhas objeções.
> – Claro – eu disse – que quem quiser ter razão contra Sua Excelência tem de se levantar cedo; mas também pode acontecer de o mestre se precipitar e o pupilo acertar.
> – O senhor fala como se tivesse acertado! – respondeu-me com sarcasmo e alguma ironia. [...] – Comigo e com minha *Teoria das cores* [...] se passa o mesmo que com a religião cristã. Durante algum tempo pensamos ter discípulos fiéis e, antes que nos demos conta, eles se afastam e fundam uma seita. O senhor é um herege como os outros, pois não é o primeiro a se afastar de mim (Eckermann, 2016, p. 319).

Conceito-chave principalmente a partir da modernidade, a subjetividade, pensada com brilho por Sartre, Paz e tantos outros intelectuais, também é capaz, claro, de gerar armadilhas. Passíveis de capturar até mesmo pensadores do porte de um Goethe. Lembremos mais uma vez que a ciência é feita por seres humanos, tanto quanto a arte, entre outras tantas manifestações humanas. Entretanto, não se trata necessariamente de um problema, ao contrário. O ser humano se mostrar capaz de realizar ciência é algo esplendoroso. O problema é quando as tais, inconvenientes, posturas e leituras rasas, defensoras única e exclusivamente da objetividade materialista como fundamentação, deixam de considerar o fator subjetividade dentre as variáveis equacionais na atuação dos cientistas. Em geral, é quando se vê os crentes da ciência agindo inadvertidamente como Goethe nessa passagem, capturados pelas armadilhas da subjetividade carregada de teimoso egocentrismo, a utilizarem um tom dogmático, autoritário, que, longe de se mostrar científico, aproxima-se mais àquele da religião, considerando como *hereges* – e aqui lanço um aceno de ironia – aqueles que não defendam com eles a mesma fé científica. Este e vários outros motivos de ordem subjetiva indicam, enfim, a necessidade do emprego do ceticismo bem compreendido.

Lembremos que inúmeros cientistas de renome se voltaram à arte, ao poético, ao metafísico. Para ficarmos com alguns exemplos, iniciemos pelo fato oportunamente deixado de lado, no âmbito das ciências duras, de Newton haver dedicado grande parte de sua obra a estudos e experimentos alquímicos, conforme relata o físico brasileiro Mário Schenberg, outro admirável insubmisso a ser lembrado, em *Pensando a física* (2001). Além dos estudos consagrados de Pyio Rattansi, professor emérito da University College London e pesquisador sênior do King's College Cambridge. Com destaque para seu artigo "Newton and the pipes of pan", de 1966, publicado pela Royal Society, já clássico no âmbito dos estudos mundiais em história da ciência, escrito em parceria com J. E. McGuire. Conheci o amável Dr. Rattansi durante sua estada como professor visitante na PUC-SP, anos atrás, à época de meu mestrado, quando tive o prazer de ouvir o scholar falar pessoalmente sobre o lado polêmico de suas pesquisas sobre o Newton alquimista. Uma das biografias mais completas sobre Newton, publicada em 1995 (lançada no Brasil em 2002), pelos historiadores da ciência I. Bernard Cohen (Universidade de Harvard) e Richard S. Westfall (Universidade de Indiana), dedica um tópico inteiro de capítulo ao *revival* analítico do famoso artigo de Rattansi.

Faz muito tempo que os estudiosos newtonianos têm conhecimento de um conjunto de escólios rascunhados das Proposições 4 a 9 do Livro III dos *Principia*. Eles foram redigidos na década de 1690, como parte de um projeto não realizado de uma segunda edição do livro. [...] Talvez seja possível interpretá-los, com suas discussões de figuras lendárias e suas referências a uma filosofia "mística", como obra do Newton "mágico" (e portanto, aberrante), como produções excêntricas, dotadas de pouca importância para a reconstrução de seu trabalho genuinamente científico, e que apenas lançam luz sobre seus interesses esotéricos e ocultistas. A nosso ver, entretanto, essa interpretação parece insustentável. Está mais do que claro, hoje em dia, que as investigações sérias de Newton não se restringiram à filosofia natural, investigada pelo método experimental-matemático. Seus estudos de teologia e de cronologia antiga eram de igual importância para ele e foram conduzidos de maneira tão rigorosa quanto seu trabalho científico. Há provas suficientes, mesmo em seus textos publicados, de que ele não considerava esses tipos diferentes de investigação como exercícios desvinculados dos demais. Ao contrário, partilhava da crença, comum no século XVII, em que o conhecimento natural e o divino podiam ser harmonizados, revelando apoiar um ao outro (Cohen e Westfall, 2002, pp. 129-30).

Assim como Newton, Einstein também se mostrou profundamente interessado em questões metafísicas, religiosas, artísticas, humanísticas, abordando-as com a mesma seriedade com que considerava a ciência. Seus elegantes ensaios dão testemunho disso. Cabe lembrar que também ele, tanto quanto Goethe, não deixou de ser capturado pelas armadilhas do subjetivismo. Como o exemplo recorrentemente citado em que, levado por um sentido de inegável base religiosa — embora não fosse religioso, considerem-se as influências de sua origem judaica —, Einstein proferiu a já famosa frase "Deus não joga dados", indignado diante das indeterminações e incertezas trazidas à baila pela física quântica. Motivo de seus longos, notáveis embates conceituais com Niels Bohr, entre outros cientistas. Recordemos, ainda, seu profundo amor pela música erudita – com destaque para Mozart, Bach, Schubert –, refletido não somente nos concertos formais e informais dos quais participou como violinista, mas também na intimidade com que apelidou seu instrumento preferido de "Lina", diminutivo de violino. Chegou inclusive a tocar em algumas ocasiões com Max Planck, outro físico erudito também amante de música. Planck aprendeu canto e tocava piano, órgão e violoncelo, além de haver composto músicas e óperas. Em suas memórias autobiográficas, descreve com elegância, sem esconder o tom de desabafo, vários momentos em que cientistas se recusaram a reconhecer o brilhantismo de suas teorias, movidos por ideologias e subjetividades rasas, consagradoras de políticas acadêmicas míopes, departamentalizantes. Insubmisso, pagou altos preços até finalmente ser reconhecido como grande cientista. Um momento delicioso de suas memórias (Planck, 2012, pp. 26-7) narra o recebimento, pelo Instituto de Física Teórica de Berlim, onde atuou, de um órgão cujos teclados não estavam "temperados". Deram-lhe então a missão de usar o instrumento para estudar a escala "natural" (não temperada), o que o levou à descoberta, segundo ele até certo ponto inesperada, de que em todas as circunstâncias a escala temperada é mais agradável ao ouvido humano do que a "natural" (não temperada).

Enquanto desenvolvia suas pesquisas sobre física quântica, e em busca de possíveis respostas às suas inquietações de ordem científica, Niels Bohr, como genuíno scholar da ciência, portanto desprovido de preconceitos apriorísticos, dedicou-se a estudos sobre culturas e religiosidades orientais. Por essa via, elaborou o fundamental "princípio da complementaridade", inspirado no taoísmo chinês. Seu escudo heráldico exibe, ao centro, o símbolo do Tao – *yin* e *yang* em faces complementares – e, acima, os dizeres *Contraria Sunt Complementa*. Em suas próprias palavras, "para um paralelo com a lição da teoria atômica acerca da limitada aplicabilidade dessas idealizações costumeiras, devemos nos voltar, na verdade, para ramos bem diferentes da ciência, como a psicologia, ou até para o tipo de problemas epistemológicos com que já se confrontavam pensadores como Buda e Lao Tsé, ao tentarem harmonizar nossas posições de espectadores e atores no grande drama da vida" (Bohr, 1995, pp. 25-6).

Mesmo fino approach que levou outro insubmisso do naipe de John Cage a se interessar pelo Zen Budismo (Cage, 2012; Larson, 2012) em suas originalíssimas experimentações musicais e poéticas interfaceadoras do acaso e das indeterminações da física muito moderna. Não por acaso, considerado um anarco-zen-budista a situar-se na linhagem da prosa sofisticada de Henri Thoreau, do utopismo transcendentalista de Ralph Waldo Emerson e da poesia enxuta de e.e. cummings (Tragtenberg, 2004).

Erudição generosa também detectável na expressão do físico, poeta e educador brasileiro Luis Carlos de Menezes (2009) que o levou a compor sensível livro de poesias iluminadas pelo acaso e os princípios do *I Ching*. O inesquecível scholar Haroldo de Campos compôs obras-primas poéticas perpassadas pelos enredos conceituais da ciência (Campos, 1998, 2000), além de sublimes ensaios e traduções (transcriações, em sua definição) interceptadores da cultura oriental e de estudos bíblicos (Campos, 2006, 2004a, 2004b, 2000a, 2000b, 2000c). Imperdível, aliás, o diálogo sobre o acaso, entre ele e o físico Luis Carlos de Menezes (Campos e Menezes, 1995). Ezra Pound (2002), referência intelectual para Haroldo de Campos, Octavio Paz, e tantos outros, soma-se aos notáveis modernistas interessados pelas culturas, religiosidades e linguagens orientais. Lembremos, ainda, Roland Barthes (2012, 2007) (re)definidor de todo um olhar sobre os signos da cultura oriental, preenchido pela costumeira *finesse d'esprit* a lhe servir de inconfundível assinatura. O grande cineasta Serguei Eisenstein (2002a, 2002b) também foi fundamentalmente influenciado pela poética ideogrâmica e cultural do Oriente (cf. Ivánov, 2009), enquanto buscava fundamentação para conceituar os princípios de montagem de seu referencial cinema clássico.

David Bohm, físico quântico que trabalhou com Einstein, nos Estados Unidos, e morou algum tempo no Brasil durante o macarthismo, período em que lecionou na USP, é outro destacável exemplo de scholar generoso em suas considerações sobre a liberdade de acesso ao saber. Seus diálogos com o indiano Krishnamurti (Bohm e Krishnamurti, 1995), de quem foi grande amigo, são belos momentos de reflexão sobre vários dos temas aqui em referência. O gênero do *diálogo* (Bohm, 2005), aliás, foi uma de suas paixões de pesquisa, além da *criatividade* (Bohm, 2011) nos âmbitos científico, artístico e filosófico.

O físico Richard Feynman foi praticante de desenho artístico e tocava bongô – percussionismo era uma de suas paixões –, tendo chegado a tocar percussão em uma escola de samba durante visita ao Brasil. Sua imperdível autobiografia (Feynman, 2006), narrada com elegante leveza literária recheada por deliciosos momentos de irreverência, descreve sua eterna insubmissão aos sistemas vigentes, quaisquer que fossem eles. Além de brilhante cientista, foi admirável professor. Não por acaso, detectou e apontou as limitações da formação escolar brasileira no âmbito das ciências duras, especialmente a física, voltada a decorar fórmulas e suas aplicações, em vez de buscar o raciocínio mais refinado sobre *o porquê* dos fenômenos (cf. Feynman, 2006, p. 193-212). Genuíno scholar, ao se perceber resistente e com tendências preconceituosas sobre questões estéticas, apaixonado que era pelas ciências exatas, decidiu estudar arte e voltou-se para o desenho, o que lhe rendeu marcantes experiências de (auto)descoberta.

O químico Primo Levi (2016a, 2016b) buscou na literatura a própria sanidade, em meio aos horrores da Segunda Guerra Mundial. Judeu sobrevivente do Holocausto, voltou-se à escrita como derradeiro refúgio na sobrevivência. Mia Couto (2016), biólogo e consagrado literato moçambicano contemporâneo, aplica seu olhar interfaceado pela arte e a ciência em finas reflexões sobre a humanidade. Guimarães Rosa, grande inspirador de Mia Couto, era médico, além de escritor. Sublime insubmisso às leis da gramática, não deixou de considerar a criação literária também pela perspectiva do rigor científico: "O escritor deve se sentir à vontade no incompreensível, deve se ocupar do infinito, e pode fazê-lo não apenas aproveitando as possibilidades que lhe oferece a ciência moderna, mas também agindo ele mesmo como um cientista moderno. Não se pode tratar o infinito com intimidade, nem com subjetivismo. É preciso ser objetivo, pois o incompreensível pode, pelo menos, ser contemplado objetivamente. Não, não, o autor não pode se permitir intimidades em sua obra. A poesia é também uma irmã tão incompreensível da magia..." (Rosa, 1965).

Ernesto Sabato (2003) abandonou uma bem-sucedida carreira de físico e pesquisador atuante no Laboratório Curie, em Paris, e no Massachussets Institute of Technology (MIT), nos EUA, para se dedicar somente à literatura e à pintura. Fino scholar, não se mostrava intimidado pela metafísica, tampouco pela subjetividade.

> Os materialismos mecanicistas [...] consideram o homem o resultado de um conjunto de determinações, tal como acontece com um átomo, uma pedra ou uma mesa, regida unicamente pela causalidade cega. O paralogismo grosseiro que faz esses críticos olharem com prevenção para os que falam de subjetividade consiste, provavelmente, em imaginar que dar importância ao eu implica em dar as costas à realidade social, para converter-se em uma espécie de masturbador ontológico. [...] Mas a subjetividade [...] não é rigorosa e definitivamente individual, já que, no *cogito*, o homem descobre não apenas a si mesmo, mas também os outros. [...] O descobrimento da intimidade de nós mesmos é também, dialeticamente, o descobrimento da outra intimidade, do que se acha em nossa frente, convive conosco, comunga conosco através da linguagem, dos gestos,

do amor e do ódio, da arte ou do sentimento religioso. Essa intersubjetividade, essa trama entre sujeitos que constitui a existência humana, se realiza a cada instante mediante a atividade dos homens, mediante a práxis, que é a realidade do homem e sua história. Não existe, portanto, tal abismo entre sujeito e objeto. E os materialistas que superestimam o objeto a ponto de considerá-lo "a" realidade são tão metafísicos [...] quanto os outros, os que acreditam que "a" realidade é unicamente a do sujeito (Sabato, 2003, p. 198-9).

Por ora, fiquemos com esse trato de finos exemplos, ainda que vários outros pudessem ser mencionados.

Probabilidades (in)conclusivas

Diante de tantas notáveis evidências de que ciência e arte não necessitam de separações impensadas, desconsideradoras do poético, do metafísico, é que há tempos venho me perguntando quais seriam os motivos a levar aqueles que venho chamando de crentes da ciência a demonstrarem verdadeiro pânico, sentir arrepios — já ouvi isso de alguns —, diante de qualquer possibilidade de uso de termos como magia, mágica, quando relacionados a possíveis interfaces entre ciência e arte. Ou, ainda, por que muitos demonstram escárnio diante da mera suscitação, qualquer que seja ela, da espiritualidade, do metafísico?

Após buscar amparo na erudição de tantos cientistas-poetas-pensadores, ao longo dessas reflexões insubmissas, prossigo nesses volteios de pensamento em direção a alguma (in)conclusão. Permito-me, mais uma vez, recorrer ao mestre Octavio Paz na tentativa de encontrar algum caminho de explicação sobre esse tipo de postura tolhedora da liberdade do saber.

Esclarece-nos o poeta mexicano (Paz, 2012) que a prosa surgiu como gênero tardio, bem depois da poesia, como consequência da desconfiança das tendências naturalmente poéticas próprias das raízes de manifestação dos idiomas. A poesia pertence a todas as épocas, por ser a forma natural de expressão do homem. Não há povos sem poesia, mas há aqueles sem prosa. Diferentemente da poesia, a prosa não se deu como expressão natural, mas como uma necessidade de se expressar a racionalização do pensamento. Por outro lado, não se concebe uma sociedade sem expressões poéticas manifestadas na forma de canções, mitos, lendas. Em outras palavras, e sob o âmbito que aqui nos interessa, a poesia é uma espécie de avó da prosa. Avó renegada, diga-se de passagem, pela ciência menos atenta à necessária erudição com que nos acena Poincaré.

Em termos geométricos: prosa é linha, poesia é círculo. A desconfiança geradora da prosa que se consolidou, sobretudo, pelo racionalismo cientificista perpetuado ao longo do Renascimento e do Iluminismo, e culminou no positivismo do século XIX, tem rendido elogiáveis trajetos humanos guiados pela razão, mas também inegáveis, lamentáveis, abismos de (auto)percepção.

William Blake, insubmisso poeta inglês e testemunha da passagem dos séculos XVIII ao XIX, foi um dos insurgentes contra os excessos mecanicistas. Manifestou-se, em vários momentos, sob visível influência de princípios metafísicos: "May God us keep / From Single vision & Newton's sleep!" (apud JOHNSON e GRANT, 1979, p. 462). Arrematou seu olhar crítico nas pinturas *The Ancient of the Days* (1794) e *Newton* (1795), ambas a exibir, respectivamente, Deus e o cientista inglês empunhando imensos compassos, em evidente alusão ao excedente cientificismo da época.

Sabe-se que as físicas relativista e quântica reviram os princípios mecanicistas newtonianos. Todavia, mesmo revistos, eles se perpetuaram ao longo do século XIX, aliados ao positivismo comtista, mantendo-se em ampla medida até a atualidade, constantemente realimentados pela fé neopositivista dos crentes da ciência. No caso da América Latina, em especial, alerta-nos Octavio Paz (2013, pp. 94-5) que uma série de fatores locais contribuiu para os ruídos interpretativos promovedores das leituras desavisadas emitidas por parte dos aguerridos neopositivistas até os dias atuais. Na Europa, o positivismo se deu como movimento da burguesia liberal interessada no progresso industrial e social. A ideologia que alimentou esse movimento na América Latina, no entanto, nasceu da oligarquia, quase sempre inculta, de grandes latifundiários. Deu-se, simultaneamente, como crítica radical à religião e à ideologia racionalista tradicional. O resultado foi o que Paz descreve como um desmantelamento da metafísica e da religião nas consciências. Os intelectuais da América Latina viveram tardiamente, com o positivismo latino, aquilo que os europeus já haviam vivido no Iluminismo do século XVIII: a fé cega na ciência como substituta das antigas certezas religiosas medievalistas, e a crença inquestionável no progresso vivida, no nosso caso, como uma espécie de vertigem diante do muito pouco, ou quase nada, que temos testemunhado quanto a isso.

O modernismo nasceu, assim, na América Latina, como resposta direta aos excessos empiristas e materialistas do positivismo. Como contra-ataque à crítica cega e impensada, portanto inculta, ao sensível, ao metafísico, entre outras de suas muitas insubmissões. Fez aquilo que o romantismo e o simbolismo já haviam efetuado anteriormente na Europa. Enfim, nossas revisões sempre a chegar tardiamente. Quando chegam! "O positivismo latino-americano, mais que um método científico, foi uma ideologia, uma crença" (Paz, 2003, p. 95). Quadro este, portanto, mantido até os dias atuais na agenda desatualizada dos neopositivistas crentes da ciência.

Em outro momento, o literato (id., 2017, pp. 308-9) contextualiza um cenário relacionado ao México, mas que pode, sem dúvida, ser estendido a contextos e comportamentos neopositivistas mantidos em muitas outras nações, inclusive para além das latino-americanas, ao longo dos séculos XX e XXI. Afinal, é ele mesmo quem afirma, em outra passagem do fragmento em referência, que a existência de traços antigos misturados aos modernos não é exclusiva dos povos latino-americanos, mas um fenômeno universal. Em muitos aspectos, continuamos testemunhando comportamentos pré-modernos mesmo depois de séculos de enciclopedismo e de crítica moderna, por muitos ainda se encontrarem atados ao labirinto barroco, algo a pesar na sensibilidade estética e em formas retrógradas de comportamento coletivo. O apreço por generalizações e o desprezo pelos fatos particulares, a antipatia por toda abordagem pluralista e o niilismo cínico dão-se como resultado disso. Este último, por sua vez, entendido como algo muito diferente da tolerância do ceticismo bem compreendido, pois se apresenta por meio do fanatismo com que certos grupos que se consideram – ingenuamente – bem pensantes abraçam, sem desconfianças, ideologias totalitárias e exclusivistas. Nesse sentido, temos sido incapazes de traçar diálogos bem fundamentados pela devida erudição que iluminaria com mais equilíbrio a tradição e as condições modernas. Vivemos, portanto, em ambiente intelectual altamente contaminado por rasos reducionismos dualistas.

Em tempos líquidos como estes que vivemos, perpassados por eloquentes denominações como pós-moderno, pós-humano, antropoceno, entre outras predominantemente consagradoras da fluidez, há que se rever posturas ortodoxas. Mecanicistas. Materialistas. Neopositivistas. Sobretudo pautadas por dualismos já revistos e ultrapassados à luz das reflexões de destacáveis pensadores insubmissos. Céu × inferno; bem × mal; razão × emoção; física × metafísica; determinismo × indeterminismo etc., etc., já não cabem no viés muito moderno e contemporâneo dos fenômenos entendidos como complexidades. Tampouco nos medos com que ainda se vê os aguerridos crentes da ciência se defendendo – e a defendê-la – com sua extremada fé.

Ainda que se deva contar com a busca pela exatidão e o experimentalismo, evidentemente necessários ao fazer científico, há que se ter, por outro lado, a devida *finura de espírito*, conforme nos alerta Poincaré, para a busca de equilíbrio voltado à liberdade de alcances do saber. Para não se continuar a incorrer, pelo extremo oposto, no incauto equívoco de considerar o metafísico, o poético, o sensório, o estético como "delírios absurdos" a serem ignorados ou ironizados com desrespeito. Nesse sentido, *salute!* aos finos pensadores, notáveis insubmissos, aqui reverenciados.

MÁRCIA FUSARO é doutora em Comunicação e Semiótica (PUC-SP); mestra em História da Ciência (PUC-SP); especialista em Língua, Literatura e Semiótica (USJT). Professora e pesquisadora do Programa Stricto Sensu em Gestão e Práticas Educacionais (PROGEPE) e da licenciatura em Letras da Universidade Nove de Julho. Líder e membro de grupos de pesquisa chancelados pelo CNPq. Autora de diversos artigos e ensaios, pesquisa as interfaces epistemológicas entre educação, comunicação, arte e ciência.

Referências

Bachelard, Gaston. *Ensaio sobre o conhecimento aproximado*. Estela dos Santos Abreu (Trad.). Rio de Janeiro: Contraponto, 2004.
_____. *A formação do espírito científico*. Estela dos Santos Abreu (Trad.). Rio de Janeiro: Contraponto, 1996.
_____. *A poética do devaneio*. Antonio de Pádua Danesi (Trad.). São Paulo: Martins Fontes, 2006.
Baptista, Ana Maria Haddad. "Literatura & ciências". In: _____; Severino, Francisca Eleonora; André, Carminda Mendes (orgs.). *Artes, ciências e educação*. São Paulo: bt Acadêmica, 2015.
Barthes, Roland. *Cadernos da viagem à China*. São Paulo: Martins Fontes, 2012.
_____. *O império dos signos*. São Paulo: Martins Fontes, 2007.
Bohr, Niels. *The philosophical writings of Niels Bohr* (vols. i a iv). Woodbridge, Connecticut: Ox Bow Press, 1987.
_____. *Física atômica e conhecimento humano: ensaios 1932-1957*. Vera Ribeiro (Trad.). Rio de Janeiro: Contraponto, 1995.
Bohm, David. *Sobre a criatividade*. Rita de Cássia Gomes (Trad.). São Paulo: Unesp, 2011.
_____. *Diálogo: comunicação e redes de convivência*. Humberto Mariotti (Trad.). São Paulo: Palas Athena, 2005.
Bohm, David e Krishnamurti, J. *A eliminação do tempo psicológico* (diálogos). Claudia Gerpe Duarte (Trad.). São Paulo: Cultrix, 1995.
Cage, John. *De segunda a um ano*. Rogério Duprat e Augusto de Campos (Trad.). São Paulo: Hucitec, 2004.
Campos, Haroldo de. *Hagoromo de Zeami*. São Paulo: Estação Liberdade, 2006.
_____. *Éden: um tríptico bíblico*. São Paulo: Perspectiva, 2004a.
_____. *Qohélet. O que sabe. Eclesiastes*. São Paulo: Perspectiva, 2004b.
_____. *Bere'shith. A Cena da Origem*. São Paulo: Perspectiva, 2000a.
_____. *A máquina do mundo repensada*. Cotia: Ateliê Editorial, 2000b.
_____ (org.) *Ideograma: lógica, poesia, linguagem*. São Paulo: Edusp, 2000c.
_____. *Crisantempo: no espaço curvo nasce*. São Paulo: Perspectiva, 1998.
Campos, Haroldo de; Menezes, Luis Carlos de. "O Acaso". In: *Diálogos Impertinentes*. tv puc-sp e Folha de São Paulo, São Paulo, 1995. Disponível em: https://www.youtube.com/watch?v=eAexnQYN9qo. Acesso em: 20 jan. 2017.
Cohen, I. Bernard e Westfall, Richard S. *Newton: textos, antecedentes, comentários*. Vera Ribeiro (Trad.). Rio de Janeiro: Contraponto-eduerj, 2002.
Couto, Mia. *E se Obama fosse africano? E outras interinvenções*. São Paulo: Companhia das Letras, 2016.
Deleuze, Gilles. *Conversações*. Peter Pál Pelbart (Trad.). São Paulo: Ed. 34, 1992.

Eckermann, Johann Peter. *Conversações com Goethe nos últimos anos de sua vida*: 1823-1832. Mario Luiz Frungillo (Trad.). São Paulo: Unesp, 2016.

Einstein, Albert. *Escritos da maturidade*. Maria Luiza X. de A. Borges (Trad.). Rio de Janeiro: Nova Fronteira, 1994.

_____. *Einstein on cosmic religion and other opinions & aphorisms*. New York: Dover Publications, 2009.

Eisenstein, Seguei. *O sentido do filme*. Teresa Ottoni (Trad.). Rio de Janeiro: Zahar, 2002a.

_____. *A forma do filme*. Teresa Ottoni (Trad.). Rio de Janeiro: Zahar, 2002b.

Feynman, Richard. *O senhor está brincando, Sr. Feynman!* Alexandre C. Tort (Trad.). Rio de Janeiro: Elsevier, 2006.

Guerini, Andréia; Simoni, Karine; Costa, Walter Carlos (orgs.). *Palavra de escritor-tradutor: Marco Lucchesi*. Florianópolis: Escritório do Livro, 2017.

Heinsenberg, Werner. *A parte e o todo*. Vera Ribeiro (Trad.). Rio de Janeiro: Contraponto, 1996.

Isaacson, Walter. *Einstein: sua vida, seu universo*. Celso Nogueira, Denise Pessoa, Fernanda Ravagnani, Isa Mara Lando (Trad.). São Paulo: Companhia das Letras, 2007.

Ivánov, V.V. *Dos diários de Serguei Eisenstein e outros ensaios*. Aurora F. Bernardini e Noé Silva (Trad.). São Paulo: Edusp, 2009.

Johnson, M. L. e Grant, J. E. (eds). *Blake's Poetry and Designs*. Nova Iorque, W. W. Norton & Company, Inc., 1979.

Larson, Kay. *Where the heart beats: John Cage, Zen Buddhism and the Inner Life of Artists*. New York: Penguin Press, 2012.

Latour, Bruno. *Ciência em ação: como seguir cientistas e engenheiros sociedade afora*. Ivone C. Benedetti (Trad.). São Paulo: Unesp, 2011.

_____. *A esperança de Pandora: ensaios sobre a realidade dos estudos científicos*. Gilson César C. de Souza (Trad.). São Paulo: Unesp, 2017.

Levi, Primo. *A assimetria e a vida: artigos e ensaios (1955-1897)*. Ivone Benedetti (Trad.). São Paulo: Unesp, 2016a.

_____. *O ofício alheio*. Silvia Massimimi Felix (Trad.). São Paulo: Unesp, 2016b.

Lispector, Clarice. *De corpo inteiro*. Rio de Janeiro: Rocco, 1999.

Lucchesi, Marco. *Hinos matemáticos*. Rio de Janeiro: Dragão, 2015.

_____. *Nove cartas sobre a Divina Comédia: navegações pela obra clássica de Dante*. Rio de Janeiro: Fundação Biblioteca Nacional-Casa da Palavra, 2013.

McGuire, J. E e Rattansi, Piyo M. Newton and the "pipes of pan". *Lecturers in the History and Philosophy of Science, University of Leeds*. Article in Notes and Records of The Royal Society, December 1966. Disponível em: http://rsnr.royalsocietypublishing.org/. Acesso em: 5 jan. 2018.

Menezes, Luis Carlos. *Lições do Acaso*. São Paulo: Ateliê Editorial, 2009.

Miller, Arthur I. *Einstein, Picasso: space, time and the beauty that causes havoc*. New York: Basic Books, 2001.

Moraes, Reginaldo Carmello Corrêa de. "Alquimia: Isaac Newton revisitado". *Revista Trans/Form/Ação* (Instituto de Filosofia e Ciências Humanas da Unicamp), São Paulo, 20: pp. 39-44, 1997.

Paz, Octavio. *Sor Juana Inés de la Cruz ou As armadilhas da fé*. Wladir Dupont (Trad.). São Paulo: Ubu Editora, 2017.

_____. *Os filhos do barro: do romantismo à vanguarda*. Ari Roitman e Paulina Wacht (Trad.). São Paulo: Cosac Naify, 2013.

_____. *O arco e a lira*. Ari Roitman e Paulina Wacht (Trad.). São Paulo: Cosac Naify, 2012.

Peirce, Charles Sanders. *Collected Papers* (Vols. i-vi ed. Charles Hartshorne and Paul Weiss (Cambridge, ma: Harvard University Press) 1931-1935, Vols. vii-viii ed. Arthur W. Burks (same Publisher), 1958.

Planck, Max. *Autobiografia científica e outros ensaios*. Estela dos Santos Abreu (Trad.). Rio de Janeiro: Contraponto, 2012.

Poincaré, Henri. *Ensaios fundamentais*. Vera Ribeiro (Trad.). Rio de Janeiro: Contraponto, 2008.

_____. *O valor da ciência*. Maria Helena F. Martins (Trad.). Rio de Janeiro: Contraponto, 1995.

Pound, Ezra. *ABC da literatura*. Augusto de Campos e José Paulo Paes (Trad.). São Paulo: Cultrix, 2002.

Rosa, Guimarães. *Diálogo com Guimarães Rosa: entrevista a Günter Lorenz* (Gênova, janeiro de 1965). Disponível em: http://www.elfikurten.com.br/2011/01/dialogo-com-guimaraes--rosa-entrevista.html. Acesso em: 5 jan. 2018.

Sabato, Ernesto. *O escritor e seus fantasmas*. Pedro Maia Soares (Trad.). São Paulo: Companhia das Letras, 2003.

Sartre, Jean-Paul. *O que é a subjetividade?* Estela dos Santos Abreu (Trad.). Rio de Janeiro: Nova Fronteira, 2015.

Schenberg, Mário. *Pensando a física*. São Paulo: Landy, 2001.

Smith, Plínio Junqueira. *Ceticismo*. Rio de Janeiro: Zahar, 2004.

Tragtenberg, Livio. "De segunda a um ano" (resenha). *Folha de São Paulo* (Caderno Mais!), 2004.

O monge verde na procissão do bosque
Clóvis Da Rolt

Ingressar na realidade pressupõe acessar uma estrutura de sentidos e significações provisórios. À nossa frente descortina-se um mundo de formas que nos convocam a realizar um ininterrupto engenho de atribuições. Eis uma árvore, um gato, este computador em que escrevo. Eis o vegetal de tronco lenhoso, o astuto animal felino, a máquina em que confabulam os algoritmos.

Vivemos imersos em formas, conteúdos, impulsos e deflagrações simbólicas que, a despeito de uma pretensa vigilância normativa que paira sobre o mundo, usurpam a todo momento a nossa ingênua ânsia de fixação e enquadramento. Na esteira do pensamento do sociólogo alemão Georg Simmel – que entendeu como ninguém a vida humana frente ao surgimento das metrópoles, a formação da singularidade do indivíduo e seus conflitos interacionais –, somos consciências fragmentárias, catadores de instantes que conformam um mundo sempre aberto a múltiplas conexões. Nas palavras de Simmel, cada instante da vida é diferente de outro e é toda a vida.

As noções de perenidade e domínio sobre a vida, as quais, de maneira incauta e presunçosa, acreditamos poder manejar, nos dão golpes diários. Certeiros e impiedosos. Golpes que estão em todos os lugares e situações: na viagem que não se concretizou, no exame laboratorial que revelou uma doença fatal, no amor que se esfacelou em migalhas, no filho que desapareceu precocemente. A impotência nos assusta. Se repudiamos as reticências e o desconforto da inexatidão; se nos cercamos de aparatos simbólicos e discursivos que nos ofereçam um viver supostamente seguro, só o fazemos por uma ânsia aguda de dominar a vida, estendê-la ao máximo no ritmo das continuidades e levá-la para além de seus limites.

Não nos é permitido suspeitar de que a vida esteja, de fato, sob controle; não neste mundo que faz triunfar a ideia de que tudo já foi revelado e dissecado através das sedutoras incursões da razão, da ciência e da técnica em nossas vidas. Ambas, às vezes dispersas em sua autossuficiência, às vezes harmonizadas numa síntese notável, foram capazes de promover grandes avanços à vida humana, que devem ser reconhecidos. Nossa expectativa de vida duplicou em menos de cem anos. Os implementos no âmbito da medicina garantem ao corpo humano a possibilidade de retardar sua falência. Podemos antever catástrofes climáticas, otimizar o uso do tempo em atividades antes dispersas e encurtar distâncias pelas vias da comunicação remota. No momento em que escrevo esse texto, fico sabendo que o Japão lançou um satélite com o intuito de afinar a precisão dos sistemas de posicionamento global. Se, antes, a margem de imprecisão de um objeto localizado na Terra poderia variar em até dez metros, agora, poderá variar em apenas dez centímetros. Mas, ao mesmo tempo, ciência, razão e técnica também produziram experiências de morte que, no âmago das ideologias, foram capazes de revelar o seu lado mais nefasto: Auschwitz, a bomba atômica, o discurso da eugenia, a rachadura do mundo entre uma superioridade lógica e uma subalternidade selvagem, dentre tantos outros exemplos possíveis.

Herança do espectro filosófico positivista, a ideia de que administramos a vida como uma empresa (feito obstinados gerentes da eficiência) pode mascarar aquilo que Ortiz-Osés localiza no ser humano como uma característica constitutiva de sua natureza: ser uma criatura tumultuária e multitudinária. Tumultuária porque envolta na carga vulcânica dos valores, afetos e desejos com os quais precisa lidar. Multitudinária porque exposta aos riscos de sua insignificância e evanescência diante dos seus iguais. O homem positivo, para Ortiz-Osés, é um ente sem um passado a julgar, sem um futuro a celebrar orgiasticamente, já que seu presente é uma arena instaurada para datar (medir, calcular, verificar, planejar, pesquisar e reelaborar estatisticamente). Porém, apesar da autorreferencialidade deste homem positivo, sentimos que vazamos para todos os lados. Gotejamos nossa matéria humana feito encanamentos precários. É assim que levamos a vida, esta frágil palafita cuja arquitetura é orientada pela variação dos transbordamentos. Hoje, mais do que nunca, descobrimos que o *homo faber* sempre carregou o *homo demens* dentro de si.

O homem é um drama de símbolos, ensina Gaston Bachelard. Uma criatura que, frente às oscilações performáticas do *theatrum mundi*, busca equacionar sua posição na história sem qualquer certeza diante das transmutações cotidianas que rompem os ditames da lógica, transgridem os aparatos discursivos da ciência e fecundam aquilo que no homem é puro devir. Dramático, agônico, em estado de ventania, o animal simbólico – assim definido por Ernst Cassirer – é a única criatura capaz de desconfiar de si mesma e daquilo que julgava instituído como um valor definitivo. O eterno, em nós, é contingência. Surge, então, um desmoronamento capaz de trazer a dúvida: penso ou sou pensado? Significo ou sou significado? Não por acaso, Octávio Paz sugere que a literatura começa quando o escritor constata que alguém está falando através dele quando ele mesmo fala. Adélia Prado, por sua vez, diz que o poeta é um oráculo por meio do qual falam inúmeras bocas. De onde virão essas vozes, espectros de humanidade alheia, ectoplasmas imagéticos que interagem com os escritores?

Este quadro esboçado não é, evidentemente, fonte de consenso. Desconfiar de si mesmo é assumir um risco doloroso e, às vezes, indesejável. Testar os limites dos valores instituídos é encontrar-se nu diante de uma multidão blindada. Há muito conformismo no mundo atual, como parece sempre ter havido em outras épocas; muita disposição para habitar redomas, jaulas e carros-fortes. Estratégias não faltam para a supressão da vontade e dos desejos. Como fabricantes de uma medicação de efeito perene, abundam no mundo os forjadores da neutralidade do tempo (delatores do caos), os anunciadores da normatividade (antípodas do desvio) e os arquitetos da correção (algozes da liberdade). O animal político é, por vezes, um animal patético.

Se pudéssemos, com a devida responsabilidade (e tomados pela evidência de sua nota trágica), internalizar a afirmação de Claude Lévi-Strauss, segundo a qual o mundo começou sem os seres humanos e terminará sem eles, teríamos a nosso dispor o elemento necessário à vivência da leveza proposta por Italo Calvino como um vetor para o século XXI. Todavia, sem pudores, o noticiário diário esmaga as palavras do célebre criador das cidades alegóricas relatadas por Marco Polo a Kublai Khan em *As cidades invisíveis*. A tonelada tornou-se a unidade de medida de nossa época. Nunca estivemos tão carentes de guindastes para os gestos mais simples e as palavras mais sutis. Nunca a lei da gravidade nos foi tão eloquente e significativa. Num eco às palavras de Lévi-Strauss, Emil Cioran diz que o homem tem todas as chances de desaparecer, e que isso acontecerá mais cedo do que pensa. Com suas notas pessimistas e irônicas, Cioran acrescenta que, nem que seja por distração ou vício, o homem tem razão em prolongar a tragicomédia da vida.

O homem carrega dentro de si um problema heroico, trágico, diz Ortega y Gasset. Seu fazer, seu obrar, suas atividades constituem funções desse problema. Vazado na radical solidão que lhe constitui, sugado pelo temor de encontrar-se no mundo como matéria passageira e deteriorável, ao homem resta esgotar-se na vida que cria para si mesmo, vida de significado, vida simbólica, vida que liga o começo ao fim com as tintas da superação e da transcendência.

Assim, o problema trágico se revela num estado de urgência diante das incertezas que regem a vida. O bode (tragos) ofertado no altar de Dionísio sinaliza a vida e tudo aquilo que ela contém como virtualidade e, por isso mesmo, como realidade trágica: o que não foi dito, não foi feito, não foi vivido, não foi sonhado. O trágico não se revela no que realizamos, mas naquilo que deixamos pelo caminho, na impotência, na necessidade de escolhas que são sempre excludentes. Expostos ao problema trágico, como alerta Ortega y Gasset, somos envolvidos por algo que é constitutivo de sua natureza: o teste diante da presunção de que podemos estabilizar nossos conteúdos vivenciais. Em outras palavras, o trágico é queda de braço, roleta-russa, desvio de rota, objeto não detectado pelo radar.

É no caos que se instaura a poesia, na desordem, nas inflexões. É somente porque a vida é caótica e instável que o fenômeno poético se apresenta. Talvez por esse motivo, Emil Cioran diz que uma poesia digna desse nome começa pela experiência da fatalidade. Na superfície calma e monótona da vida nenhum monstro marinho pode ser avistado. Diante da vida-artefato – artigo esgotado por taxonomias e arquivos –, vida à qual cada vez mais nos vemos compelidos a aderir, tem-se a impressão de que tudo foi reduzido ao seu aspecto mais digerível e primário. Veja-se, por exemplo, a dependência tecnológica instaurada em nossa época, a qual vem impondo uma linguagem cada vez mais anêmica, padronizada e previsível em nossas interações diárias.

Contudo, é do caos operante nas profundezas da vida que a poesia brota como potência enunciativa; do caos habitado por espécies desconhecidas, seres bizarros, formas desviantes, sintaxes outras. Numa linha de abordagem acerca da desordem que encerra a vida humana – uma desordem, diga-se, de valor positivo –, Constantin

Noica apresenta-nos as seis doenças do espírito contemporâneo, as quais, ao contrário do que possa parecer, não revelam o definhamento do ser humano (do seu ser espiritual), posto que elas mesmas, frente à desordem que incitam, conservam o que há de positivo no humano. Para Noica, a desordem do homem é sua inesgotável fonte de criação. Assim, a desordem nos coloca em contato com potencialidades criativas que buscamos nas correntezas, tormentas e vendavais do espírito. Ao ler o texto de Noica, *As seis doenças do espírito contemporâneo*, é inevitável não se buscar um diagnóstico pessoal, embora, como alerta o filósofo romeno, as tentativas de cura sejam inúteis.

Elias Canetti admite que o poeta está mais próximo do mundo quando carrega em seu íntimo um caos. Nesse sentido, a ordem pode ser pensada como algo que elimina os reflexos e as dissonâncias, tão salutares ao fazer poético. Sob esta ótica, não se assume aqui o descarte da precisão, elemento que, necessariamente, deve estar presente no poema. Lâmina cortante, golpe de samurai, choque de partículas, o poema revela algo para, em seguida, ocultá-lo. Isso porque a poesia é um instante de anúncio, uma fagulha cujo vigor incandescente não anula sua intrínseca brevidade. Seu fulgor nos deixa sempre à deriva. Talvez, esse seja seu segredo mais íntimo, a razão pela qual ela perdure, como algo que não se esgota no exibicionismo e no excesso. Lembremos de Albert Camus, que afirma que a arte tem movimentos de pudor: não diz as coisas diretamente.

Feito uma rótula impregnada de placas de trânsito que apontam para inúmeras direções, a poesia não ousa dar um único caminho, posto que ela mesma não sabe para onde quer nos levar. Somos pegos pela mão por essa entidade fantasmagórica, como fazemos com uma criança ao atravessarmos uma rua movimentada. Confiamos nela não porque nos levará ao outro lado da rua, mas porque nos alerta para os perigos, contingências e lacunas com que lidamos em nossas travessias.

Através da poesia, o mundo transmuta-se num sedutor jogo de imagens e metáforas. Eis uma árvore, monge verde na procissão do bosque. Eis um gato, talismã de pelos confundido com a almofada. Eis um computador, janela para o fictício em tempos de hiperexposição do ego. Abertura para o novo, o não dito, o inesperado, a poesia é tempo-vertigem que nos inunda com seus loopings e sua instigadora desacomodação. Mediante suas forças significativas, magnetizados por seu ímpeto de testar os limites do possível, saltamos de um sarcófago para uma cápsula lunar.

A poesia, na sua forma mais recorrente, costuma ser localizada no poema e em sua estrutura escrita, em seu inventivo jogo de palavras e imagens. Em um filme de 2013, *Palavras e imagens*, dirigido por Fred Schepisi e estrelado por Juliette Binoche e Clive Owen, tenta-se criar um argumento que põe em disputa a força expressiva das palavras e das imagens. Qual delas seria superior? Qual delas potencializaria com mais eficiência os conteúdos que quer comunicar? Seguindo a tônica do filme em questão, não creio que as rupturas sejam necessárias a ponto de alocarem palavras e imagens em esferas isoladas, como se fossem produtos em disputa. Lembro-me da primeira vez que vi o teto da Capela Sistina e da sensação que me invadiu, naquele momento, diante da obra magna de Michelangelo. Eu não tive dúvidas de que estava diante de um poema. Foi como se um obelisco brotasse do meu peito e me elevasse até o teto, para beijar o rosto de Adão. Por outro lado, quando li a *Divina Comédia* pela primeira vez, fui invadido pela necessidade de criar galerias mentais, como se eu fosse capaz de imaginar o inferno, o purgatório e o paraíso sendo apresentados numa vernissagem.

O ímpeto classificatório que impera em nossa época – muitas vezes criando clivagens e segmentações onde elas não seriam necessárias – não nos dá qualquer garantia de mais visibilidade e pureza do ponto de vista de um entendimento acerca da poesia. Rubem Alves alerta para a desfaçatez ainda presente em nossas escolas naqueles momentos em que os alunos são colocados em contato com um poema. Desprovidos das condições de realizarem uma leitura simbólica – sem os necessários processos de iniciação e sem a consciência da dimensão representacional da criação poética –, resta-lhes (como frequentemente solicitam os professores) a operação banal de circular verbos, sublinhar adjetivos ou decorar versos para um evento escolar. Nos casos em que isso acontece, perde-se a possibilidade de fazer o poema viver uma outra vida, a vida de quem o lê e o absorve pelas vias da interpretação. Sobre esse aspecto, o matemático e poeta Jacob Bronowski escreveu algo muito significativo. Ao analisar um poema de Dylan Thomas, Bronowski diz tratar-se de uma reflexão que propõe um contraste entre a juventude e a velhice. "Pelo menos", diz Bronowski, "é isso que eu digo a mim mesmo por meio do poema". Essa hermenêutica da poesia, infelizmente, é bastante rara no contexto escolar brasileiro.

A despeito de sua existência mais costumeiramente identificável no poema (em sua forma escrita), seria pretensioso supor que a poesia não se apresenta em outros contextos, linguagens e formas expressivas. Como vibração reveladora, anúncio revigorante ou pulsação desestabilizadora, a poesia, em suas múltiplas roupagens e disfarces, é generosa e está sempre aberta a revelar-se para os que estiverem suficientemente dispostos a acolhê-la e desarmados para com ela aprender. Ao dizer isso, penso naquela criança que, ao ver o mar pela primeira vez, tomada pela sensação de ter sido tocada por algo inclassificável, conforme apontou Eduardo Galeano, perguntou ao pai: o senhor me ajuda a ver? Sem dúvida, o momento de poesia vivido pela criança expandiu suas referências em relação a tudo o que seria visto e experimentado por ela depois do mar.

Há alguns dias, durante uma aula, eu falava para um grupo de alunos sobre o discurso científico. Queria inseri-los numa reflexão acerca do modo como se estrutura tal discurso, sua centralidade nos encadeamentos lógicos, sua ênfase na demonstração e sua perspectiva recursiva diante dos argumentos. Como parte deste trabalho, na tentativa de trazer os contrastes da linguagem para o debate, lemos e analisamos uma notícia de jornal e um poema de Armindo Trevisan. Uma aluna, tão logo terminei a leitura do poema, indagou-me se ele era simbolista. Perguntei-lhe qual a relevância de se determinar, ao menos naquele momento da aula, em que gaveta categórica o poema deveria ser acondicionado. Percebi, então, que a aluna trazia um modus operandi muito comum de ser encontrado nas escolas, em relação à forma como a poesia é apresentada aos alunos (quando é apresentada!). Pareceu-me que ela não havia conseguido mergulhar nas imagens, nos sentidos difusos do poema, em sua rica profusão simbólica, restando-lhe, então, o recurso da catalogação.

Não creio que devemos negar os processos de localização dos estilos, a análise dos percursos técnicos e o exame dos quadros históricos que envolvem a criação poética, pois eles são fundamentais ao entendimento da mutabilidade da poesia em sua relação concreta com o mundo; contudo, parece-me um equívoco fazer da poesia algo semelhante a uma tabela periódica, onde cada elemento químico apresenta características e valores que o diferenciam e isolam dos demais. Certamente, não pretendo desqualificar ou inferiorizar a relevância da Química ao dizer isso, até porque há cientistas que descobrem formas de beleza e poeticidade muito particulares na harmonia dos números e no intercurso dos elementos químicos. Sobre esse aspecto, inclusive, cabe destacar o belo livro *A tabela periódica*, do escritor e químico italiano Primo Levi, no qual o autor registrou um conjunto de reflexões que tomam os elementos químicos como metáforas da condição humana, num empenho de grande sensibilidade.

Quando descobri o livro *A utilidade do inútil*, do filósofo italiano Nuccio Ordine, fiquei profundamente satisfeito acerca das expectativas que sempre nutri em relação à poesia e à arte de um modo geral. A utilidade paradoxal à qual o autor se refere não é aquela em nome da qual os saberes humanísticos e, de um modo geral, todos os saberes que não visam à liquidez monetária são considerados inúteis e desnecessários. Pelo contrário, é de outro tipo de utilidade que nos fala Ordine; uma utilidade que produz ecos urgentes no sentido de reposicionarmos a vida humana frente a um conjunto de valores, experiências e saberes que não podem ser precificados, já que não se encontram à venda. Contudo, no bojo de uma vida altamente especializada, dominada por táticas de eficiência e sustentada pela necessidade de se obter resultados imediatos, o manifesto de Ordine, apesar de sua vibrante força, parece sucumbir às mais comezinhas formas de interação humana com as quais nos deparamos cotidianamente, para as quais o útil possui correspondências apenas com o que é aplicável e funcional.

No que tange à poesia, três menções ao texto de Ordine (em que o autor cita John Locke, Giovanni Boccaccio e Federico García Lorca) me parecem necessárias, sobretudo porque enfatizam os contrastes diante do fazer poético e os diferentes níveis de percepção acerca do seu valor sociocultural (ou de sua inutilidade útil, como diria Ordine). O filósofo inglês John Locke, em *Alguns pensamentos sobre a educação* (1693), sugere aos pais que oprimam em seus filhos as inclinações poéticas, já que não vê razão para um pai querer fazer de seu filho um poeta, a não ser para inspirar nele o desgosto pelas ocupações e os negócios da vida. O poeta italiano Giovanni Boccaccio, no *Decamerão*, diz que mais pão acharam os poetas, entre os seus escritos, do que muitos ricos entre os seus tesouros. Atento ao risco da ganância e dos excessos (da imersão num mundo exclusivamente material), Boccaccio diz que muitos, tentando obter mais pão do que necessitavam, morreram como frutos murchos e azedos. Já o poeta espanhol Federico García Lorca, numa palestra realizada a alguns alunos da Universidade de Madri, em 1934, convocava-os a nutrirem, por meio da poesia, aquela semente de loucura que todos carregamos dentro de nós, sem a qual é imprudente viver.

Não creio na arte, nem na poesia, como formas de salvação, pois isso seria posicioná-las num espectro que, segundo penso, foge da inútil utilidade que elas possuem em minha vida. Atento ao manifesto de Ordine, vem à minha mente, neste momento, a imagem de pessoas que sofrem de transtorno de acumulação. Quando as vejo naqueles programas televisivos (muitos dos quais existem apenas para fazer do sofrimento alheio uma forma de consumo midiático), vivendo como presas sufocadas por um mundo de objetos, como formas vivas em meio a um exército de produtos inanimados, penso no quanto o sofrimento psíquico que as acomete esvaziou-as internamente. De tal modo que tudo o que elas têm a dizer passa a ser dito pelas vozes perversas do nosso mundo industrial.

Apesar de sua condição de doença, de enfermidade psíquica, o transtorno de acumulação sempre chamou a minha atenção. Vejo nele as fricções que, do ponto de vista humano, confrontam o interno e o externo, o íntimo e o anônimo; fricções que são fundamentais como um modo de orientação na vida. Porém, o indivíduo acometido por tal transtorno passa a ser semelhante a um cofre vazio, uma fruta sem polpa, uma caixinha de música sem som: falta-lhe aquilo que justifica o seu próprio existir. O transtorno de acumulação transforma o indivíduo na mais maciça exterioridade; diante dele, montanhas de lixo, acúmulo e entulho regem uma sinfonia lúgubre.

Desprovidos da nossa capacidade de olhar para dentro, de mergulhar nas imagens que nos formam, de voar entre nuvens imaginárias, de fazer amor com nossos devaneios mais íntimos, enfim, de pousar a vida entre as Musas do monte Parnaso, o que nos sobraria? Que vida nos espera se não houver lugar para instituir (e intuir!), pela literatura, pela poesia, pela arte de um modo geral, a vida que queremos? Triste seremos, no futuro, se olharmos para nós mesmos como contêineres abarrotados de entulhos, como carros enguiçados que já não podem se locomover devido à escassez do combustível poético.

Clóvis Da Rolt é licenciado em Artes Plásticas (Universidade de Caxias do Sul – ucs), mestre e doutor em Ciências Sociais (Universidade do Vale do Rio dos Sinos – Unisinos). Foi bolsista da Fundação Carolina junto à Universidade de Granada (Espanha) e colunista do Jornal Gazeta de Bento Gonçalves. Em 2016 foi indicado ao Prêmio Açorianos de Literatura (Secretaria de Cultura de Porto Alegre) com o volume de poemas *A orientação das serpentes*. É docente da Universidade Federal do Pampa – Unipampa, Campus Jaguarão-rs.

Encontro de linguagens: a narrativa de Santana Filho

Jucimara Tarricone

As tensões entre prosa e poesia, os limites desses conceitos ou suas possíveis articulações são demandas que estão longe de um consenso na teoria e na crítica literária.

Neste breve espaço, porém, seria excessivo remontar e comentar esse percurso, que sobrevém por transposições, deslocamentos e escapa a qualquer dicotomia ou noção de ultrapassamento.

Sob este aspecto, para além de uma visão em que prosa e poesia seriam irreconciliáveis[1], interessa-me salientar o hibridismo dessas linguagens, que surgiu com a modernidade, com a "consciência da ruptura" (Paz, 1990, p. 19) de valores e crenças na busca por novos modos de expressão, como a criação do poema em prosa em Baudelaire[2], e a narrativa de base poética.

As reflexões que se seguem têm o propósito de ressaltar de que modo a narratividade de Santana Filho – autor que será apresentado

---

1. Lembro aqui Paul Valéry, em especial, no ensaio "Poesia e pensamento abstrato": "entre a forma e o conteúdo, entre o som e o sentido, entre o poema e o estado de poesia manifesta-se uma simetria, uma igualdade de importância, de valor e de poder que não existe na prosa; que se opõe à lei da prosa – que decreta a desigualdade dos dois constituintes da linguagem".
2. Sobre esse tema, cf. Fernando Paixão, *Arte da pequena reflexão: poema em prosa contemporâneo*. São Paulo: Iluminuras, 2014.

mais adiante – abre a perspectiva de um movimento de leitura como provocação à ideia de uma prosa como poesia[1], ou antes, de uma prosa que é permeável à poesia. Intento destacar, assim, como essas duas formas se intercambiam para compor um texto que, na ligação, nem sempre harmônica, entre o sonoro e o sentido, entre o ritmo, a imagem e a sintaxe e a materialização do pensamento, exibem o paradoxo de toda linguagem literária, composta "de inquietude [...], de contradições". Uma literatura que "não é explicação, nem pura compreensão, pois o inexplicável está nela. E expressa, sem expressar, oferecendo sua linguagem ao que se murmura na ausência da palavra" (Blanchot, 2011, pp. 334, 347).

Se "cada vez que surge um grande prosador, nasce de novo a linguagem" (Paz, op. cit., p. 31), a escolha em pôr sua obra em relevo se justifica. Sua composição, repleta de interrogantes, expõe o *entre*, o processo sempre inacabado de um fazer indiscernível da "imagem que busca aprisionar a alteridade estranha das coisas e dos homens" (Bosi, 1977, p. 14) da poesia e um discurso que aspira sair de si mesmo para alcançar a transitividade da prosa. Prosa e poesia como duas composições irredutíveis nos seus tons, ritmos, acentos e que, juntas, distendidas, anunciam uma voz original a orquestrar tais compassos. Ao realçá-las, instauram-se outras tantas relações reflexivas incontornáveis que, no desdobrar deste campo ensaístico – aberto no horizonte de uma escrita de natureza transitória, inconclusiva – permitem revisitar o lugar e a prática da ficção contemporânea.

---

[1]. É essa a concepção que Schlegel já defendia na arte romântica, por meio das noções de *expansão* e *limite*, quando se referia ao romance. Cf. SCHLEGEL, F. *Conversa sobre a poesia e outros fragmentos*. Victor-Pierre Stirnimann (Trad.). São Paulo: Iluminuras, 1994, pp. 67-9. Walter Benjamin comenta tal ideia no ensaio *O conceito de crítica de arte no romantismo alemão*. Márcio Seligmann-Silva (Trad.). São Paulo: Iluminuras, 2002, pp. 106-12.

A LINGUAGEM INVENTIVA

Da literatura atual espera-se que ela se volte e se alimente do escuro, de um antes anacrônico, *intempestivo* e deslocado da sua época, como indica Agamben (2012, pp. 63-4): "pode-se dizer contemporâneo apenas quem não se deixa cegar pelas luzes do século e consegue entrever nessas a parte da sombra, a sua íntima obscuridade".

Ou seja, o que se deseja descobrir nos textos de agora é que eles não apenas se contaminem do "presente", mas que também enxerguem do seu tempo aquilo que não está explícito; aquilo que, ausente, perpassa-lhes como história e cultura, de maneira a poder transformá-los e interpolá-los.

Da estreia com *O rio que corre estrelas* (2011), do volume de contos *O beijinho e outros crimes delicados* (2013), publicados pela Terracota Editora, aos romances *A casa das marionetes*[1] (2015) e *Flor de algodão* (2017), ambos pela Editora Reformatório, as narrativas de José Santana Filho não se deixam ofuscar pela luminosidade dos seus momentos e circunstâncias e nem pelo embaraço de uma transcrição do vivível. Antes, demandam um andamento de leitura, ou melhor, de releitura (*relegere*), tal qual um *jogo*, cujo princípio é restituir uma nova relação com as palavras. É só nesse *jogar* que o leitor encontra, talvez, a sua ressonância, embora não haja uma porta, um caminho interpretativo seguro diante de dizeres que colocam o leitor na encruzilhada de múltiplas percepções.

O rio que corre estrelas é breve, mas caudaloso. A voz narradora de um menino constrói as margens fluidas dos seus dias e deslumbramentos entre as descobertas e reveses da infância expostos em pequenos fragmentos como um mergulho em águas turvas: "a vida era um rio correndo; às vezes castanho, às vezes azul, vez em quando barro. Eu não era interna nem externamente infeliz, mas havia um incômodo,

---

1. Livro finalista do Prêmio São Paulo de Literatura 2016.

como nuvens carregadas que caminham devagar e não fazem chover" (Filho, 2011, p. 20).

No correr dos tempos à beira do rio Tocantins, nas relações com familiares, com os empregados, com os índios, com artistas de um circo... tudo desemboca em experiências sensórias, sentimentos difusos, dúvidas agudas ao meio fio que "separa o real do fantástico" (ibid., p. 7), como expõe Maria Adelaide Amaral no prefácio.

A presença dos elementos fantásticos aqui, e de uma maneira mais transparente nos outros dois últimos livros – *A casa das marionetes* e *Flor de Algodão* –, expressam não só o insólito, o estranhamento, mas também e, principalmente, uma *inquietação*[1], um vislumbre de que há resíduos, falhas, brechas que não pertencem às bordas criadas pela razão, o que proporciona, assim, um estreitamento entre ficção e realidade.

O olhar do menino narrador, tal qual um Miguelim roseano, espreita a passagem frágil dessas instâncias, cria e recria um mundo, um mundo-outro, onde rabisca "desenhos de letras" (ibid., p. 12), anotações que mostram a descoberta da linguagem, principalmente a poética, própria da infância (Agamben, 2005, p. 56), e que, aos poucos, marcam as primeiras experiências, instauram o sentido e a cisão entre a língua e o discurso em construção:

> Chegando à escola, foi a professora quem falou *morcego não é verbo*. Levei tempo pra aceitar. Se lá em cima, nos caibros, eu, abrindo e fechando braços levantava voo alegre e seguro, e se verbo é o que faz acontecer, agir, movimentar, sentir, ocorrer e tudo o mais... morcego é verbo, professora. Fiquei em pé e falei, batendo as asas, *assovio imitando corujas, abro e fecho os braços, sorrio com presas pontiagudas: morcego; capaz da senhora sair morcegando*

---

[1]. Sobre o conceito de fantástico como inquietação, cf. AlazraKi, "Que es lo neofantastico?". In: ROAS, Davi, *Teorías de lo fantastico*, pp. 21-33.

por aí, e bem alto. Ela me deixou em pé, de castigo, encarando a parede descascada; as asas caídas (ibid., p. 18).

As linhas tênues entre ficção e realidade surgem igualmente na organização composicional de *A casa das marionetes*, escrita que é em si mesma um indicativo da *profanação*[1] lúdica com que os acontecimentos são narrados:

apenas a ficção é real. Só pode existir realidade se existir organismo, e o organismo se expressa unicamente nos momentos de devaneio, nos sustos descuidados e na aceitação do mistério, quando se consegue ludibriar a razão, os vícios de pensar, a técnica e os ensinamentos viciados (id., 2015, p. 24).

Em *O rio que corre estrelas* e *Flor de algodão*, respectivamente, esse recurso aparece nos "agradecimentos": "ficção e memória tão imbricadas que se tornou impossível dissociá-las, e hoje só posso me referir a tudo isso usando as palavras de Pessoa: 'quem sou é quem me ignoro e vive através dessa névoa que sou eu" (id., 2011, p. 93); "nós sabemos que apenas a ficção é de verdade. A realidade não passa de uma mentira consensual" (id., 2017, p. 287).

Essa relação do "eu" narrativo com o sujeito autoral, por outro lado, ainda que se imagine uníssona, exibe tonalidades dissonantes.

Como o menino narrador de *O rio que corre estrelas*, também Santana Filho, nascido em Balsas, interior do Maranhão, passou a infância às margens do rio Tocantins, antes de vir a São Paulo, em 1982, para estudar Medicina. Ainda que cada personagem de *A casa das marionetes* carregue a palidez do que foi ou poderia ser sua família, a subjetividade

---

1. Cf. SEDLMAYER, Sabrina. "O pensamento crítico de Giorgio Agamben e sua contribuição para os estudos literários". In: *Revista FronteiraZ*, São Paulo, n. 7, dez. 2011. Disponível em: www4.pucsp.br/.../n7/.../estudos_sabrina_sed.pdf.

em jogo com a linguagem expõe um gesto irredutível a ela. Gesto esse entendido como uma ação que possibilita ultrapassar, desse modo, qualquer procura de se construir, por meio da obra, a personalidade do autor. Ou melhor, "toda e qualquer narrativa, mesmo aquelas que se pretendem mais coladas ao real, têm algo de ficcional" (Perrone-Moisés, 2016, p. 208).

Assim também são as tantas vozes presentes em *O beijinho e outros crimes delicados*. As vinte e três narrativas condensam pequenas passagens cotidianas, situações-limites da vida apanhadas pelas frestas da escuta atenta aos acontecimentos domésticos, ao corriqueiro, às relações afetivas desgastantes, conflituosas, triviais. No entanto, os aspectos comuns e ordinários do dia a dia são construídos nas variadas histórias de modo denso, pulsante, sem resvalar para simplificações e obviedades.

Embora nesse livro a linguagem não se mostre com a veemência lírica encontrada nos seus romances, com exceção de "Aranha" – comentada mais adiante –, em seu conjunto os contos manifestam um ritmo vibrante, de cortes precisos, e se estruturam de modo intenso e tensional na forma e no tema, como defendia Cortázar[1]. "Cristina" é um bom exemplo. Uma das narrativas menos extensas (um pouco mais de uma página) é uma descrição que, como um olhar fotográfico, revela aos poucos, metonimicamente, a personagem-título.

> Cristina é mulher para quem se escreve um poema e se diz assim mesmo: poema. Não é alguém para quem se escreva em prosa, compondo diálogos, ocupado em manter o movimento. [...] Em Cristina há que se alimentar candura e melancolia, evitar o coloquial, erguer uma tenda feita de seda em branco, prata e âmbar (id., 2013, p. 139).

---

1. Cf. Julio Cortázar, "Alguns aspectos do conto". In: *Valise de cronópio*. Davi Arrigucci Jr. e João Alexandre Barbosa (Trad.). São Paulo: Perspectiva, 1993, pp. 147-63.

No final inesperado, temos o contraste entre a sutileza e a aridez com que se expõem as feridas humanas. É nesse equilíbrio, aliás, na composição harmônica entre refinamento e violência, entre placidez e explosão que as narrativas (ou *os crimes*, como são designadas no sumário) estão enfaixadas.

O título já destaca: O *beijinho*... é também um *crime delicado*; contradição que explicita nossa própria condição, incorpora-se nos liames frágeis da existência e irrompe na materialidade da vida, como no próprio conto "O beijinho"; "Elefanta"; "Lucinha faz aniversário".

Outros episódios, como "Um amor"; "Alice"; "Luziadas Luzia", carregam o que de imprevisto e disforme se encontram nas relações pessoais, no não enxergar a alteridade necessária para se reconhecer como indivíduo múltiplo e incompleto. Por isso a escolha de uma narração, por vezes, que privilegia o humor pirandelliano, que aponta, sem jamais julgar, a inconstância dos personagens no extremo de uma situação, no paradoxo que é lidar com sua máscara exterior, quase sempre, divergente da interior.

Se em "Mãos de afeto" e "Antares" a linguagem já sugeria um silêncio construído por um princípio rítmico que envolve imagens, sintaxe recortada, tempo cíclico e afetos, em "Aranha" esse procedimento é potencializado. Em tal conto, a tensão entre narrativa e lirismo antecipa a construção suspensa entre esses dois tons que, nos seus romances, será a principal constante. História tecida passo a passo, assim se trança os primeiros fios:

> Conheci inicialmente Anamaria, a irmã mais velha, manga rosa de sumo bom. Em seguida, Agostinha, a caçula, manga de vez. As frutas de vez são serpentes prontas para esgrimir. Não são verdes nem maduras, quase são nada. Desprezo o tempo usado pelas lagartas tecendo a crisálida. Sou das borboletas, tipo Anamaria, a arte final. [...] Agostinha não gostou do que viu, já não disse serpente (id., 2013, p. 167).

Nesse emaranhado entre narrador, Anamaria e Agostinha, há constantemente um contraponto, marcado em itálico, em que se reforçam desejos, amarram-se as pontas: *Fora criador estaria pavão./ Criatura, irmanei-me ao bordado, pendurei-me e subi na cauda da agulha, olha aqui em cima onde estou* (id., 2013, p. 170).

O movimento sintático, de períodos curtos, coordenados, transforma a prosa em uma criação em estado de poesia, acentuam-se imagens e sonoridades, metáforas e aliterações: "Aborreci-me, agastei-me, dei de me enfezar"; "Sou soldado de chumbo batendo um tambor vigoroso" (id., 2013, p. 168).

A natureza poética do texto também se exibe na materialidade tipográfica, fiapos que se decompõem em reticências, em palavras que procuram se revestir de sua carga semântica:

eu vou
d
e
s
p
e
n
c
a
r
!

(id., 2013, p. 170)

"Aranha" cria, recria, anuncia e evoca o fazer de vidas, retalhos atados sobre delicadas margens, trama urdida na interface entre abismos e pontes frágeis, exemplar da poesia que se desprende dos escritos de Santana Filho como amostra que convida a um mergulho nos seus romances.

Uma ideia da prosa e da poesia

A casa das marionetes e *Flor de algodão* são prosas que deslocam o tempo, embaralham os sentidos da linha tênue entre loucura e lucidez e carregam a potência da palavra como abertura às inovações e possibilidades do fazer textual.

Embora o leitor, por vezes, perceba em Santana Filho tantas vozes narrativas e narradoras da sua memória literária[1], a forma como este as manipula, as reinterpreta, imprime sua força autoral e, com isso, provoca a necessidade constante da releitura que só os grandes romances comportam.

O primeiro livro, prefaciado por Andréa Del Fuego, é feito da matéria de que se faz a memória: um contar repleto de nuances, um reluzir de reminiscências borradas pela descrição de um universo de fatos e situações que transformam a casa – a casa da avó, na qual o narrador passava as férias quando menino – no lugar que também nos habita, nos rodeia. Era lá que o bisavô apresentava o teatro das marionetes, os cordéis esticados, a encenação de tantos sonhos, de linhas de existência e de morte.

Há um desfilar de personagens – vó Ciana, vô Jacinto, bisavó Lama, Leontina, tia Hilda, tia Inácia, tio Rodrigo, Lazinha... –, um multiplicar de vozes que surgem e se esvanecem pelo guardado da lembrança. São máscaras de vida que se vislumbram em meio às pausas rítmicas, ondulações sintáticas, imagens sonoras que se somam à densidade épica da história, deslocam os fatos e criam as ambiguidades do lirismo:

> Se a criança é o pai do homem, a memória é o assoalho onde se deu o processo da evolução. Talvez a vida humana seja apenas um arrepio da

---

1. Memória literária como repertório de leituras, como intertextualidades. Cf. SAMOUYAULT, Tiphaine, *A intertextualidade*. Sandra Nitrini (Trad.). São Paulo: Hucitec, 2008.

eternidade, uma breve precipitação do caos, o atrito entre pedras produzindo faíscas intensas e breves. Um relâmpago traçado a giz por dedos extraordinariamente velozes (id., 2015, p. 47).

Contudo, é na criação de tia Dália, de seus ditos e atitudes, que a escritura de Santana Filho mais se aproxima da poesia. Afinal, não é esta a "linguagem primitiva"; a que "revela este mundo: cria outro" (Paz, 1982, p. 15)? Como desenhar em letras tia Dália – a que sabe o silêncio das lagartixas, a que cuida dos defuntos para que estes sejam bem recebidos do outro lado? A que coloca "tiras pretas de papel sobre a língua discretamente exposta [...], deixando-as ali por algum tempo até se desfazerem, como fazia com as hóstias na igreja" (id., 2015, pp. 25-6)?

Santana Filho revela um cuidado com o contar para que este resista à armadilha das palavras viciadas, à logicidade que levaria a certezas, a uma construção que não fosse atenta, como diria tia Dália, aos "ventos internos"; àqueles que, algumas vezes, "sopram demasiado forte" (id., 2015, p. 236) dentro de nós.

É em *Flor de algodão* que o ruído dessa ventania mais devasta a linguagem, alcança os silêncios significantes do texto e expõe, *no meio do redemoinho*, os fatos e acontecimentos narrados. No entanto, "não importa quem diga, quem conte, quem narre" (id., 2017, p. 285) essa história – há uma alternância sutil da voz narrativa ora em primeira pessoa do singular, ora na do plural –; em tudo nesta se interpõe o acaso, "e o acaso sempre se manifesta à revelia do enredo original, descaracterizando-o" (id., 2017, p. 75).

Flor de algodão é uma cidade rodeada pelas montanhas do Lírio d'Água; no entanto, "como se iludem os que tomam a parte pelo todo, ignorando lascas e moléculas, sem conceder olhos de esquadrinhar fragmentos, os únicos capazes de esmiuçar avessos" (id., 2017, p. 179). A chegada de um engenheiro para administrar a construção da barragem e pôr fim a uma seca na região é o fio de enredo que se entrelaça a inúmeras tramas, que faz do lugar um mundo em que se exibem as "misérias anônimas" para "expurgá-las, desqualificando uma a uma, enaltecendo-as, exibindo-as à luz" (id., 2017, p. 117).

Hortência – a que também "voa" com os morcegos como o narrador-menino de *O rio que corre estrelas* –, o engenheiro, seu Cravo, dona Gérbera, irmão Deocleciano, Gigante do Noca e dona Chuta... são personagens/marionetes que se mostram por retalhos, se movimentam de forma fluida e guardam os "segredos que potencializam a [sua] realidade muitas vezes reles" (id., 2017, p. 172). Hortência é também tia Dália e a nossa "insanidade comum" (id., 2017, p. 94).

É neste livro, enfim, que se reforça a proposta deste ensaio. Em um aparar de arestas, tentou-se mostrar que, "como todas as classificações, as nomenclaturas são instrumentos de trabalho" (Paz, op. cit., p. 17). Mais do que discutir as tensões que ocorrem acerca da prosa e da poesia, ou afirmar que a prosa de Santana Filho é poética, buscou-se exemplificar, nos limites deste espaço, de que forma esse recurso ocorre. Em *Flor de algodão*, a linguagem ousou tocar àquela primeira da infância – como em *O rio que corre estrelas* –; ainda se redesenhou em sinestesias e materialidade sígnica – como em "Aranha", de *O beijinho e outros crimes delicados* –; e trouxe, da *Casa das marionetes*, o ritmo cortante e a lucidez da loucura, o paradoxo incontornável que a ficção insiste em nos mostrar.

Jucimara Tarricone é pós-doutora em Teoria e História Literária pela Unicamp; doutora em Letras na área de Teoria Literária e Literatura Comparada pela USP. É autora de *Hermenêutica e crítica: o pensamento e obra de Benedito Nunes*. São Paulo/Pará: Fapesp-Edusp/EDUFPA, 2011 – finalista do Prêmio Jabuti 2012 na área de Teoria e Crítica.

Referências

Agamben, Giorgio. *O que é o contemporâneo? e outros ensaios*. Vinícius Nicastro Honesko (Trad.). Chapecó/ Santa Catarina: Argos, 2012.

_____. *Profanações*. Selvino José Assmann (Trad.). São Paulo: Boitempo, 2007.

_____. *Infância e história: a destruição da experiência e a origem da história*. Henrique Burigo (Trad.). Belo Horizonte: UFMG, 2005.

Blanchot, Maurice. "A literatura e o direito à morte". In: *A parte do fogo*. Ana Maria Scherer (Trad.). Rio de Janeiro: Rocco, 2011, pp. 309-51.

Bosi, Alfredo. *O ser e o tempo da poesia*. São Paulo: Cultrix, 1977.

Santana Filho, José. *Flor de algodão*. São Paulo: Reformatório, 2017.

_____. *A casa das marionetes*. São Paulo: Reformatório, 2015.

_____. *O beijinho e outros crimes delicados*. São Paulo: Terracota Editora, 2013.

_____. *O rio que corre estrelas*. São Paulo: Terracota Editora, 2011.

Paz, Octavio. "Verso e prosa". In: *Signos em rotação*. Sebastião Uchoa Leite (Trad.). São Paulo: Perspectiva, 1990, pp. 11-36.

_____. "Poesia e Poema". In: *O arco e a lira*. Olga Savary (Trad.). Rio de Janeiro: Nova Fronteira, 1982, pp. 15-31.

Perrone-Moisés, Leyla. *Mutações da literatura no século XXI*. São Paulo: Companhia das Letras, 2016.

Valéry, Paul. "Poesia e pensamento abstrato". In: *Variedades*. Maiza M. Siqueira (Trad.). São Paulo: Iluminuras, 1999, p. 205.

A poética da oralidade nas crônicas de Rubem Braga

Maurício Silva

Introdução

Embora a crônica tenha sido, tradicionalmente, considerada gênero menor dentro da literatura nacional ou estrangeira, Rubem Braga dedicou-se exclusivamente a ela, procurando, por meio de textos ao mesmo tempo prosaicos e poéticos, retratar assuntos corriqueiros de sua época e das cidades que conheceu mais de perto. Traduzindo em célebres passagens literárias a complexa sociedade brasileira, com seus conflitos, suas distorções, seus problemas e soluções, enfim, suas idiossincrasias, Rubem Braga conseguiu – no conjunto de sua obra – fixar o retrato de uma época e de uma sociedade, empregando uma escrita pautada na linguagem coloquial e elevando a crônica à condição de gênero maior de nossa literatura nacional.

Tendo passado, ao longo dos anos, por várias transformações, a crônica tem como principal intento registrar, no calor da hora, os acontecimentos cotidianos por que passa a sociedade, fixando suas mudanças, bem como suas tradições, seus hábitos e costumes. Nesse sentido, a crônica nasce, primeiro, com o objetivo de informar o leitor de maneira rápida, simples e direta, tornando-se, num momento imediatamente posterior, num gênero discursivo em que ficção e realidade mesclam-se de forma indistinguível, resultando num texto facilmente transitável nos meandros da produção literária.

O objetivo deste artigo é fazer algumas considerações acerca do processo de construção da crônica durante a segunda metade do século XX, na Literatura Brasileira, tomando como referência a produção de Rubem Braga e adotando como fundamentação metodológica alguns pressupostos teóricos retirados da Sociolinguística, os quais servirão, basicamente, de instrumental para a análise da linguagem empregada pelo autor em seus textos, uma linguagem em que prosa e poesia confundem-se, criativamente, no plano formal e de conteúdo. Nesse sentido, privilegiaremos a observação do emprego da oralidade, presente em crônicas que compõem as principais obras de Rubem Braga, tais como *O conde e o passarinho*, *Um pé de milho*, *O homem rouco*, *Ai de ti, Copacabana!*, *A borboleta amarela* e *Traição das elegantes*, obras em que a presença de um registro linguístico mais popular torna-se marca indelével de sua criatividade literária.

Percursos da crônica

Considerado um gênero limítrofe entre a literatura e o texto jornalístico, a crônica — enquanto gênero discursivo — possui algumas características que lhe são peculiares, como o fato de procurar ser um registro circunstancial de fatos efêmeros e transitórios, espécie de painel fragmentado de determinada época, primando pela liberdade narrativa, o que, aliás, lhe confere uma aparência de superficialidade. Do ponto de vista estritamente linguístico, a crônica opta por uma linguagem concisa e objetiva, além do estilo coloquial, marcado sobretudo pelo emprego da oralidade. É, contudo, nessa mistura do real (factual) e do imaginário (fictício) que reside seu estatuto de *literariedade* — e, no caso específico de Rubem Braga, de *poeticidade* —, por meio do qual a crônica revela particular apego à mistura entre os registros descritivo e narrativo, à busca do pitoresco social e à ficcionalização de fatos e de pessoas.

O cronista resgata, nesses termos, a decantada proximidade entre o autor e o leitor (já que, a rigor, dispensa a intermediação do narrador), afirmando-se como uma espécie de *tradutor* do cotidiano e, não raras vezes, um representante de determinado grupo social, espécie de porta-voz de alguns estratos da sociedade, cuja principal "função" seria desentranhar do real, por meio do filtro da sensibilidade artística, efeitos pouco permeáveis ao "homem comum", o que confere ao cronista a condição atípica de um *poeta do cotidiano*.

A crônica seria, então, uma espécie de olhar diferenciado da realidade, por intermédio do qual descobre-se o inusitado, o paralelo e o obscuro. Como afirma Jorge de Sá, em estudo já consagrado:

> para ver além da banalidade, o cronista vê a cidade com os olhos de um bêbado ou de um poeta: vê mais do que a aparência, e descobre, por isso mesmo, as forças secretas da vida. Não se limita a descrever o objeto que tem diante de si, mas o examina, pois o que interessa não é o real visto em função de valores consagrados. É preciso ir mais longe, romper as conceituações, buscar exatamente aquilo que caracteriza a poesia: a imagem (1987, p. 48).

Trata-se, em outras palavras, dessa *captação do imaginário coletivo* de que nos fala Angélica Soares ou daquela *quebra do monumental e da ênfase* de que nos diz Antonio Candido, ambos revelando o que de mais sutil pode conter esse gênero.

No Brasil, a crônica começa a se afirmar como gênero literário no século XIX, com nomes como os de José de Alencar, Machado de Assis, Aluísio Azevedo, João do Rio, Olavo Bilac e muitos outros. Já no século XX, a crônica dialoga mais de perto com o jornalismo, tendo como um de seus objetivos atrair o leitor ao consumo, aprofundando a ambiguidade que já lhe era naturalmente própria (Dimas, 1974). Além disso, acentuava-se também sua efemeridade, tornando-se um gênero particularmente marcado pela rapidez (Ivo, 1982).

Poética da oralidade nas crônicas de Rubem Braga

Considerado uma espécie de padroeiro da crônica moderna no Brasil, tendo se especializado em publicar obras deste gênero, Rubem Braga achava que o livro de crônicas tem como objetivo aproximar autor e leitor mesmo que momentaneamente, já que se trata de um gênero que procura resgatar o cotidiano do leitor, empregando, entre outros recursos, a linguagem coloquial e, não raras vezes, poética. Rubem Braga foi também um dos poucos cronistas brasileiros a retratar a realidade do país a partir de temas aparentemente fúteis e pouco profundos, mas por trás dos quais pulsava uma complexa rede de ideias e imagens, percorrendo um caminho que vai do individual ao social.

Procurando analisar as variações linguísticas presentes no complexo universo dos discursos, a Sociolinguística busca, entre outras coisas, destacar os traços da oralidade no registro linguístico dos falantes, destacando assim marcas de gênero, número e pessoa; redução das pessoas gramaticais na conjugação dos verbos; simplificação dos tempos verbais; carência de correlação verbal entre os tempos; redução do processo subordinativo, em benefício da coordenação; predomínio das regências diretas nos verbos; simplificação gramatical da frase, com o emprego de "bordões", gírias e termos afins; emprego dos pronomes pessoais retos na função de objeto direto etc. (Preti, 1997). Estes são, por exemplo, alguns dos recursos estilísticos que Rubem Braga procura empregar em suas crônicas, tornando-as um texto mais prosaico e, ao mesmo tempo, mais próximo do universo linguístico de seus leitores. Isso se deve ao fato, como ainda nos ensina a Sociolinguística, de que a língua se manifesta de modo homogêneo numa *comunidade de fala*, formada por falantes que, entre outras coisas, compartilham tanto traços linguísticos que distinguem seu grupo de outros quanto normas e atitudes comuns diante do uso da linguagem (Beline, 2002).

Empregando, portanto, o registro oral e informal, Rubem Braga procura representar, por meio de suas crônicas, a simplicidade do cotidiano tal como o leitor, talvez intuitivamente, a captasse, lançando mão dos coloquialismos e das variações linguísticas, utilizando-se do idioma com uma liberdade e versatilidade que lhe eram próprias (Arrigucci Jr., 1987).

Desse modo, na maior parte de suas obras, encontram-se crônicas em que a mais saliente marca estilística é justamente o emprego do registro popular, caracterizado, por exemplo, pelo uso sistemático de gírias e de uma espécie de dialeto subpadrão. A utilização de fatos e notícias do dia a dia em suas crônicas propicia, aliás, esse uso da linguagem, na mais completa tradução dos princípios estéticos defendidos pela geração modernista. Há, além disso, o emprego de regionalismos próprios de uma realidade diatópica específica: "parei no instante em que ela começava a navegar pelo oitão da Biblioteca Nacional. *Oitão, torreão*" (Braga, 1987, p. 168, *grifos nossos*). Fatos como esse são completados, como assinalamos, pelo emprego das expressões informais, de cunho popular: "marcamos no relógio quanto nos *deu na cabeça*" (Braga, 1985, p. 76, *grifos nossos*). Ou por uma linguagem francamente coloquial: "Deus sabe o que andei falando *por aí*" (Braga, 1988, p. 97, *grifos nossos*); e "página de jornal não é lugar para *a gente* falar essas coisas" (Braga, 1988, p. 98, *grifos nossos*). Finalmente, pode-se perceber no discurso literário de Rubem Braga marcas evidentes do emprego do subpadrão popular, que aparece expresso, por exemplo, em: "*Me lembrei* de uma história de Lúcio Cardoso que trabalhava na agência Nacional" (Braga, 1987, p. 168, *grifos nossos*).

Considerações finais

Rubem Braga foi um cronista que procurou na simplicidade do cotidiano os assuntos para a elaboração de suas crônicas. Fugindo dos padrões da literatura clássica, utilizou-se dos espaços comuns das cidades urbanas, dos hábitos e comportamentos populares, a fim de construir um universo literário que buscava, deliberadamente, o equilíbrio entre o poético e o prosaico, empregando, como já afirmou David Arrigucci Jr., um "estilo humilde, o qual descobre o fulgor instantâneo do símbolo no chão do cotidiano" (Arrigucci Jr., 1991).

Assim, se o tempo é, como querem alguns críticos, a matéria-prima da crônica (Neves, 1995), Rubem Braga logrou dar às suas crônicas o valor atemporal das grandes obras de literatura.

Maurício Silva possui doutorado e pós-doutorado em Letras Clássicas e Vernáculas pela Universidade de São Paulo. Professor do Programa de Mestrado e Doutorado em Educação na Universidade Nove de Julho (SP). Atuou como pesquisador da Biblioteca Nacional do Rio de Janeiro e como pesquisador-residente da Biblioteca Brasiliana Guita e José Mindlin, da Universidade de São Paulo. Autor de livros diversos: *A hélade e o subúrbio*, *Confrontos literários na Belle Époque carioca*, *A resignação dos humildes*, *Estética e combate na ficção de Lima Barreto*, *O sorriso da sociedade. literatura e academicismo no Brasil da virada do século (1890-1920)*.

Referências

ARRIGUCCI JR., Davi. *Enigma e comentário*. São Paulo: Companhia das Letras, 1987.
_____. *Achados e perdidos. Ensaios de crítica*. São Paulo: Companhia das Letras, 1991.
BELINE, Ronald. "A variação lingüística". In: FIORIN, J. Luiz (org.). *Introdução à lingüística*. São Paulo: Contexto, 2002, pp. 121-40.
BRAGA, Rubem. *O conde e o passarinho*. Rio de Janeiro: Record, 1985.
_____. *A borboleta amarela*. Rio de Janeiro: Record, 1987.
_____. *O homem rouco*. Rio de Janeiro: Record, 1988.
CANDIDO, Antonio. "A vida ao rés-do-chão". In: CANDIDO, Antonio et al. *A crônica. O gênero, sua fixação e suas transformações no Brasil*. São Paulo/Rio de Janeiro: Unicamp/Fundação Casa de Rui Barbosa, 1992, pp. 13-22.
DIMAS, Antonio. "Ambiguidade da crônica: literatura ou jornalismo?". *Littera*, ano IV, n. 12: 46-51, set.-dez. 1974.
Ivo, Lêdo. "Os dias que passam". *A ética da aventura*. Rio de Janeiro: Francisco Alves, 1982, pp. 67-75.
NEVES, Margarida de Souza. "História da crônica. Crônica da história". In: RESENDE, Beatriz (org.). *Cronistas do Rio*. Rio de Janeiro: José Olympio/CCBB, 1995, pp. 15-31.
PRETI, Dino. *Sociolinguística. Os níveis da fala*. São Paulo: Edusp, 1997.
SÁ, Jorge de. *A crônica*. São Paulo: Ática, 1987.
SOARES, Angélica. *Gêneros literários*. São Paulo: Ática, 1989.

Poética do oprimido: aproximação possível e estética entre Freire e Kerouac

Aguinaldo Pettinati

Introdução

No momento em que o neoliberalismo ganha força no planeta e simultaneamente o movimento reacionário da escola de "partido único" pauta a inócua e absurda cassação do título de Patrono da Educação Brasileira concedido a Paulo Freire em 2012, ainda se mantêm atuais os escritos do autor. Entretanto, não se analisa apenas as teorias, práxis e métodos referentes à educação, filosofia e antropologia. É pertinente associar suas obras, com características pessoais e até autobiográficas, ao estilo literário, poética/imagético e ensaístico. Dentro desta reflexão, a partir de categorias textuais e de gêneros literários, discute-se os livros de Paulo Freire *Educação e atualidade brasileira* (1959), *Educação como prática de liberdade* (1967) e *Conscientização* (1971) e é lançada a proposta de aproximação do filósofo brasileiro com alguns aspectos da literatura beat de Jack Kerouac, eivada de elementos da contracultura.

Paulo Freire não queria ser modelo fixo. Pelo contrário, revisava-se, queria ser revisitado e fomentar novas aplicações populares de "sua" conscientização. Não havia a sanha em evitar uma possível superação metodológica ou de suas ideias, mas a utopia constante girava em torno de, através da educação popular, com o povo e para o povo, construir um mundo mais justo, consciente e amoroso, procurando, assim, exterminar a opressão onde quer que ela estivesse. Entretanto, algumas marcas aparecem na literatura do autor. Segundo Perrone-Moisés (2003 apud Todorov, 2003, p. 8), como uma obra literária estruturada, mas dialética, entende-se como modelo ideal de sua estética aquela que apresente algumas travas mestras de identificação, mas adentre em flexibilidade, com variações quanto à aplicabilidade, revelando tanto o repetido quanto o novo.

Partindo do ponto de vista da identificação estrutural, encontram-se na literatura de Paulo Freire e de Kerouac dois planos distintos de enunciação: o do discurso e o da história, como aponta Todorov (2003, p. 50). Há por parte do autor brasileiro a apresentação destas sequências quando narra os fatos inseridos em um contexto espacial/epocal (história) sem interferência e quando demonstra a intenção de influenciar o leitor (discurso). Nos três livros em destaque existe uma mistura constante destes planos, pois o contexto histórico e a realidade em que se vive originam um método, uma forma de pensar e uma proposta/visão de mundo. Isto ocorre quando o sujeito da enunciação não está integrado ao enunciado. O discurso de Paulo Freire pressupõe o diálogo entre locutor e ouvinte. Os livros aqui discutidos começam com uma contextualização histórica, adentram na visão teórica do autor e rumam para aplicação dos fundamentos oriundos das análises anteriores, gerando um método de ação maleável de acordo com a historicidade do ser. Permeado por esse caminho estruturante, ocorre uma construção textual simbólica e estética, misturando tempos verbais, alternando tempos de narrativas e trazendo vozes dos oprimidos, que contam uma percepção de mundo com poesia e simplicidade.

Em *Conscientização*, por exemplo, Freire relata brevemente em primeira pessoa como foi sua vida, usando linguagem simples, descritiva, mas regada por significados que justificam sua trajetória. Passou necessidades, vivenciou a dor e, de toda essa experiência, percebeu a força irracional que o ameaçava como: "Forma ou distorção patológica da consciência ingênua, perigosa ao extremo por causa da falta de amor que a alimenta, por causa da mística que a anima" (1979, p. 10).

Na mesma obra, desenvolvem-se duas contextualizações históricas em espaços diferentes: no Brasil e no Chile. No decorrer do texto, ora encontra-se relatos em primeira pessoa (singular) ora na terceira (plural). Há também citações em nome de Freire, colocando a voz do autor entre aspas, bem como a inserção de vozes oprimidas que dão vida às teorias e são exemplos da expressão dos efeitos da alfabetização e a aproximação com o mundo das palavras escritas. "Minha escola é o mundo. [...] Quero aprender a ler e a escrever para mudar o mundo" (1979, p. 23), relatam os oprimidos, ao descobrirem o universo vocabular. A voz da opressão em Kerouac está em Tristessa, índia mexicana viciada em morfina, que mora na cidade hostil e colonizada, pensando ainda no outro. "Meus amigos estaum doentes e dou a elesh uma dose" (2007, p. 25).

A mecânica de narração, explicitada em *Conscientização*, materializou-se porque o livro foi organizado pelo Instituto Oecuménique au Service du Développement des Peuples (INODEP), presidido, na época, pelo próprio autor. A estrutura fragmentada, que organiza o método, já está impregnada de elementos estéticos.

Kerouac, narrando em primeira pessoa, onisciente, explora sua rotina do dia a dia comum e condensada em fatos que julga mais relevantes para o leitor. Freire insere – no mundo do qual fazia parte, levando em conta a contextualização e a realidade espaço-tempo específicas – sua teoria e visões sistemáticas sobre o ser, a filosofia, educação, política e antropologia em sua narrativa conceitual. Fogem, portanto, de uma classificação absoluta os textos de Freire e Kerouac, porque a forma e a função variam com independência entre si (Todorov, 2003).

CONTEXTUALIZAÇÃO E ENREDO

Os contextos históricos que perpassam as obras em análise, obviamente, ajudam a formar suas características estéticas. No livro *Educação e atualidade brasileira*, de 1959, Freire explica o Brasil da época e sua inexperiência ainda tímida com a democracia. Um país que se industrializa, mas sem uma base democrática enraizada nas consciências populares. De forma estruturada, mas poética, discute as duas faces que compõem o ser (natural e cultural), que o molda e o coloca como "senhor" do próprio destino, fugindo da hipertrofia gerada pela domesticação. "No jogo de suas relações com esses mundos ele se deixa marcar, enquanto marca igualmente", aponta Freire (1959, p. 9), demonstrando poeticamente um caminho duplo em qualquer relação humana.

A ideia central do livro consiste na transição da consciência que, através da educação, passa das fases da consciência intransitiva, para a consciência transitiva ingênua até a figura da consciência crítica. Este percurso, eterno, faz o ser ampliar cada vez mais sua visão do mundo em busca de enxergar não só a si, mas o outro oprimido em busca da redenção.

Em *Educação como prática de liberdade* (1969), a situação política do Brasil, nesta época, transforma-se e não basta que a consciência do oprimido se modifique, é necessário superar a ditadura que congela as mentes em situação intransitiva podendo evoluir, inclusive para o fanatismo. O próprio título da obra desperta uma solução que possa revelar às mentes oprimidas a abertura plástica de consciência. No exílio, o filósofo brasileiro cria figuras de linguagem que demonstram o estado de consciência do oprimido eivado pelas sombras, como um filme de ficção científica, quando a entidade sobrenatural e maléfica está hospedada no humano, sem que este se dê conta do mal. "Expulsar esta sombra pela conscientização é uma das principais tarefas de uma educação realmente libertadora e por isto respeitadora do homem como pessoa" (ibid., p. 37). O livro ainda desenvolve o método de educação popular para adultos de Paulo Freire, que se processa através do círculo de cultura, dá vida e contextualiza a palavra em categorias de análise como a semântica e a fonética, sem perder sua simbologia em relação à vida oprimida. Liga ainda a aprendizagem a imagens artísticas que refletem situações de mundo para através da prática desvelar a consciência. Cada imagem que demonstra uma situação do oprimido traz consigo sinais, histórias e aspectos relevantes para a construção ontológica do ser.

Conscientização (1971) inova ao contextualizar não apenas o momento brasileiro, mas também o Chile, país no qual Freire foi recebido em um período de seu exílio. Era o reflexo da dominação capitalista norte-americana sobre a América Latina. A temática, levantada de maneira descritiva, dá sentido à palavra criada por Álvaro Vieira Pinto, *Conscientização*, com exemplos e reflexões sobre o método já desenvolvido no livro *Educação como prática de liberdade*. Não se trata do despertar da consciência de forma mágica instantânea. Por intermédio da valorização da própria cultura e do desenvolvimento da criticidade, elabora-se um projeto dialético para que o oprimido, por si só, seja capaz de se livrar do opressor, ocupante oculto de sua mente e, inclusive, libertar o próprio opressor. Há um jogo de interdependência social partindo da razão oprimida como única possibilidade de superação das desigualdades.

Tristessa (1960) foi escrito no México entre os anos de 1955 e 1956, quando Kerouac deixou os Estados Unidos em uma espécie de autoexílio pós-Guerra Fria. Na época, os norte-americanos viviam a onda consumista dos *baby boomers*, da *american way of life*, tornando-se exemplo ao ocidente e guardiões da liberdade alheia, combatiam o comunismo e as expressões artísticas progressistas. O PIB era duas vezes maior que o da Alemanha e da França. Mas nem todos – assim como

Kerouac e os beatniks — aprovavam esta vida baseada no conforto, no progresso e na rapidez, tudo o que o dinheiro poderia comprar.

Na prosa poética, Kerouac se envolve e segue o rastro de uma prostituta adicta em seu habitat, junto com outros viciados em situação de opressão. Nesta jornada, por meios diversos de Freire, o poeta beat procura revelar a condição do homem e o papel do ser no mundo, bem como o significado de sua existência. "Primeiro nivele sua mente, então a terra estará nivelada, até o monte Sumeru" (o antigo nome do Everest em magdha antigo) (Índia)" (2007, p. 25). Freire busca o sentido gnosiológico do ser em sua própria cultura e historicidade, sem que, necessariamente, seja preciso se afastar de um possível Deus. Em sua fala — usando frases condicionantes e curtas que dão efeito de mandamentos — propõe que se queremos o homem realmente como sujeito, "se queremos que o homem se relacione com os outros homens — e com Deus — com relações de reciprocidade; [...] Se queremos que através de seus atos seja criador de cultura" (1967, p. 22), será preciso despertar sua consciência crítica.

Por uma aproximação da linguagem filosófica

Desmistificando a filosofia, sem menosprezá-la ou depositá-la nas prateleiras da massificação oriundas da indústria cultural, cabe identificar os textos de Freire como exemplar desta área do conhecimento. Kerouac, em seu turno, revela uma filosofia de vida e uma forma existencial de lidar com o imperialismo. Fugindo da elitização dos saberes, entende-se a linguagem filosófica como fruição possível para muitos com intuito de, segundo Baptista, "questionar, refletir e duvidar de tudo o que aparentemente se traduz por certezas e verdades" (2017, p. 44). A escritora vai além quando aponta a filosofia como uma tentativa de livrar o homem dos cárceres impostos em sua vida (costumes, moral, religião, etc.).

Neste contexto, aproximam-se as obras em tela, que procuram a ruptura com os modelos de opressão implícitos na sociedade norte-americana e consequentemente em uma de suas "colônias" culturais, o Brasil.

Em *Tristessa*, o poeta estadunidense, entre outras inovações, revoluciona os padrões morais e sexuais de sua época com a busca de uma literatura artística e pessoal, baseada na sexualidade, obscenidade e amplitude mental através do uso de substâncias psicoativas, sem deixar de lado a trilha da autorreflexão espiritualizada, mas longe da comodidade burguesa enaltecida pela pátria do consumo. Ao romper com o *statu quo* da maioria conservadora, impõe uma estética filosófica para sua própria criação. Rompe o compromisso com os modelos, livra-se do temor do futuro, apega-se exclusivamente no presente ao mesmo tempo em que almeja uma escrita natural e fluídica.

Kerouac analisa e busca aquilo que não se pode alcançar quando indica que a sociedade está "vivendo mas para morrer, esperamos aqui nesta prateleira, e lá em cima no céu está todo aquele caramelo de ouro aberto, abra minha porta – o céu é o Sutra de Diamante" (2006, p. 47). Sob o efeito da morfina, continua sua comparação quando ouve o estrondo de uma aeronave que chega a seu destino "no aeroporto da Cidade do México com passageiros vindos de Nova York em busca de encontrar a outra ponta de seus sonhos" (ibid., p. 49). Onde estaria a essência da realização humana? A constância da busca conflita com os valores arcaicos? Na exploração humana (empregada nos países ditos de terceiro mundo) de poucos sobre muitos, que garante um suposto paraíso na terra para a minoria? No consumo frenético das drogas em nome da expansão da consciência? Da alienação proposital quando não se pode derrotar o inimigo? Do futuro contato com o Divino, que libertaria as almas em nome dos justos? Sob o efeito de um choque, cada leitor terá de descobrir por si só estas questões, que despertem suas consciências.

Em seu lado, Freire propõe, em sua filosofia educacional, temas geradores inseridos em sua ação (práxis) e que condizem com o pensamento do homem e sua realidade. É possível criar um método e trabalhar pela conscientização, entretanto, "não posso pensar no lugar dos outros e sem os outros, e os demais também não podem pensar em substituição aos homens" (1979, p. 18).

Apoiado no materialismo histórico, Freire condiciona o presente ao contexto que lhe é próprio. "O homem, porque é homem, é capaz igualmente de reconhecer que não vive num eterno presente, e sim num tempo feito de ontem, de hoje, de amanhã" (1979, p. 20). As perguntas só podem ser solucionadas quando se toma consciência da temporalidade e com a capacidade de discernimento "a resposta muda o próprio homem, cada vez um pouco mais, e sempre de modo diferente. Pelo jogo constante destas respostas o homem se transforma mesmo no ato de responder" (ibid.), diz, aproximando-se da maiêutica socrática.

Por este jogo de palavras, símbolos, métodos e conceitos se pode inferir que ambos os autores transitam nas zonas fronteiriças entre a linguagem literária e a da filosofia (Baptista, 2017, p. 49) procurando diferentes caminhos de propor a existência do homem com seu entorno globalizante e local ao mesmo tempo. Gadotti, por exemplo, afirma que a primeira obra do brasileiro já se constituía, mesmo que inacabada, como definitiva e "não era apenas científica, mas era também poética, literária. Paulo Freire reúne nos seus escritos o estilo literário, a linguagem científica e a linguagem poética. Não foi assim que foram escritos os grandes textos filosóficos?" (2000, p. 6).

Aspectos biográficos

Ana Maria Haddad Baptista (2017), em texto da coletânea *Arte & Educação: o diálogo essencial*, adentra na propulsão moderna das narrativas biográficas, cultuadas na atualidade. Não causa estranheza o fato de que, no período de modernidade líquida difundida por Baumam, esse gênero que cultiva o "eu" conquiste as mentes individualistas forjadas na democracia capitalista, na qual o consumidor é a única entidade passível de ter direitos (Bauman, 2014).

Não se pretende esmiuçar aqui a qualidade neste gênero que se intitula literário, porém "literatura não é falar levianamente de si mesmo. Contar uma historieta em que o narrador se vê como protagonista e se acha o centro do universo. Nada mais falso. Ingênuo. Enganoso. Desastroso", diz Baptista (2017, p. 66).

Freire jamais pretendeu contar sua história do ponto de vista autobiográfico, nem mesmo que seu método ou filosofia fosse seguido eternamente, como organismo estanque. Apesar de que as experiências sorvidas durante a vida não sejam, por si mesmas, material completo para resultar em obra literária, que possui elementos mais complexos para ser considerada como tal (Baptista, 2017, p. 67), a própria prática de Freire constituía um método e a sua teoria foi elaborada a partir da vivência na construção de seus ideais. O caminho teórico do educador se revela como uma espécie de biografia moldada na práxis e estabelecida em um processo dialógico em constante movimento e aperfeiçoamento, de acordo com os contextos históricos da sociedade em que estava inserido. Nos livros em tela, a teoria confunde-se com o emprego da práxis, com as situações fáticas do dia a dia do autor que empregava seu método de alfabetização de adultos, trazendo à tona os relatos teóricos dos resultados alcançados.

No caso dos beatniks, o contexto literário é amalgamado nas próprias experiências individuais e coletivas do grupo de escritores que compõe este movimento. Kerouac, por exemplo, para discutir o mundo, reverbera, em tese, seus relacionamentos com as drogas, com o mundo, com a opressão, entre outros, em primeira pessoa. Enquanto as teorias históricas de Freire se voltam para a apreensão pura da realidade (busca contextualizar em todos os momentos a situação econômica brasileira), o poeta beat se baseia em fatos de sua vida, mas abre espaço para o universo ficcional, sujeito à reinterpretação por parte do leitor, em relação ao imaginário do autor.

UMA TEORIA SOBRE O ENSAIO

Não é simples definir um texto ensaístico, entretanto, Haro, sem se esquecer das teorias sobre o tema feitas por Lukács, Bense e Adorno, afirma que o ensaio "es un tipo de texto no predominantemente artístico ni de ficción ni tampoco científico ni teorético sino que se encuentra en el espacio intermedio entre uno y otro extremo estando destinado reflexivamente a la crítica o a la apresentación de ideas" (2005, p. 14).

Por outro lado, Eulálio menciona "o ensaio subjetivo fantasioso, pessoal, egotista – chamado em inglês de *familiar essay*" (1989, p. 11), que poderia se ligar à composição de Kerouac. Porém, esse gênero está ancorado ao periodismo. Desta forma, Kerouac, em certo ponto, mesmo reportando o cotidiano frenético, afasta-se da literatura ensaística, pois carrega na estrutura uma narrativa quase ficcional sem a preocupação visível com a ciência. São ideias e visões de mundo logicamente inseridas em seu contexto crítico contra a cultura dominante, mas não se predispõe a fazer ciência, nem mesmo jornalismo.

Já Paulo Freire emprega nos livros em análise todas as características ensaísticas apresentadas acima e, inclusive, assume este caráter literal no livro *Pedagogia da esperança* (2014). A proposta teórica é permeada pela prática do dia a dia no exílio, bem aludida à razão oprimida, motivo maior para suas obras. A metade "arte" do autor brasileiro repousa na escolha de palavras, no ritmo narrativo, em suas metáforas, figuras de linguagem, paralelismo etc. encontrados em seus textos. Aufere-se, como pressupõe Haro (2006, p 17), que o ensaio representa o modo mais característico da reflexão moderna, um livre discurso a convergir o saber e o ideal com a multiplicidade de gêneros como é demonstrado desde o início desta análise. A poética de Freire se mistura com a simbologia das imagens criadas para ensinar os analfabetos brasileiros em *Educação como prática de liberdade*, por exemplo, ou na escolha de cada palavra a ser digerida, entendida, apreendida, codificada e decodificada.

Portanto, existe uma condição de liberdade explícita no ensaio, incluso em Freire. "La condición del discurso reflexivo del ensayo habrá de consistir en la libre operación reflexiva, esto es, la operación articulada libremente por el juicio" (ibid.). Percebe-se em Freire, seguindo o ideário da Haro, que não ocorre negação da arte, cultura e muito menos da ciência, mas a apresentação de uma pluralidade discursiva caminhando pelas sensações e impressões até desembocar na opinião e formulação de um juízo lógico.

Para Marion (2005, p. 37) o ensaio não esconde sua dimensão errante, trafegando entre a forma e sua superação irônica. "Esta tension entre utopía y límite se configura de una forma clasica en la relación entre naturaleza y cultura, que constituye a su vez el tema próprio del ensayo" (ibid., p. 39). Freire jamais deixa de lado a busca utópica da reinvenção constante do homem, nem mesmo desassocia a natureza do ser com a cultura popular. Kerouac explora a pujança da natureza do homem, que, como única saída, se rende às drogas, aos prazeres e o abandono da vida para garantir a própria existência.

Marginalidade e contracultura

Outra aproximação poética entre Freire e Kerouac diz respeito à marginalidade e contracultura. De um lado, o autor brasileiro defende a todo o momento o ser autêntico, envolto em sua própria cultura. Do outro lado, o norte-americano rompe com os padrões do establishment.

A geração beat era composta por libertinos, adoradores de jazz, de Buda, psicodélicos. Nos anos 1950, Kerouac saiu em "turnê exploratória" pelos Estados Unidos, dando ênfase à sua visão pessoal do mundo, influenciando o aparecimento dos hippies na década de 1960, com um pensamento revolucionário esteticamente.

Freire explica a visão errada que as pessoas possuem dos analfabetos, que não seriam por si só marginalizados. "Desta maneira, deve-se considerar os analfabetos como seres 'fora de', 'à margem de' algo, já que é impossível estarem marginalizados sem relação a uma coisa" (1979, p. 38). Um movimento marginal seria a ação de quem se diz nesta condição, partindo do centro para a periferia. Entretanto não é esta a realidade que assolava e ainda maltrata a população brasileira, órfã de direitos básicos. "São aqueles que se dizem marginalizados – entre eles os analfabetos – que decidem deslocar-se para a periferia da sociedade?" (ibid.).

Neste sentido, a contracultura de Kerouac se fazia marginal, abrindo-se – por conta própria – para um movimento social, sem deixar de lado o pensamento estético e valores como a criação artística, a liberdade e os valores pessoais. Entende-se a literatura marginal periférica como um substrato da periferia, um grito ao mundo sobre as aflições que não podem ser esquecidas.

Conclusão da poesia espontânea e rítmica

Kerouac imprimiu em *Tristessa* características de seu estilo livre e experimental, com longos parágrafos intercortados por travessões, reflexões esparsas e citações entre aspas, que buscam como inspiração as notas musicais do Bebop (jazz moderno). "Sua iluminação é perfeita – 'E não somos nada, você e eu' –, ela cutuca meu peito, 'Jew – Jew' (jeito mexicano de dizer 'You') 'e eu' – apontando para si mesma – 'Não somos nada'" (2007, p. 62).

Inspirado na práxis e na urgência de construir seu método, sem deixar de lado as questões teóricas, Freire desenvolve ideias em um texto ágil e ritmado, simbólico, em frases curtas e dinâmicas, cheias de sentido. Propondo ideias-força diz que "os homens enquanto 'seres--em-situação' encontram-se submersos em condições espaço temporais que influem neles e nas quais eles igualmente influem" (1979, p. 19). Portanto, na prática poética do educador-filósofo "só existem homens concretos e não homens no vazio" (ibid.). Em *Educação como prática de liberdade* ainda expõe a situação do oprimido com a utilização das palavras imersão (submersão) e emersão (vir à tona), provando a importância dos significados intrínsecos às palavras.

Repetições e analogias caminham juntas com ambos autores para preencher de intenções e ritmos os textos. Freire era um viajante exilado, passou pela América, Europa e África. Ao contrário dos pós-modernistas não progressistas, não apenas denunciava, mas anunciava uma solução através da contextualização da palavra geradora (eivado de valores históricos, semânticos e culturais) para a assunção da consequente conscientização. Não se trata de assistencialismo ou mágica, mas a busca da permeabilidade e plasticidade necessárias à consciência do homem nas democracias (Freire, 1959), rumando para antíteses quando contrapõe participante e expectador, transitividade e intransitividade, ser mais e o não ser, todas inseridas com a libertação do oprimido. Já Kerouac enxerga a beleza e a derrocada de Tristessa, viciada e ao mesmo tempo "animada e ansiosa e bela e radiante" (2007, p. 58), dando ritmo à construção do personagem no texto sem vírgulas.

Desta forma, há uma série de confrontos no texto de Freire, que propõe poeticamente a busca pela libertação do oprimido, uma espécie de paralelismo quando situa aspectos positivos e negativos em relação a determinados fatos, aproveitando-se também das repetições como figuras retóricas. "É enrijecê-la para defendê-la da rigidez totalitária. É torná-la odienta, quando só cresce no respeito à pessoa e no amor.

É fechá-la quando só vive na abertura. É nutri-la de medo quando há de ser corajosa. É fazê-la instrumento de poderosos na opressão contra os fracos" (1967, p. 121).

Buscando a consciência possível debatida por Goldmann (1972), Freire acredita que o sujeito passa por uma transformação de acordo com as condições históricas e sociais. Para isso, a interação e a procura pelas razões do outro, inclusive através da arte, se faz fundamental e é explanada de forma artística como uma declamação: "Nutre-se do amor, da humildade, da esperança, da fé, da confiança. Por isso, só o diálogo comunica" (1967, p. 108). A consciência real apresentada por Kerouac se influencia em decorrência das drogas, numa fuga, também cheia de sentidos poéticos, para suportar um mundo sem diálogo, que flagela milhares de pessoas. "Old Bull, longe das enchentes e tempestades com suas agulhas e seus pós ao lado da cama e algodões e seringas e toda a parafernália – Quando você tem morfina, você não precisa de mais nada, meu caro –, ele me diz" (2007, p.53). Não é só a droga química que pode se introjetar nas mentes, como explica Freire, em forma de parábola metafórica, a manipulação populista como "espécie de narcótico político que entretém não somente a ingenuidade da consciência que surge, como também o hábito que as pessoas adquiriram de serem dirigidas" (1959, p. 37).

Resta o esforço pelo reencantamento do sujeito, que só ocorre unindo as partes da diversidade. Nesta construção de vida, os dois autores – cada qual a seu modo, de acordo com seus propósitos e contextos – esperam eliminar a tristeza do mundo em forma de opressão. Mesmo com o brado de Kerouac de que "todos nós [somos] nascidos para morrer" (2007, p. 38), resta ainda o cuidado com o presente nas palavras e na teoria da prática poética para dar vozes a quem é silenciado pelo poder financeiro, passa pelo diálogo eterno do homem com ele próprio e com o criador, e, segundo Freire, "exatamente porque, ser finito e indigente, tem o homem na transcendência, pelo amor, o seu retorno à sua Fonte, Que o liberta" (1967, p. 40).

Aguinaldo Pettinati é doutorando em Educação pela Universidade Nove de Julho, mestre em Comunicação Social pela Universidade Municipal de São Caetano, possui graduação em Comunicação Social – Jornalismo e em Letras. Advogado, atua como professor nos cursos de Jornalismo, Publicidade e Turismo da Universidade Nove de Julho.

Referências

BAPTISTA, Ana Maria Haddad. "A Linguagem da Filosofia". In: BAPTISTA, Ana Maria Haddad et al. (org.) *Educação e Linguagens*. São Paulo: BT Acadêmica, 2017a.

_____. "Arte e Educação: por uma estética do existencial". In: BAPTISTA, Ana Maria Haddad et al. (org.) *Arte & Educação: o diálogo essencial*. São Paulo: BT Acadêmica, 2017b.

BAUMAN, Zygmunt. *A liberdade*. Santo André, SP: Academia Cristã, 2014.

EULÁLIO, Alexandre. "O ensaio literário no Brasil". In: *Língua e Literatura*, v. 17, pp. 9-54, 1989.

FREIRE, Paulo. *Educação e atualidade brasileira*. 1959. Tese de Concurso para a Cadeira de História e Educação – Escola de Belas Artes de Pernambuco, Recife.

_____. *Educação como prática da liberdade*. São Paulo: Paz e Terra, 1967.

_____. *Conscientização: teoria e prática da libertação: uma introdução ao pensamento de Paulo Freire*. Cortez & Morales, 1979.

_____. *Pedagogia da esperança: um reencontro com a pedagogia do oprimido*. São Paulo: Paz e Terra, 2014.

GADOTTI, Moacir. "Saber aprender: um olhar sobre Paulo Freire e as perspectivas atuais da educação". In: Um olhar sobre Paulo Freire, Congresso Internacional, Évora. Produção de terceiros sobre Paulo Freire; Série Artigos, 2000. Disponível em: http://acervo.paulofreire.org:8080/xmlui/handle/7891/1125

GOLDMANN, L. *A criação cultural na sociedade moderna*. São Paulo: Difel, 1972.

HARO, Pedro Aullón de. "El género ensayo, los géneros ensayísticos y el sistema de géneros". In: CERVERA, Vicent et al. (org.) *El ensayo como género literário*. Murcia: Universidad de Murcia, 2005.

KEROUAC, Jack. *Tristessa*. Edmundo Barreiros (Trad.). Porto Alegre: L&PM Pocket, 2007.

MARION, Francisco Jarauta. "Para uma filosofía del ensayo". In: CERVERA, Vicent et al. (org.) *El ensayo como género literário*. Murcia: Universidad de Murcia, 2005.

TODOROV, Tzvetan. *As estruturas narrativas*. São Paulo: Perspectiva, 1969.

Esta obra foi composta em Bembo Book
e impressa em papel pólen soft 80 g/m²
para editora Pasavento em agosto de 2018.